ELEMENTI DI
DIRITTO DELL'IMPRESA

In copertina:

REMBRANDT HARMENSZOON VAN RIJN, *Ritratto di Nicolaes Ruts*, olio su tavola, 1631, Frick Collection, New York.

LUCIA PICARDI

ELEMENTI DI DIRITTO DELL'IMPRESA

G. Giappichelli Editore

VIA PO, 21 - TEL. 011-81.53.111 - FAX 011-81.25.100
http://www.giappichelli.it

ISBN/EAN 978-88-921-3875-9

Stampa: Stampatre s.r.l. - Torino

Ai miei genitori
per i Loro ottanta anni

INDICE-SOMMARIO

PRESENTAZIONE

Gli *Elementi di diritto dell'impresa* nascono dalla rielaborazione e dall'aggiornamento delle lezioni svolte per circa tre lustri nell'ambito dei corsi di Diritto dell'impresa e di Diritto commerciale presso la Facoltà (oggi Dipartimento) di Giurisprudenza dell'Università degli Studi di Napoli "Federico II".

Essi non hanno alcuna pretesa di completezza, ma mirano a delineare i profili della rilevanza giuridica ed alcuni dei principali nuclei di disciplina dell'impresa quale *attività oggettivamente considerata*, sullo sfondo della "rivoluzione copernicana" che – secondo l'insegnamento di un compianto Maestro – il sistema di regole del diritto commerciale, oggi modernamente inteso come diritto dell'impresa, impone rispetto agli interessi e ai valori del diritto privato tradizionale.

Una versione più breve degli *Elementi* è stata pubblicata nel Manuale di *Diritto Privato* a cura di Enrico Gabrielli, Giappichelli, Torino 2020. Desidero esprimere al curatore del Manuale e all'editore il mio più vivo ringraziamento per il consenso alla pubblicazione del contributo in forma autonoma e per la fiducia accordatami.

Nel licenziare gli *Elementi* – suscettibili in futuro di arricchimenti e integrazioni – non posso fare a meno di rivolgere un pensiero a chi mi ha costantemente incoraggiata nella stesura dei medesimi: fra gli altri, i dottori Paolo Mammola, Lorenzo Mariconda e Daniele Masi che hanno con pazienza e diligenza atteso alla lettura e alla revisione di queste pagine.

La mia sincera gratitudine va infine ai tanti studenti incontrati nei vent'anni di attività didattica finora svolta per avere contribuito a mantenere sempre viva la passione per la ricerca e l'insegnamento.

Napoli, nella prima domenica di febbraio 2021.

CAPITOLO I

L'IMPRESA

SOMMARIO: 1. Dall'atto di commercio all'impresa. – 2. Soggetto, atto e attività. – 3. L'impresa come attività produttiva. – 4. I requisiti codicistici dell'impresa: organizzazione, professionalità, economicità. – 5. L'impresa illecita. – 6. Impresa e professione intellettuale. – 7. Inizio e cessazione dell'impresa. – 8. L'imputazione dell'attività dell'impresa.

1. Dall'atto di commercio all'impresa.

Il codice civile del 1942 – in particolare, nel Libro V dedicato alla materia del Lavoro – segna il passaggio dall'*atto di commercio*, sul quale si incentrava la prospettiva propria del codice di commercio del 1882 (ed il cui esercizio per professione abituale determinava l'acquisto della qualifica di commerciante), all'*impresa*.

Invero, l'art. 2082 non definisce propriamente l'impresa, ma si limita a precisare i presupposti per l'acquisto della qualità di imprenditore.

Ai sensi della disposizione sopra citata, è imprenditore chi esercita *professionalmente* un'attività economica organizzata al fine della produzione o dello scambio di beni o servizi.

All'interno dello stesso codice civile non mancano poi disposizioni nelle quali si fa riferimento all'impresa – anziché come attività – come *organizzazione* che esercita, essa e non più il soggetto imprenditore, l'attività (art. 2195).

Deve tuttavia rilevarsi che, nonostante il termine impresa sia utilizzato talora nel linguaggio del codice come sinonimo di imprenditore, i due vocaboli non sono, nella prospettiva della disciplina, fra loro fungibili.

Muovendo dalla premessa che la disposizione dell'art. 2082 non si discosta dalla struttura del periodo ipotetico che è propria della norma giuridica, occorre riconoscere che l'imprenditore, quale soggetto grammaticale dell'enunciato ivi contenuto, non è pensabile come *fattispecie*, cioè come modello di fatti che costituiscono l'antecedente per l'applicazione di discipline date. Infatti, fattispecie è – e non può non essere – il comportamento dell'imprenditore, ovvero l'attività economica professionale "organizzata per la produzione o lo scambio di beni o di servizi" designata dall'art. 2082 come impresa.

Può anche dirsi che l'imprenditore costituisce il centro di imputazione di certi effetti (compendiati nel termine "*statuto*") prodotti dall'esistenza di una fattispecie tipica: per l'appunto, l'impresa.

Ne consegue che qualora ricorrano certi presupposti, ossia l'attuazione di un comportamento conforme alla norma definitoria dell'art. 2082, è possibile attribuire al soggetto agente la qualifica di imprenditore.

L'impresa come "fattispecie di effetti giuridici" costituisce, secondo un'autorevole dottrina (Oppo), nozione "originaria" e "primaria" rispetto a quella di imprenditore che, in quanto "qualificazione giuridica", appartiene alla sfera dell'effetto.

La teoria dell'impresa come fattispecie non esaurisce, peraltro, il problema dell'individuazione della "rilevanza giuridica" dell'impresa stessa. Permane l'esigenza di identificare il fenomeno economico della realtà materiale che sia rilevante per il diritto, ossia il modello della struttura ipotetica assunto dalla norma.

Si assiste così all'emersione, prima sul piano economico e poi su quello giuridico, della prospettiva dell'*attività*, la quale si discosta da quella dell'*atto* utilizzata per la definizione dei rapporti interprivati.

Il ruolo proprio dell'attività non risiede, infatti, nell'attitudine a provocare l'attribuzione di situazioni giuridiche soggettive, ma nell'essere "*centro di riferimento di una disciplina*": nel senso che si è al cospetto di una previsione normativa, e della conseguente disciplina, di un'*attività oggettivamente* considerata; ed è in funzione della riconoscibilità di quest'ultima che la disciplina medesima, pur concretamente applicata agli atti e ai soggetti che vi partecipano, si specifica e si caratterizza.

Con una sorta di "rivoluzione copernicana" rispetto al modello "privatistico" dell'agire, al centro del sistema non si pone più il soggetto, ma l'attività; ed è in ragione dei suoi caratteri e delle sue esigenze che l'ordinamento disciplina in modo particolare: la capacità all'esercizio dell'attività; i poteri di gestione e di rappresentanza verso terzi nello svolgimento della medesima; la sua pubblicità e la sua documentazione; le modalità corrette di svolgimento dell'attività e i beni organizzati per l'esercizio della stessa; l'identificazione dell'attività e dei suoi prodotti; le figure soggettive di esercizio dell'attività e la sua crisi (Ferro-Luzzi).

Il vantaggio del distacco fra il modello di disciplina "ad attività" e il modello di disciplina "a soggetto" si coglie nella possibilità, consentita dal primo, di riconoscere la complessa pluralità di interessi coinvolti dalla produzione per lo scambio (e dallo scambio) e di trovare soluzioni più flessibili nella disciplina dei relativi conflitti. Ed infatti, l'attività si presenta come un "concetto anodino" che coinvolge una variegata serie di soggetti portatori d'interessi fra loro diversi e tutti astrattamente meritevoli di tutela (investitori, *managers*, creditori, lavoratori, consumatori: i c.d. *stakeholders*), le cui reciproche posizioni non possono essere adeguatamente regolate attraverso il ricorso agli schemi tipici del modello di disciplina "a soggetto", quali il diritto soggettivo e l'obbligo.

Ma v'è di più. Come un'accreditata dottrina (Terranova) non ha mancato di evidenziare, l'aver posto al centro della scena l'impresa, anziché l'imprenditore, ha consentito nel tempo di predisporre, con una maggiore apertura all'innovazione, le "architetture normative" intese a regolare i fenomeni economici (si pensi, fra l'altro, ai patrimoni destinati, agli istituti della fusione e della scissione, all'articolazione dei complessi produttivi con la connessa rilevanza dei singoli rami d'azienda).

2. Soggetto, atto e attività.

Le prospettive dell'atto e dell'attività, pur collocandosi su piani diversi, sono fra loro connesse: in particolare, l'attività si riflette sul significato dell'atto che vi partecipa e che svolge nei suoi confronti un ruolo essenzialmente strumentale.

Vi sono atti la cui funzione giuridico-economica può essere riconosciuta solo in quanto siano inseriti in un'attività. È ciò che accade con il contratto di assicurazione, là dove la funzione di "sicurezza" può essere perseguita attraverso una ripartizione dei rischi omogenei fra la "comunità" di soggetti che ad essi sono esposti, realizzandosi – mediante il collegamento di una pluralità di rapporti in un'attività – la comunione e neutralizzazione dell'alea. Ed è quanto avviene, se non altro dal punto di vista economico, per i contratti bancari, il cui ruolo di fornire agli utenti una "disponibilità monetaria" è reso possibile dall'inserimento delle singole operazioni in una serie dinamica di rapporti, in una considerazione di massa della vicenda tale da consentire alla banca il conseguimento di economie di scala e la conseguente trasformazione dei rischi e delle scadenze.

La decisione se l'atto rileva come comportamento "semplice" o come elemento di una pluralità di comportamenti fra loro teleologicamente collegati dipende dalla "unità di misura" che si adotta. Giuridicamente, questo ruolo è svolto dalla fattispecie: confrontando la fattispecie "impresa" con altre fattispecie (quali, ad esempio, il contratto di compravendita, di locazione, di mutuo, ecc.), ci si avvede che il comportamento contemplato dalla prima rappresenta la "sommatoria" dei comportamenti contemplati dalle seconde (Spada).

Occorre altresì notare come il regime giuridico del singolo atto può essere diverso a seconda che esso si ponga, per una o per entrambe le parti, quale momento di un'*attività giuridicamente rilevante*.

Possono richiamarsi, al riguardo, le soluzioni normative dettate in tema di tutela dei consumatori. A fronte della definizione di *consumatore* come "qualsiasi persona fisica che agisce per scopi estranei all'attività imprenditoriale, commerciale, artigianale o professionale" [art. 3, lett. *a*), del Codice del consumo], diviene rilevante individuare quelle operazioni in cui la riferibilità a tale attività sia riconoscibile *per una sola* delle parti, sollevando specifiche esigenze di tutela dell'altra [cfr. la nozione di "professionista" di cui all'art. 3, lett. *c*), dello stesso Codice del consumo]. La selezione dovrà essere operata secondo parametri oggettivi, considerando cioè la *funzione* svolta dalla singola operazione; in definitiva, il suo porsi all'interno o meno di un'attività imprenditoriale, commerciale, artigianale o professionale.

Come ha efficacemente notato autorevole dottrina (Angelici), le vicende economiche possono essere inquadrate giuridicamente dall'ordinamento secondo le diverse prospettive dell'*attività* svolta, del *soggetto* che la esercita, degli *atti* in cui essa si articola.

La decisione di assegnare centralità all'una o all'altra di tali prospettive ha un'indubbia valenza politica ed è tutt'altro che scevra da caratterizzazioni di stampo ideologico.

Può richiamarsi in proposito la contrapposizione fra l'orientamento c.d. *oggettivo* del *code de commerce* francese del 1807, incentrato sullo schema degli *actes de commerce* (*v.* l'art. 632, ripreso nell'art. L. 110-1 del *code de commerce* del 2001), da una parte, e l'orientamento c.d. *soggettivo* dell'*Handelsgesetzbuch* tedesco del 1897, imperniato sulla nozione di *Kaufman* (*v.* i §§ 1-7), dall'altra.

Il primo – adottato in seguito dai codici di commercio italiani del 1865 e del 1882 – è permeato dal clima politico risultante dalla rivoluzione francese e dal regime napoleonico, intesi a esaltare il principio di uguaglianza, portando alla soppressione dei privilegi soggettivi e, di conseguenza, allo scioglimento delle corporazioni. L'altro si riallaccia all'origine storica del diritto commerciale quale *lex mercatoria*, nonché diritto proprio della "classe" dei commercianti, sia pure capace di elaborare principi e istituti suscettibili di avere generale applicazione.

La segnalata diversità di prospettive non elide, tuttavia, la sostanziale omogeneità dei problemi applicativi e delle soluzioni normative sottese alla scelta dell'una o dell'altra di esse.

È stato notato come la nozione di "atto di commercio", per un verso, vale a definire il commerciante e la sfera di applicazione del suo "statuto" [cfr. l'art. 1 del *code de commerce* (ora art. L. 121-1 del *code de commerce* del 2001), nonché l'art. 8 del codice di commercio italiano del 1882]; per l'altro, è in buona parte definita mediante un riferimento a tipi d'*impresa* (cfr. l'art. 632 del *code de commerce* e analogamente l'art. 3 del codice di commercio del 1882).

Quanto alla nozione di *Kaufmann*, essa si è progressivamente evoluta sino ad arrivare a contenere nella propria definizione (cfr. il § 1 del *Handelgesetzbuch* tedesco) il riferimento all'atto di commercio (*Handelsgewerbe*).

Ciò non toglie che l'adozione di uno dei due sistemi assume un valore tecnico, come si evince dal collegamento fra l'atto di commercio e la previsione di un'apposita competenza giudiziaria, come quella dei tribunali di commercio tuttora presenti in Francia e nel sistema italiano fino al 1888. Non può dubitarsi che, in assenza di una simile disciplina della giurisdizione, l'atto di commercio ha un ruolo più ridotto e si espone maggiormente ad un possibile superamento, come è infatti accaduto con il nostro codice civile del 1942.

Si è già detto che, alla stregua della definizione normativa contenuta nell'art. 2082, l'impresa si presenta come attività. Essa non può essere considerata come qualcosa di "esterno" al soggetto che la pone in essere e agli atti di cui si compone. L'uno e gli altri vanno piuttosto inquadrati per il significato e la posizione rivestita "*all'interno*" di un'attività giuridicamente rilevante.

Si comprende in quest'ottica l'esigenza, sussistente sul piano empirico prima ancora che su quello normativo, di individuare i "poteri" del soggetto, anche nei confronti dei terzi e del mercato, sulla base del ruolo svolto dal singolo atto nell'attività imprenditoriale. È indicativo che l'attribuzione di specifiche *mansioni* quale portato della divisione del lavoro nell'impresa comporta, in via di principio, l'attribuzione di corrispondenti poteri rappresentativi; e ciò anche nei confronti dei terzi e ai fini dell'instaurazione dei rapporti negoziali con costoro. Tanto appare confermato dalla disciplina – che si avrà modo di esaminare più avanti (Capitolo III, § 6, *infra*) – in tema di *institore* (art. 2204), nonché di *commessi* (art. 2210).

Analogamente, con riguardo alla disciplina dei beni strumentali utilizzati dall'imprenditore nell'attività imprenditoriale, ovvero dell'azienda (art. 2555), è rilevante non tanto la situazione giuridica soggettiva in base alla quale il soggetto li utilizza, quanto la loro *destinazione* all'esercizio dell'impresa (Capitolo IV, § 1, *infra*).

Infine, là dove si guarda ad una forma di particolare importanza per l'impresa che è quella *societaria*, occorre riconoscere come essa rappresenti una particolare tecnica per l'*organizzazione* (e il finanziamento) dell'attività: in particolare, se si consideri la società azionaria (Ferro-Luzzi, Ferri *jr.*; sul tema cfr. Capitolo VII, § 1, *infra*).

3. L'impresa come attività produttiva.

Nella cultura giuridica contemporanea si discorre di attività ogni qualvolta il comportamento considerato si presta ad essere scomposto in una pluralità di atti (ovvero di "segmenti comportamentali") unificati in funzione di un *risultato* o di uno *scopo* (vale a dire, di un risultato programmato).

Ne consegue che la singola operazione assume una portata più ampia di quella ad essa attribuibile là dove isolatamente considerata; detta portata deriva dal contributo che l'operazione medesima è in grado di apportare al conseguimento di uno specifico risultato.

La distinzione fra atto ed attività non è meramente quantitativa, ma riflette la contrapposizione fra l'impostazione che vede nella volontà del soggetto l'elemento centrale degli atti a contenuto patrimoniale e dei contratti e la constatazione, invece, che l'attività rileva essenzialmente per la sua idoneità a determinare l'applicazione di una disciplina data.

Mentre la figura dell'atto è stata elaborata in funzione dell'attitudine a produrre, mediante una dichiarazione di volontà del soggetto, un *effetto giuridico* consistente nel trasferimento della proprietà o nell'assunzione di un obbligo, l'attività – la quale si configura normativamente come impresa quando è caratterizzata dal risultato (o dallo scopo) della "produzione o scambio di beni o servizi", oltreché dai predicati enunciati nell'art. 2082 – si pone non come strumento di mera distribuzione, ma di *produzione* di nuova ricchezza; il che non esclude la successiva distribuzione della medesima.

La distinzione può essere illustrata richiamandosi all'attività di intermediazione nello scambio di beni, storicamente e concretamente identificabile nel commercio. Essa può essere scomposta in almeno due atti di compravendita: il primo è la compera del bene (merce, manufatto, ecc.), il secondo è la vendita del bene comprato. I due atti sono avvinti in un disegno funzionale essendo rivolti al conseguimento di un risultato che risiede, dal punto di vista del commerciante, nella possibilità di appropriarsi del profitto differenziale fra il prezzo pagato per l'acquisto e quello riscosso nella successiva vendita.

Ogni qualvolta, dunque, i comportamenti plurimi siano teleologicamente rivolti alla "produzione o allo scambio di beni o servizi", gli stessi saranno suscettibili di una valutazione unitaria e di un confronto con il modello di impresa desumibile dall'art. 2082 e – là dove ricorrano i predicati dell'organizzazione, della professionalità e della economicità – saranno soggetti all'applicazione della relativa disciplina.

Nell'intento di attribuire una più precisa identificazione al risultato legislativamente descritto, si è ritenuto di identificare la *produzione* di *beni* nell'approntamento di cose per un determinato uso mediante operazioni di separazione, estrazione, trasformazione; mentre quella di *servizi* consiste in un comportamento – non necessariamente commissivo, potendo consistere anche in un *pati* (come accade quando ci si astiene, ad esempio, dall'utilizzare il proprio veicolo per concederne ad altri l'uso) – orientato alla soddisfazione di un bisogno.

Tanto la natura dei beni o servizi prodotti o scambiati, quanto il tipo di bisogno che essi sono destinati a soddisfare, sono irrilevanti ai fini della qualificazione dell'attività come produttiva. Anche la produzione di servizi di natura assistenziale, culturale o ricreativa può, ricorrendo gli altri requisiti richiesti, essere qualificata come attività d'impresa (salve talune precisazioni che si faranno in seguito a proposito delle professioni intellettuali).

In questa prospettiva si è proposto (Spada) di qualificare la sopra menzionata attività di intermediazione nello scambio come *servizio*, sulla base di un duplice ordine di argomentazioni: da un lato, si pone in luce che lo scambio è destinato a concludere l'attività di produzione, sicché è pensabile come risultato isolabile da quest'ultima solo qualora si inserisca in un'attività intermediaria nella circolazione dei beni (cfr. art. 2195, comma 1, n. 2); dall'altro, si osserva che l'unificazione dei codici ha inteso privilegiare la prospettiva della produzione professionale di nuova ricchezza rispetto a quella della speculazione, sicché separare l'intermediazione nello scambio dalla produzione di servizi significherebbe evocare il vecchio "primato" del commercio rispetto alla produzione facendo degradare l'opzione predetta ad un mero "manifesto" politico.

Fermando ancora l'attenzione sull'*attività* e prescindendo per adesso dai predicati di organizzazione, professionalità ed economicità, è il caso di domandarsi se vi sia attività d'impresa anche nel caso di un'attività speculativa, che potrà riguardare il mercato dei prodotti finanziari, delle merci o degli immobili.

Si è orientati a riconoscere un'attività, qualificabile poi come impresa, quando l'operazione di acquisto per la successiva rivendita non sia realizzata con tecniche meramente differenziali, ma sia in grado di creare nuova ricchezza nel senso di una maggiore valorizzazione dei beni esistenti per il tramite dello scambio.

In quest'ordine di idee non può in principio qualificarsi come impresa l'attività dell'investitore che, anche avvalendosi di intermediari specializzati, compia operazioni di investimento e disinvestimento al solo scopo di conseguire un guadagno personale e senza produrre perciò alcun servizio.

La dottrina si è confrontata con un'ampia casistica di comportamenti al fine di tracciare una linea di demarcazione fra attività di produzione di beni e servizi e attività *di godimento*, pur contestando che possa porsi una netta alternativa fra quest'ultima e l'impresa.

In principio, gode di un bene chi si appropria delle utilità d'uso (ad esempio, usa un immobile per abitarvi) o delle utilità di scambio (concede ad altri in locazione il medesimo immobile e percepisce il relativo canone); lo produce chi lo realizza per l'uso (nell'esempio in discorso: costruisce l'immobile).

Nella prima prospettiva il godimento può essere visto giuridicamente come *esercizio del diritto soggettivo* che chi gode ha sul bene; nella seconda, invece, viene in considerazione la disciplina della *produzione* la quale – là dove ricorrano i requisiti della organizzazione, professionalità ed economicità – è qualificabile come *impresa*.

Le prospettive suddette, tuttavia, non si escludono a vicenda, ma possono interferire fra loro, come accade nell'ipotesi del godimento *diretto* delle cose produttive, quali il fondo rustico, il bestiame, la miniera, l'azienda. La percezione delle utilità d'uso tipiche di tali cose, ossia delle utilità strumentali alla separazione, estrazione, trasformazione di beni o produzione di servizi, è qualificabile, *in punto di attività*, come impresa.

A conclusioni diverse si deve giungere quando il godimento sia soltanto *indiretto*, ossia il proprietario si limita a percepire le utilità di scambio. Nel caso del fondo rustico o dell'azienda affittati, il godimento diretto è in capo all'affittuario che produce beni e servizi avvalendosene ed è egli – e non l'affittante – imprenditore.

Da ciò può generalizzarsi l'affermazione secondo cui là dove sono le utilità di scambio ad essere percepite, il comportamento si colloca al di fuori della sfera dell'impresa.

Ritornando all'esempio fatto in precedenza del godimento indiretto di un immobile, va esclusa in radice la sussistenza dell'attività d'impresa nell'ipotesi in cui il proprietario di una casa, dopo averla data in locazione a terzi, si limita a riscuotere i canoni. Tale comportamento si esaurisce nella conclusione del contratto di locazione, mentre manca persino la pluralità di comportamenti astrattamente riconducibili a fattispecie diverse dall'impresa. Diversamente è a dirsi quando il proprietario di un immobile offra a terzi un godimento diretto integrato con la prestazione di servizi collaterali (pulizia dei locali, cambio biancheria, ristoro, ecc.), come avviene nel caso delle attività di *residence* o di affittacamere.

Non si può dubitare, infine, della imprenditorialità dell'attività quando il bene è adibito ad albergo, finendo col rappresentare uno dei mezzi organizzati per la produzione di un servizio più ampio risultante dall'integrazione fra il godimento del bene stesso e i predetti servizi collaterali.

Può accadere, però, che in considerazione dell'entità e del numero dei beni propri indirettamente goduti, l'amministrazione del patrimonio (intesa come comportamento finalizzato alla conservazione e disposizione di un dato compendio) si converta da "*mezzo*" a "*fine*", ovvero assuma essa stessa le caratteristiche di un servizio. Si pensi al proprietario di una molteplicità di immobili che voglia metterli a reddito locandoli e che, per riscuotere i canoni, partecipare alle riunioni di condominio, manutenere gli immobili medesimi e mantenerli in stato locativo, si avvalga di una struttura di mezzi e di persone, debordando dai limiti dell'esercizio dei propri diritti di proprietà.

È bene chiarire, peraltro, che la distinzione fra il godimento indiretto del patrimonio e l'attività di produzione di un servizio non può essere affidata al dato meramente quantitativo e intrinsecamente arbitrario della pluralità di contratti di locazione (aventi ad oggetto più beni) in un dato arco temporale.

Occorre valorizzare, invece, la produzione di un "*servizio*" amministrativo, rispetto alla quale il godimento di un dato compendio patrimoniale è strumentale. In quest'ottica, può condividersi la classificazione come produzione di servizi dell'esercizio del credito in senso lato, comprensivo anche dell'attività delle *società finanziarie*, che attingono a mezzi propri e comunque non raccolti fra il pubblico; dell'attività delle *società di investimento*, che raccolgono l'altrui risparmio e, attraverso la prestazione dei servizi di investimento, concorrono ad indirizzarlo verso impieghi produttivi; dell'attività della c.d. *holding*, di solito una società che investe nell'acquisto di partecipazioni di controllo in altre società, con finalità di direzione, di coordinamento e di finanziamento della loro attività.

Sembra plausibile giungere ad analoghe conclusioni quando le attività di speculazione, di finanziamento o di investimento sono svolte da una *persona fisica*, anziché da una società, sebbene non si sia mancato di evidenziare che – essendovi identità fra prestatore e fruitore del servizio – viene meno la distinzione fra produzione e prestazione a terzi del servizio medesimo. Se ne deduce che il problema non è allora quello della qualifica imprenditoriale dell'attività, quanto quello dell'ammissibilità dell'*impresa per conto proprio*, cui si accennerà in seguito.

D'altro canto, occorre tenere presente che qualora le predette attività di finanziamento o di investimento siano svolte *nei confronti del pubblico* e con stabile organizzazione, le stesse si presentano – in base alle relative discipline di settore (artt. 106 ss. TUB; artt. 18 ss. TUF) – come attività riservate e l'autorizzazione all'esercizio delle stesse può essere rilasciata solo a soggetti collettivi che assumano la forma societaria.

4. I requisiti codicistici dell'impresa: organizzazione, professionalità, economicità.

Affinché l'attività sia conforme al modello delineato nell'art. 2082 è necessario che essa sia *organizzata*, *professionale*, *economica*.

Muovendo dal primo dei requisiti sopra enunciati, preme segnalare come il termine *organizzazione* – nel linguaggio non soltanto giuridico – sia polisemico, benché evochi fondamentalmente l'idea di un *ordine funzionale* fra cose, nonché fra persone, in vista del conseguimento di un certo risultato.

Sotto il primo profilo (organizzazione di mezzi reali), l'imprenditore crea un apparato produttivo stabile, apprestando i locali di lavoro e di deposito e curandone l'adeguatezza sul piano tecnico ed operativo, pianificando l'uso delle materie prime e delle merci, coordinando il corretto funzionamento di impianti, macchinari e strumenti.

Vista come ordine funzionale impresso a cose, l'organizzazione è dotata di un'autonoma realtà ed è oggetto di propri riferimenti normativi: viene in considerazione l'azienda, definita come il "complesso dei beni organizzati per l'esercizio dell'impresa" (art. 2555), e destinata a rappresentare il presupposto di applicazione di regole intese a disciplinare la circolazione dei mezzi impiegati nell'iniziativa produttiva (Capitolo IV, *infra*).

Alla nozione di impresa non è estraneo nemmeno il secondo significato di organizzazione, ossia quello di ordine funzionale di persone. A suggerire questa constatazione è non soltanto l'osservazione della realtà empirica delle iniziative produttive, ma anche la lettura dell'art. 2086, comma 1, che – di là dal lessico carico di condizionamenti derivanti dal clima ideologico coevo all'emanazione del codice civile – rivela il ruolo centrale assunto per l'impresa dal profilo della *gerarchia*. Ed è proprio tale aspetto che distingue i rapporti imprenditoriali da quelli di scambio attuati nel mercato da soggetti formalmente uguali fra loro.

D'altro canto, se l'impresa è una struttura gerarchica preordinata allo svolgimento di un'attività, essa si avvale dell'opera di persone che si impegnano ad osservare regole da altri impartite nel rispetto di procedure stabilite da "norme di organizzazione" funzionali al conseguimento del risultato produttivo.

Quanto appena osservato consente di attribuire importanza sistematica all'art. 2086, comma 1, senza doverne necessariamente restringere la portata applicativa alla sfera del rapporto di lavoro subordinato ed affermarne la "inutilità" (Spolidoro) dopo la caduta dell'ordinamento corporativo e l'implicita abrogazione dell'art. 2088, inteso ad affermare la responsabilità dell'imprenditore nei confronti dello Stato. Giova aggiungere che l'art. 375 del Codice della crisi d'impresa e dell'insolvenza ha modificato la rubrica dell'art. 2086 (da "Direzione e gerarchia nella impresa" a "Gestione dell'impresa") e ha inserito un secondo comma che pone a carico dell'imprenditore, "che operi in forma societaria o collettiva", "il dovere di istituire un assetto organizzativo, amministrativo e contabile adeguato alla natura e alle dimensioni dell'impresa, anche in funzione della rilevazione tempestiva della crisi dell'impresa e della perdita della continuità aziendale, nonché di attivarsi senza indugio per l'adozione e l'attuazione di uno degli strumenti previsti dall'ordinamento per il superamento della crisi e il recupero della continuità aziendale". Il dovere di cui all'art. 2086, comma 2, è poi richiamato nella disciplina dei singoli tipi societari (Capitolo VII, § 1, *infra*) ed è affiancato dall'affermazione della competenza esclusiva degli amministratori con riguardo alla gestione, al fine di rendere questi ultimi responsabili del corretto adempimento del dovere di adeguatezza degli assetti e di anticipazione delle situazioni di crisi. La novella pone in stretta correlazione l'organizzazione degli uffici dell'impresa e la gestione della stessa: in altri termini, se l'impresa è attività organizzata, la predisposizione di un'appropriata struttura organizzativa costituisce un momento necessario dell'attività gestoria in senso lato o, quanto meno, è espressione di regole funzionali ad obiettivi di corretta gestione (Ibba; Di Cataldo e S. Rossi). Il contenuto del dovere di dotare la società di assetti adeguati dal punto di vista organizzativo, amministrativo e contabile è assai ampio e comporta che siano assicurate: a) la *congruità* dei fattori della produzione rispetto all'iniziativa imprenditoriale da attuare; b) la *coerenza* dell'*articolazione del procedimento decisionale* rispetto alla complessità dell'iniziativa medesima; c) la presenza di un *sistema informativo* in grado di consentire di assumere decisioni ponderate e di intercettare i segnali di crisi o di perdita della continuità aziendale (Cetra). Tutto ciò al fine di porre gli amministratori nella condizione di attivare tempestivamente gli strumenti predisposti dall'ordinamento per superare tali situazioni, i quali non paiono esaurirsi in quelli formali di risoluzione della crisi previsti dal Codice della crisi d'impresa e dell'insolvenza, ma ricomprendere anche le strategie di risanamento attivabili nello stadio di "pre-crisi" e di crisi "pre-concorsuale" (Di Cataldo e S. Rossi).

Un punto controverso riguarda la determinazione delle dimensioni minime che l'organizzazione deve presentare. Va preso atto che, in conseguenza dei progressi della tecnica registratisi dal secondo dopoguerra del secolo scorso, l'*intermediazione nel lavoro* non è più essenziale all'impresa, potendo il lavoro meccanico sostituire quello umano (come avviene nella distribuzione di generi di consumo attraverso dispositivi meccanici).

Meno agevole è rispondere all'interrogativo se sia configurabile come impresa l'attività produttiva esercitata senza un apparato strumentale fisicamente percepibile, vale a dire – alla stregua della surriferita nomenclatura legislativa di cui all'art. 2555 – "senza azienda".

Restringendo il campo di osservazione alla produzione di servizi, per il cui esercizio è necessario (e per lo più sufficiente) il lavoro di chi assume l'iniziativa, la dottrina prevalente – seguita da una non insignificante giurisprudenza – qualifica come imprenditoriali le attività d'intermediazione nella circolazione di beni, d'investimento, di finanziamento, svolte pure in assenza di dipendenti e con un'organizzazione di mezzi ridotta.

Ciò non può condurre, peraltro, a configurare l'organizzazione come uno "pseudorequisito", negando ogni soluzione di continuità fra l'impresa e il lavoro autonomo non organizzato. Questa conclusione non soltanto si porrebbe in contrasto con il dato formale che prevede il requisito dell'organizzazione sia per l'imprenditore, ai sensi dell'art. 2082, sia per il piccolo imprenditore, ai sensi dell'art. 2083, e non anche per il lavoratore autonomo in base all'art. 2222; ma finirebbe pure per annullare ogni sostanziale differenza fra la generica attività di organizzazione del proprio lavoro e quella specifica di organizzazione della propria impresa.

Appare quindi ragionevole ritenere necessaria la sussistenza di un minimo di organizzazione affinché l'attività possa essere giuridicamente qualificata come impresa, nella consapevolezza che la misura e la proporzione dei fattori produttivi impiegati, dipendendo dalla natura e dalle dimensioni dell'attività, possano in concreto variare.

Il requisito della *professionalità* richiede un impegno stabile nell'esercizio dell'attività. Esso, letto storicamente, consente di espungere dall'area dell'impresa le iniziative *occasionali* e saltuarie, che scaturiscono da una mera sopravvenienza favorevole e si esauriscono nello sfruttamento dei vantaggi da essa ricavabili.

In assenza di norme legislative puntuali, la valutazione del carattere stabile o occasionale dell'iniziativa deve essere condotta caso per caso, applicando alcune regole di giudizio acquisite nell'analisi della fenomenologia osservata.

La professionalità non implica che l'iniziativa produttiva debba essere esclusiva o prevalente rispetto ad altre attività dello stesso soggetto.

La stabilità dell'iniziativa non è, inoltre, incompatibile con pause nella produzione di beni e servizi, come accade là dove si tratti di un'attività stagionale o comunque ciclica (si pensi, ad esempio, alla gestione di uno stabilimento balneare o degli impianti di risalita presso una stazione sciistica).

L'unicità del risultato produttivo non esclude, infine, la professionalità, là dove – per il numero e la consistenza degli atti d'impresa, come pure per il tempo e i mezzi richiesti dal suo svolgimento – il singolo affare presenta un'indubbia rilevanza economica: si pensi alla costruzione di un ponte o di una tratta ferroviaria, che richiede un'organizzazione di mezzi e di persone e mobilita una serie di interessi meritevoli di protezione in misura non inferiore a quanto si riscontra in una modesta attività manifatturiera.

L'attività esercitata, per essere qualificata come imprenditoriale, deve essere altresì connotata dal requisito dell'*economicità*.

Secondo una regola oggi vigente e che si colloca in posizione intermedia fra le due soluzioni estreme emerse nel dibattito giurisprudenziale e inclini, da un lato, a ritenere il predicato in parola superfluo in quanto di per sé insito nella produzione di beni e servizi, dall'altro, a identificarlo con lo scopo di lucro, l'economicità deve intendersi come stimata remunerazione dei fattori della produzione e quindi *autosufficienza* dell'iniziativa, emarginando dall'ambito giuridico dell'impresa tutte le attività svolte istituzionalmente in perdita. Non rientrano, dunque, nel perimetro dell'impresa, oltre alla beneficenza, l'erogazione di pubblici servizi a tariffe politiche che, per definizione, non sono parametrate ai costi (spese generali, ammortamenti e interessi passivi) dell'attività da svolgere.

Lo scopo di realizzare un avanzo di gestione (c.d. lucro oggettivo) e di ripartirlo in favore dei titolari dell'iniziativa (c.d. lucro soggettivo), benché sia normalmente presente nell'esercizio dell'attività imprenditoriale, non è dunque necessario ai fini della nozione giuridica di impresa (diversamente orientati, però, Bonfante e Cottino). La compatibilità fra impresa e assenza di finalità lucrativa giustifica il riconoscimento della qualifica di imprenditori a figure di esercizio dell'attività quali le cooperative c.d. pure, che praticano ai soci cooperatori tariffe tali da non generare un utile di gestione per l'ente (art. 2511), o le imprese pubbliche, come quelle che erogano pubblici servizi (acqua, gas, ecc.), dove i corrispettivi posti a carico dei clienti sono calcolati in modo da non eccedere i costi sopportati.

A conclusione di questa disamina dei fenomeni produttivi classificabili come impresa alla stregua del dato normativo, si può affrontare il tema della qualifica imprenditoriale della produzione di beni e servizi destinata a non essere collocata sul mercato (c.d. *impresa per conto proprio*).

Qualora si riconoscesse nella destinazione al mercato un momento essenziale della nozione giuridica di impresa, si finirebbe per arricchire l'enunciato definitorio dell'art. 2082 di un elemento extratestuale. Di conseguenza, si potrebbe fondatamente dubitare della riconducibilità alla nozione in parola di quelle produzioni organizzate di beni e servizi che siano fruiti dallo stesso produttore (c.d. autoconsumo): come accade nell'ipotesi dell'agricoltore che coltiva il fondo ottenendo una produzione che utilizza per le esigenze proprie e della propria famiglia, o del proprietario di un terreno che costruisce una casa "in economia".

Questa operazione di arricchimento del modello di comportamento descritto dalla norma con componenti ulteriori in essa testualmente non previste ha suscitato perplessità nella prevalente dottrina, la quale non si è mostrata sfavorevole rispetto alla possibilità di attribuire alle iniziative produttive in esame la qualifica di impresa purché siano soddisfatti i requisiti della organizzazione, della professionalità e della economicità.

Taluni studiosi dubitano, però, della ricorrenza nell'impresa per conto proprio del requisito della economicità (Bonfante e Cottino), dato che in assenza di un'operazione di scambio non avrebbe senso accertare se vi sia una differenza positiva fra ricavi e costi; altri, invece, sostengono che l'elemento della professionalità qualifica l'organizzazione produttiva nel senso che i beni e i servizi prodotti devono essere destinati ad essere ceduti o prestati a terzi (Buonocore, Ferri *sr.*, Libonati, Galgano).

Sotto il primo profilo, si è replicato che anche l'autoconsumo non è incompatibile con l'imprenditorialità della produzione purché non escluda la potenziale remunerazione dei fattori della produzione, quale potrà accertarsi sostituendo il ricavo con il risparmio di spesa. Quanto al secondo aspetto, deve rilevarsi che operazioni ermeneutiche intese ad arricchire o modificare il lessico dell'art. 2082 (segnatamente, a sminuire l'uso della disgiuntiva nell'inciso finale della norma), oltre a dilatare in astratto l'area di esonero di iniziative produttive dallo statuto dell'imprenditore, risultano significativamente ridimensionate negli esiti applicativi nel momento in cui riconoscono l'irrilevanza del mercato di sbocco; ne discende allora che anche la produzione di beni e servizi destinata ad una platea identificabile di soggetti – e, al limite, ad uno soltanto – può qualificarsi come imprenditoriale (Spada).

5. L'impresa illecita.

Dalla definizione normativa contenuta nell'art. 2082 si ricava che la produzione organizzata, professionale ed economica di beni e servizi è impresa in senso giuridico e comporta l'applicazione della relativa disciplina.

Si è soliti domandarsi se – anche in assenza di una specifica previsione normativa, ma sulla scorta di un'interpretazione sistematica – l'attività, per essere qualificabile come impresa, debba soddisfare anche il predicato della *liceità*.

Preme precisare che pure con riferimento a questo interrogativo occorre porsi da una prospettiva diversa da quella con cui si affronta il tema della liceità del negozio giuridico. Quest'ultimo rappresenta una categoria logica e concettuale intesa ad esprimere il riconoscimento da parte dell'ordinamento di un assetto d'interessi voluto dai privati: come altrove chiarito, in tanto questo autoregolamento è oggetto di approvazione, in quanto gli effetti che è preordinato a produrre sono valutati positivamente alla luce dei valori e principi fondamentali dell'ordinamento.

L'attività d'impresa non è invece una manifestazione di volontà, di cui si tratta di valutare l'idoneità a produrre effetti corrispondenti a quelli voluti dalla parte o dalle parti, qualora siano riconosciuti meritevoli di realizzazione secondo i principi e valori predetti. Si è messo in luce, del resto, che il comportamento imprenditoriale, là dove effettivamente realizzato, determina l'applicazione del relativo statuto "*senza e contro*" la volontà di chi ne sia l'autore e di chi entra in contatto con questo.

D'altro canto, non si esclude che anche un'attività d'impresa illecita si possa articolare in una serie di atti leciti e validi e che l'applicazione delle correlate discipline debba avvenire sulla base delle fattispecie da essi presupposte: così, ad esempio, l'attività del contrabbandiere potrebbe richiedere la stipulazione di contratti di credito o di locazione di un immobile.

Sullo sfondo di queste premesse, merita ricordare l'orientamento affermatosi nella giurisprudenza e favorevole a distinguere due gradi d'illiceità dell'impresa: un'illiceità *in senso forte* – pure designata mediante il sintagma della c.d. *impresa immorale* – sussistente quando l'attività sia assolutamente e incondizionatamente vietata (ad esempio, produzione e smercio di sostanze stupefacenti, contrabbando, sfruttamento della prostituzione); un'illiceità *in senso debole* – quale si ravvisa nella c.d. *impresa illegale* – che ricorre quando la produzione professionale di beni e servizi è in sé lecita, ma è esercitata senza le necessarie concessioni o autorizzazioni amministrative (come nel caso dell'attività bancaria svolta in assenza dell'autorizzazione della Banca d'Italia), oppure da figure soggettive non abilitate o non rientranti fra quelle cui l'esercizio dell'attività stessa è riservato (si pensi alla gestione di portafogli e, più in generale, ai servizi di investimento diversi dalla consulenza prestati da una persona fisica).

Con riferimento a questa seconda ipotesi si è consolidata nella giurisprudenza teorica e pratica la tendenza a ritenere applicabile la disciplina dell'impresa – con effetti sia sfavorevoli sia favorevoli all'imprenditore – ferma restando la comminatoria delle sanzioni amministrative e penali conseguenti alle trasgressioni commesse.

Seguendo tale linea direttiva, si è giunti poi ad applicare lo statuto speciale dettato per l'attività (illegalmente) esercitata come se essa fosse invece svolta in conformità delle regole di settore che la disciplinano:

così le c.dd. banche di fatto sono state assoggettate a liquidazione coatta amministrativa, anziché al fallimento che rappresentava il regime generale della crisi dell'impresa commerciale "non minore".

Opinioni discordanti si registrano con riguardo al regime giuridico cui sottoporre l'impresa illecita in senso forte.

La giurisprudenza meno recente, per un verso, si è mostrata riluttante ad applicare in questo caso lo statuto dell'imprenditore, forse animata dal pregiudizio secondo cui il titolare di un'attività immorale non può rivestire la qualifica di imprenditore, dato il valore socialmente positivo che si è portati ad attribuire alla produzione di beni e servizi; per l'altro, ha cercato comunque di porre rimedio agli esiti di tale atteggiamento, che non sarebbe privo di vantaggi per il titolare dell'iniziativa (potendo determinare, ad esempio, il suo esonero dal fallimento); e ciò in contrasto con il principio generale dell'ordinamento per cui nessuno può trarre beneficio dal proprio illecito (Oppo).

Nel tempo si è affermato, fra i giudici e gli studiosi (Spada; Jaeger, Denozza e Toffoletto), un orientamento favorevole a "disaggregare" la disciplina, applicando all'impresa illecita in senso forte soltanto quelle norme intese a tutelare gli interessi dei terzi (a condizione che questi ultimi non siano coinvolti nell'illiceità) e non anche quelle rivolte a proteggere l'imprenditore (disciplina della concorrenza sleale, dei segni distintivi).

6. Impresa e professione intellettuale.

Il legislatore esclude in principio che date attività produttive possano essere qualificate imprenditoriali, come accade per le professioni intellettuali (quelle del notaio, del medico, dell'avvocato, ecc.).

L'art. 2238, comma 1, stabilisce, infatti, che le disposizioni in tema di impresa si applicano ai professionisti intellettuali solo se "l'esercizio della professione costituisce elemento di un'attività organizzata in forma d'impresa".

Adottando nella lettura dell'art. 2238, comma 1, il criterio esegetico della non ridondanza del linguaggio legislativo, si osserva che l'immunità concessa al professionista sia destinata a venire meno quando costui integra l'opera professionale in una propria iniziativa imprenditoriale (si pensi al medico che esercita nella casa di cura da lui stesso gestita, al *designer* che fabbrica prodotti con le forme da lui create). Una raffinata dottrina sostiene che la disposizione in esame sarebbe precettivamente inutile se fra professione intellettuale ed impresa vi fosse reciproca estraneità sul piano della fattispecie (Spada). Ciò non toglie che, secondo altra parte della dottrina (Campobasso), in casi siffatti ricorrono due distinte attività – quella intellettuale e quella imprenditoriale – con conseguente applicazione tanto della specifica disciplina dettata per la professione intellettuale quanto della disciplina dell'impresa. Per contro, il professionista intellettuale o l'artista che si limiti a svolgere la propria attività non diventa mai imprenditore nemmeno nell'ipotesi in cui si avvalga di un'organizzazione di mezzi (si pensi agli ingenti investimenti richiesti da un moderno studio dentistico o di radiologia) e di persone (è il caso di certi studi di avvocato o di notaio). Indizi in tal senso si desumerebbero dall'art. 2238, comma 2, secondo cui al professionista intellettuale che impieghi sostituti o ausiliari "si applicano le disposizioni delle sezioni II, III e IV del capo I del titolo II" del Libro V del codice civile, ovvero solo le norme che disciplinano il lavoro nell'impresa, ma non anche la restante disciplina dell'impresa.

Si tratta peraltro di decidere se l'immunità del professionista dallo statuto dell'imprenditore discenda dall'estraneità delle opere intellettuali alla fattispecie dell'impresa, in considerazione delle modalità necessarie che ne caratterizzano l'esercizio, oppure derivi da una scelta di disciplina sorretta da motivazioni storiche, rintracciabili nella particolare considerazione sociale che circonda le professioni intellettuali.

Invero, tale considerazione sociale riguarda non solo le opere intellettuali, ma soprattutto il ceto dei professionisti ed affonda le sue radici in una concezione "organicistica" della società civile di stampo medievale. Essa emerge dalla peculiare disciplina che subordina l'accesso e l'esercizio delle c.d. professioni liberali (avvocato, medico, ingegnere, notaio) all'iscrizione negli albi professionali (art. 2229, comma 1); riconosce potere disciplinare agli ordini professionali anche per quanto riguarda le tariffe e gli onorari (art. 2229, commi 2 e 3); pone addirittura un divieto di esercizio per i non iscritti agli albi professionali (art. 2231); tanto che si parla al riguardo di professioni *protette* o *riservate*.

Tracce evidenti di quest'atteggiamento si rintracciano, poi, con riferimento a tutte le professioni (protette e non), nella particolare disciplina del contratto d'opera intellettuale: dal principio dell'esecuzione personale della prestazione (art. 2332) alla regola residuale di determinazione del corrispettivo che fa leva sul "decoro della professione" (art. 2233, comma 2), a quella sulla limitazione della responsabilità "se la prestazione implica la soluzione di problemi tecnici di speciale difficoltà" (art. 2236 c.c.), all'esonero da ogni rischio contrattuale per il mancato conseguimento del risultato utile (come si evince dall'art. 2237, in contrapposizione con l'art. 2228).

Avendo presente l'analisi prima condotta dei requisiti che consentono di qualificare come imprenditoriale l'attività di produzione di beni e servizi, si può fondatamente affermare che non vi è necessaria incompatibilità fra organizzazione, professionalità, economicità e prestazione di opere intellettuali. Quest'ultima, infatti, è attività di produzione di servizi suscettibili di valutazione economica; inoltre, è attività tendente programmaticamente ad assicurare la copertura dei costi con i ricavi e condotta con scopo di lucro (sebbene tale ultimo requisito non sia necessario); infine, è attività nella quale l'organizzazione di mezzi reali e personali può assumere – dal punto di vista non solo quantitativo ma funzionale – un rilievo preminente rispetto alla prestazione del singolo professionista (si pensi, nuovamente, allo studio del radiologo o del dentista o al laboratorio di analisi cliniche).

Ne consegue che la predetta immunità (essendo legata alla *persona* del professionista) è destinata a venir meno quando si configura una dissociazione soggettiva fra chi adotta l'iniziativa di produrre le opere intellettuali e chi le esegue. Ciò accade: a) quando un soggetto si procura l'opera intellettuale altrui per prestarla a terzi (si pensi al produttore cinematografico, all'imprenditore teatrale, discografico, radiotelevisivo, pubblicitario); b) quando vi sia *esercizio in comune* della professione intellettuale, come avviene in via di principio nell'ipotesi della produzione di opere intellettuali da parte di *società di professionisti* (non invece nel caso di condivisione del medesimo "studio" o d'instaurazione di rapporti di cointeressenza e/o di c.d. società di mezzi; sul tema, Capitolo VII, § 3, *infra*).

Va tuttavia preso atto dell'applicabilità al professionista intellettuale di frammenti anche importanti della disciplina pensata per l'impresa. Merita ricordare l'applicazione della disciplina di tutela del consumatore nei confronti dell'ampia figura del professionista: ossia, come già ricordato, chi agisce nell'ambito della propria attività imprenditoriale, commerciale, artigiana o professionale: art. 3, lett. *c*), del Codice del consumo.

Sotto altro aspetto, non si è mancato di porre in luce l'esigenza di ricercare un punto di equilibrio fra l'affermazione anche per i professionisti intellettuali di un principio di tutela della concorrenza e del mercato e la rilevanza per costoro di valori dotati di rilievo costituzionale, come quello della salute e della difesa in giudizio (Ferri *sr.*).

7. Inizio e cessazione dell'impresa.

L'acquisto della "qualità" di imprenditore è presupposto di applicazione del relativo "statuto". Tale applicazione non si giustifica, però, sulla sola base di un intento del soggetto, ma richiede, per un verso, un'*effettività* dell'attività imprenditoriale, per l'altro, criteri adeguati a riferire ad un dato soggetto la relativa disciplina.

Si pone, in primo luogo, l'esigenza di precisare il momento di "inizio" dell'impresa e di individuare, conseguentemente, quando la relativa disciplina diviene applicabile (cfr., ad esempio, l'art. 2196, comma 1).

Per risolvere il problema prima dell'*an* e poi del *quando* la disciplina dell'impresa possa trovare applicazione, occorre valutare l'adeguatezza del comportamento preso in esame rispetto al modello indicato nell'art. 2082. Se ne deduce che l'inizio dell'impresa corrisponde logicamente al momento in cui sia concretamente attuata un'attività dotata delle caratteristiche previste dalla norma in esame.

Sussistono tuttavia rilevanti incertezze in sede applicativa dovute alla stessa articolazione della vicenda osservata. Invero, la proiezione nel tempo dell'attività, insita nel requisito della professionalità, rende difficile identificare un preciso momento temporale in cui l'impresa diviene riconoscibile.

Ciononostante, si registra un generale consenso intorno al summenzionato principio dell'*effettività*, nel senso che l'attività diviene rilevante quando non sia semplicemente programmata, bensì sia concretamente attuata; e ciò anche se l'intento del soggetto sia desumibile da iniziative rivolte ad ottenere abilitazioni personali o autorizzazioni o concessioni amministrative cui la legge subordina l'esercizio dell'attività (art. 2084). Ugualmente irrilevante a tal fine è l'iscrizione nel registro delle imprese.

La giurisprudenza pratica tende a risolvere il problema dell'inizio e della fine dell'impresa, là dove quest'ultima sia *individuale*, utilizzando la nozione di *ciclo produttivo*: ricorre un'attività imprenditoriale, e si applica la correlata disciplina, dalla fase dell'acquisto di merci destinate alla rivendita o delle materie prime destinate alla manifattura fino alla vendita delle merci o dei manufatti immagazzinati. In quest'ottica non avrebbe carattere imprenditoriale tutta l'attività diretta a procurarsi e organizzare i mezzi reali e personali strumentali all'attuazione del ciclo produttivo: non rientrerebbe dunque nell'attività d'impresa la formazione dell'azienda, mentre sarebbe imprenditoriale la liquidazione della stessa (esclusi la riscossione dei crediti e il pagamento dei debiti).

L'alternativa fra imprenditorialità o meno dell'attività si polarizza, quindi, sulle due prospettive degli *atti dell'organizzazione* e degli *atti di organizzazione*, nel senso che solo i primi rivestono natura imprenditoriale (Franceschelli).

Non mancano tuttavia proposte intese ad anticipare l'inizio dell'impresa già alla fase preliminare di organizzazione, argomentando che: a) è difficile riscontrare in concreto una netta dicotomia fra atti di organizzazione e atti dell'organizzazione; b) anche l'organizzazione della produzione è attività tipicamente imprenditoriale e pone esigenze di tutela del credito non diverse da quelle sorgono durante l'esercizio; c) la presenza di uno stabile apparato aziendale non è necessaria (si pensi all'agente di commercio o al mediatore); d) anche l'attività di organizzazione di una data impresa è attività rivolta ad un fine produttivo (G.F. Campobasso).

Certo, non si esclude che il risultato produttivo possa consistere nella stessa creazione di una stabile organizzazione aziendale, potendo tale attività essere svolta professionalmente e dare luogo a un'impresa. Non si può tuttavia arrivare a considerare imprenditoriale la creazione della propria organizzazione aziendale e neppure il compimento di atti preparatori di un'attività produttiva futura; diversamente, si finirebbe per attribuire rilevanza all'intenzione, in contrasto con la tesi preferibile secondo cui l'acquisto della qualità di imprenditore può avvenire senza (e anche contro) la volontà del soggetto. Basterebbe allora la stipulazione di uno o più contratti (di affitto, di mutuo, di lavoro) ad integrare un'impresa e ad applicare la relativa disciplina pure in assenza di un'attività produttiva (Spada).

A fronte del rischio di innescare una sorta di "regressione all'infinito" insito nell'indiscriminata assimilazione dell'attività organizzativa all'attività di produzione organizzata, si è suggerito di articolare la soluzione della questione in base allo *specifico* problema applicativo e agli interessi che vengono in rilievo.

In tale prospettiva, ad esempio, ai fini dell'applicazione della disciplina delle clausole vessatorie, sarebbero sufficienti un'attività organizzativa dell'impresa e la pertinenza ad essa dell'atto in discussione. Occorrerebbe, invece, un'effettiva operatività dell'impresa nei confronti del mercato e dei terzi quando si tratta dell'obbligo di iscrizione nel registro delle imprese, dato che è verso costoro che la pubblicità si dirige (Angelici).

L'indicata linea argomentativa non è in contrasto, del resto, con la tesi giurisprudenziale incline ad analizzare ed applicare le regole in funzione degli interessi coinvolti. Risponde a questa prospettiva la tendenza ad anticipare rispetto all'avvio del ciclo produttivo l'applicazione della disciplina della concorrenza sleale (data la rilevanza di interessi che anche in tale fase richiedono attenzione: si pensi, ad esempio, allo storno di dipendenti); la legittimazione a partecipare a un consorzio; la disciplina della circolazione dell'azienda (almeno per quelle disposizioni che paiono prescindere dall'esercizio attuale dell'impresa: artt. 2556, 2558, 2560 e 2561); il preuso dell'invenzione. Per contro, la disciplina delle procedure concorsuali, in quanto considera la produzione dell'impresa sul mercato e si traduce in una specifica regolazione dei rapporti patrimoniali ad essa conseguenti, troverà applicazione solo quando l'impresa medesima abbia concretamente operato.

Si è avanzata l'idea di ricercare su questo piano "analitico" la soluzione al tradizionale problema se la costituzione di una *società* (che di per sé concreterebbe un "atto di organizzazione") consenta di individuare un'impresa.

Secondo la giurisprudenza, l'esercizio effettivo dell'impresa non sarebbe necessario per le persone giuridiche e per le organizzazioni sociali che si costituiscono sin dall'inizio per uno scopo predeterminato; con conseguente applicazione dello statuto dell'impresa già a partire dalla costituzione della società.

Autorevole dottrina (Ferri *sr.*) sostiene che la società costituita per l'esercizio di un'attività economica e l'ente pubblico economico (art.

2201) sono imprenditori per il fatto stesso della loro costituzione. In particolare, si osserva che nel sistema del codice civile l'organizzazione sociale è sempre imprenditore e la società è una forma di esercizio collettivo dell'impresa. Il collegamento necessario fra impresa e società si evince dalla nozione che il codice dà di quest'ultima all'art. 2247 (Capitolo VII, § 1, *infra*).

Non sono mancate critiche alla tendenza ad affermare che l'attività di una società è sempre professionale perché l'attività programmata in sede di costituzione dell'ente ne esaurisce la "vita". Si è ravvisato (Spada) in tale orientamento un retaggio dell'esegesi, affetta da "antropomorfismo", dell'art. 8 del codice di commercio del 1882, che dichiarava commercianti le società commerciali, a prescindere dal compimento di atti di commercio per professione abituale. Ne deriva che, non rintracciandosi oggi nel diritto scritto un enunciato normativo coincidente o equivalente al succitato art. 8, affermare che la vita della società si esaurisca nell'attuazione dell'oggetto sociale condurrebbe a legittimare l'applicazione dello statuto dell'imprenditore alle iniziative anche solo occasionali, purché rivestano la forma societaria. Si è lamentata, inoltre, la "grave contraddizione" in cui si cade quando, da una parte, si afferma che l'attività funge da fattispecie in quanto sia effettivamente svolta e, dall'altra, si equipara un'attività (comune) programmata ad un'attività esercitata. Da tali rilievi si fa discendere la necessaria operatività del principio di effettività anche per le società, sebbene non si escluda che là dove sia quest'ultima a compiere un singolo atto di organizzazione imprenditoriale, in specie se particolarmente qualificato, l'attività d'impresa possa dirsi iniziata (G.F. Campobasso).

L'impostazione secondo cui la società acquisterebbe la qualità di imprenditore fin dal momento della sua costituzione non coinvolge, peraltro, gli obblighi di iscrizione nel registro delle imprese o di tenuta della contabilità (riferiti comunque alla società senza richiedere l'esercizio effettivo dell'impresa), ma riguarda tutta la restante disciplina dell'impresa: in particolare, quella delle procedure concorsuali.

I sostenitori dell'idea di operare una dissociazione delle norme che compongono lo statuto dell'imprenditore in funzione degli interessi tutelati muovono dalla considerazione che la costituzione della società determina (come si chiarirà meglio più avanti) una separazione patrimoniale ed un corrispondente riparto dei creditori in ragione della diversità delle componenti patrimoniali vincolate a garanzia delle rispettive pretese e dell'intensità del vincolo. Si determina una "subalternità" dell'interesse dei creditori personali dei soci rispetto a quello dei creditori sociali, sebbene l'intensità della separazione vari a seconda del tipo di società in concreto adottato e di altri fattori (come l'adempimento di formalità pubblicitarie o la "liberazione" del capitale nominale).

La piena realizzazione del primato dei creditori sociali potrebbe, dunque, compiutamente realizzarsi quando costoro siano in grado di accedere ad un riparto concorsuale di tutte le attività sociali sin dal momento in cui – per effetto della costituzione della società – il regime di separazione patrimoniale si sia attuato (Spada; Libonati).

La sopra esposta disparità di trattamento fra impresa individuale e società si riproponeva anche con riferimento alla *cessazione* dell'attività.

Infatti, mentre per l'imprenditore individuale era pacifico che la cessazione dell'impresa coincidesse con la *disgregazione del complesso aziendale*, in applicazione del *principio di effettività*, nel regime normativo antecedente al d.lgs. n. 5/2006, la giurisprudenza riteneva la società esistente finché tutti i creditori fossero stati pagati. Secondo l'impostazione appena riferita, la disciplina del riparto concorsuale si sarebbe dovuta applicare *fino a quando* vi fossero state delle attività sociali (si pensi alle c.d. sopravvenienze attive, cioè accertate dopo la chiusura della liquidazione, la cui definitiva devoluzione ai soci finirebbe per frustrare il primato concesso ai creditori sociali).

Ad alimentare il dibattito era la casistica scaturita dall'applicazione dell'art. 10 l. fall., che disciplina la dichiarazione di fallimento dell'imprenditore che avesse cessato l'attività. In seguito agli interventi riformatori del 2006 e del 2007, la norma summenzionata fa decorrere il termine annuale entro il quale la società poteva essere dichiarata fallita dalla cancellazione della stessa dal registro delle imprese, nell'intento di agevolare – attraverso il ricorso a un dato formale – l'accertamento della cessazione dell'impresa. Il secondo comma del medesimo articolo, recuperando il principio di effettività, prevede – con riferimento all'*imprenditore individuale* – la facoltà per il creditore o per il pubblico ministero di dimostrare che l'attività d'impresa fosse proseguita anche *dopo* la cancellazione. Una prova analoga è prevista, se pure limitatamente alla *cancellazione d'ufficio*, per le *società*.

Quest'ultima previsione normativa è rimasta invariata nell'art. 33, comma 3 del d.lgs. n. 14/2019, contenente il Codice della crisi d'impresa e dell'insolvenza. Resta fermo altresì il principio secondo cui la cessazione dell'attività coincide con la cancellazione dal registro delle imprese, mentre si precisa che per l'imprenditore non iscritto l'anno entro il quale la procedura di liquidazione giudiziale può essere aperta decorre dal momento in cui i terzi hanno avuto conoscenza della cessazione medesima. Sarà onere dello stesso imprenditore che non abbia dato luogo alla pubblicità fornire idonea dimostrazione del fatto costitutivo *ex* art. 2193, comma 1.

8. L'imputazione dell'attività dell'impresa.

Da quanto sinora osservato è emerso che la disciplina dell'impresa si puntualizza sull'attività *in quanto tale* e prevede per essa un regime distinto da quello dei singoli atti. A tale constatazione si connette l'interrogativo se e in che senso i criteri di imputazione dell'attività possono distinguersi rispetto a quelli consueti per i singoli atti, identificabili in principio nella *spendita del nome*. Il quesito appare plausibile alla luce di molteplici aspetti, a prescindere dalla soluzione che si ritiene preferibile.

Non è inutile evidenziare che la necessità di fare ricorso alla spendita del nome sussiste solo qualora non sia utilizzabile (o non sia affidabile) il criterio della paternità del comportamento, per la presenza di un'organizzazione di mezzi personali che comporti sostituzione nell'attività giuridica. Benché siano piuttosto marginali, vi sono casi in cui non può dubitarsi che il comportamento imprenditoriale sia quello del soggetto il quale pone in essere un comportamento conforme alla norma dell'art. 2082: si pensi al piccolo commerciante o all'artigiano privo di dipendenti e che, perciò, finisce per fare "tutto da solo" (o quasi).

La spendita del nome può anche risultare dalla integrazione, oggettivamente riconoscibile, dell'autore del comportamento in una organizzazione imprenditoriale altrui: indicativi sono la disciplina dell'art. 2208 in tema di institore che ometta di far conoscere al terzo che egli tratta per il preponente, o il regime di rappresentanza dei commessi (artt. 2210-2213).

Lo statuto dell'imprenditore è certamente imputato alla figura soggettiva nel nome e nell'interesse della quale il comportamento imprenditoriale è stato realizzato. È quanto accade, ad esempio, nel caso del genitore che gestisce l'impresa quale rappresentante legale del figlio minore, in seguito ad autorizzazione del tribunale: imprenditore è il minore, anche se gli atti di impresa sono decisi e compiuti dal genitore.

I problemi si pongono quando vi sia una dissociazione fra il soggetto nel cui nome è svolta l'attività (c.d. *imprenditore palese* o *prestanome*) e colui il quale è il destinatario dei risultati positivi e negativi della stessa (c.d. *imprenditore indiretto o occulto*). Si tratta del fenomeno dell'esercizio dell'impresa per il tramite di interposta persona, alla base del quale possono esservi varie motivazioni (intento di occultare ai propri creditori l'esistenza di un'attività, probabilità di ottenere più facilmente accesso al credito bancario, possibilità di svolgere un'attività che altrimenti sarebbe vietata al soggetto per il suo *status* personale o per un obbligo di non concorrenza).

Del resto, l'area tematica in questione si manifesta concretamente soprattutto nell'ipotesi di crisi dell'impresa e ai fini delle procedure concorsuali, dove per un verso si assiste ad una traslazione del rischio imprenditoriale sui creditori, quanto meno su quelli deboli o che comunque non hanno avuto la forza contrattuale per ottenere dal *dominus* dell'iniziativa garanzie reali o personali; per l'altro, si pone l'esigenza di operare una "redistribuzione" fra i partecipanti al mercato dei risultati economici globali dell'impresa. Dinanzi a queste situazioni, non sembra logicamente necessario – ad avviso di una parte della dottrina – adottare le tecniche tradizionalmente impiegate per imputare gli effetti di singoli atti.

Secondo una prima impostazione (Ferri *sr.*), deve riconoscersi la validità anche in campo giuridico del principio posto a fondamento della nozione economica di imprenditore, che conduce ad identificare quest'ultimo in colui che assume l'*iniziativa* e il *rischio* dell'impresa.

In termini giuridici, l'iniziativa s'identifica nel *potere di gestione*, mentre il rischio è *responsabilità*. Sarebbe, dunque, plausibile la soluzione in base alla quale l'esercizio del potere sia di per sé idoneo, senza la necessità del concorso di indici ulteriori, a condurre a quella responsabilità patrimoniale del *dominus* nei confronti dei creditori che costituisce il principale profilo tecnico-giuridico del "rischio" economico dell'imprenditore.

Si tratta, tuttavia, di una soluzione che, pur apparendo coerente con l'idea dell'impresa quale struttura gerarchica di "potere", è in contrasto con una serie di dati normativi: si pensi, ad esempio, all'art. 2291, che stabilisce, con norma inderogabile, la responsabilità solidale e illimitata dei soci della società in nome collettivo; o, ancora, agli artt. 2325 e 2462 in tema, rispettivamente, di società per azioni e di società a responsabilità limitata, che – dopo aver fissato la regola secondo cui il patrimonio sociale è in principio garanzia primaria ed esclusiva per le obbligazioni sociali – stabiliscono che non basta la qualità di unico socio per incorrere in responsabilità illimitata senza il concorso di condizioni oggettive e formali, quali la violazione delle specifiche norme in materia di conferimenti e di pubblicità legale.

Ad esiti più radicali (fallimento del *dominus* sempre e comunque in caso di fallimento del prestanome) conduce la *teoria dell'imprenditore occulto*, secondo il percorso tracciato da Walter Bigiavi sulla base del vecchio art. 147, comma 2, l. fall. (poi comma 4 del medesimo articolo, nel testo sostituito dal d.lgs. n. 5/2006; cfr. ora l'art. 256, comma 4 del Codice della crisi d'impresa e dell'insolvenza, che dispone l'estensione della procedura di liquidazione giudiziale ai soci la cui esistenza risulta dopo la dichiarazione di liquidazione giudiziale della società). Dall'assoggettamento a fallimento del *socio occulto di società palese* si inferisce l'assoggettabilità a fallimento della *società occulta*, la quale ricorre quando – dichiarato il fallimento di un imprenditore individuale – si scopre che quest'ultimo non agiva da solo, ma aveva costituito con un altro soggetto, rimasto "occulto", una società divenuta insolvente. Da qui si prosegue per affermare la qualità d'imprenditore e l'esposizione a fallimento della *figura occulta* quale titolare dell'interesse e del potere di governo dell'iniziativa.

Inoltre, in presenza di iniziative imprenditoriali solo formalmente collettive, ma in realtà riconducibili a un singolo, il quale si avvale dei processi decisionali e dichiarativi dell'ente come se fossero mera riproduzione o esternazione delle proprie decisioni e dichiarazioni, si è proposto di disapplicare la separazione patrimoniale concessa all'ente stesso, ravvisandosi un abuso della personalità giuridica (Galgano; Serick).

Non si è mancato di osservare, peraltro, come la "lotta all'interposizione", intesa ad affermare un principio di auto-responsabilità, non è priva di ripercussioni sul piano della giusta composizione degli interessi mobilitati dall'esercizio di un'impresa per interposta persona. Essa finisce, infatti, per coinvolgere il patrimonio dell'interponente nella garanzia patrimoniale delle obbligazioni assunte dall'interposto. Ne consegue che la responsabilità di chi opera come imprenditore occulto si risolverebbe in un pregiudizio dei suoi creditori personali, i quali dovrebbero subire il concorso sul patrimonio di costui dei creditori dell'imprenditore palese; questi ultimi, a loro volta, vedrebbero incrementate le loro probabilità di capienza, senza però che la tutela dell'affidamento lo esiga (Spada).

Questo rilievo non è stato probabilmente privo di qualche influenza sul generale atteggiamento della giurisprudenza, che ha accolto solo il primo passaggio della teoria dell'imprenditore occulto (argomentando che l'esteriorizzazione non è elemento costitutivo della società), ma non il secondo.

Tale passaggio è stato poi recepito dal legislatore nell'art. 147, comma 5, l. fall., che (sulla scorta della disposizione dell'art. 24, d.lgs. n. 270/1999) ammetteva la possibilità di dichiarare, dopo il fallimento dell'imprenditore individuale, quello della società (occulta) alla quale l'impresa fosse "riferibile".

Accanto all'estensione della procedura di liquidazione giudiziale dell'imprenditore individuale alla società di fatto occulta, il recente Codice della crisi d'impresa e dell'insolvenza prevede ora, all'art. 256, comma 5, che, qualora dopo l'apertura della medesima procedura nei confronti di una società si accerti che l'impresa è in realtà riferibile ad una società di fatto, di cui la prima è socio illimitatamente responsabile, il tribunale dispone l'apertura della procedura nei confronti della società di fatto così accertata e degli altri soci illimitatamente responsabili.

La novella mostra di recepire un'interpretazione già formulata nel vigore della disciplina anteriore sulla scorta di alcuni interventi dei giudici di legittimità e della Corte costituzionale in merito alla possibilità di configurare una società di fatto anche tra società di capitali, pure in assenza della delibera dell'assemblea ordinaria prevista dall'art. 2361, comma 2.

Nel tentativo di elaborare tecniche di repressione degli abusi, la stessa giurisprudenza ha altresì elaborato la teoria dell'*impresa fiancheggiatrice*, la cui attività consiste nel finanziamento e nella direzione della c.d. impresa "principale". Questa costruzione teorica si basa sulla qualificazione come imprenditore commerciale, soggetto al fallimento, del soggetto interponente (o degli interponenti, considerati come una *società di fatto*), che si avvalga di una o più società nello sviluppo di un'iniziativa imprenditoriale unitaria. Si arriva dunque a ravvisare nell'attività di direzione un'impresa autonoma (suscettibile di essere svolta anche in veste di c.d. *holding* individuale o personale), purché essa si manifesti in atti compiuti in proprio nome e non difettino i requisiti dell'economicità, professionalità e organizzazione. Si tratta, però, di una tecnica che finisce per avvantaggiare i creditori che hanno avuto la forza e l'accortezza di dotarsi di titoli o garanzie contro il socio o il terzo che sistematicamente eserciti l'attività di direzione (secondo una prassi frequente nel comportamento delle banche laddove si facciano rilasciare una fideiussione dal socio di controllo della società affidata), lasciando privi di tutela diretta gli altri creditori, i quali non hanno pretese per insinuarsi al passivo del fallimento (o, in futuro, della liquidazione giudiziale) del *dominus* e, quindi, non trarranno alcun beneficio dal suo assoggettamento alla procedura liquidatoria.

CAPITOLO II

LE ARTICOLAZIONI DELL'IMPRESA

1. Le articolazioni della fattispecie e dello statuto dell'imprenditore.

Il codice civile del 1942 ha introdotto una nozione d'impresa omnicomprensiva, capace di abbracciare ogni iniziativa professionale di produzione e di scambio, incluse quelle – come l'agricoltura e l'artigianato – in passato ritenute estranee alla materia del commercio.

Volendo conferire al fenomeno studiato una profondità diacronica, occorre evidenziare che la sistemazione della "materia commerciale" presente nel codice di commercio francese del 1807 ed ereditata – attraverso la mediazione dei codici preunitari – prima dal codice di commercio italiano del 1865, poi dal codice di commercio del 1882, comportava l'estraneità all'atto di commercio-impresa, per un verso, della produzione agricola (benché si considerasse atto di commercio la manifattura organizzata dei prodotti del suolo: cfr. art. 5 cod. comm. 1882); per l'altro, della produzione artigiana, in ragione della suvvalenza della organizzazione di mezzi reali e personali rispetto al lavoro esecutivo del titolare dell'iniziativa (Ascarelli).

Il legislatore storico non è rimasto, tuttavia, insensibile alla molteplicità del reale ed ha conseguentemente adottato una tecnica normativa in grado di conciliare l'unità del modello con la varietà dei fenomeni da regolare.

Si è dunque proceduto ad un'articolazione della fattispecie capace di differenziare la disciplina.

La configurazione delle categorie di imprenditori è avvenuta recuperando elementi quali la natura dei fattori della produzione e le caratteristiche dell'organizzazione imprenditoriale, che, nel passaggio dall'impresa-atto di commercio all'impresa-attività professionale, erano stati "accantonati": da un lato, valorizzando la natura dei fattori della produzione, si è storicamente isolata l'*impresa agricola*; dall'altro, valorizzando la prevalenza del lavoro esecutivo dell'imprenditore rispetto all'organizzazione degli altri fattori, si è individuata la *piccola impresa*.

Nel diritto vigente della produzione professionale di beni e servizi, si rintracciano le definizioni normative rispettivamente dell'impresa agricola (art. 2135) e dell'impresa commerciale (art. 2195), basate essenzialmente sulla "natura" – vale a dire sulle caratteristiche merceologiche (o socio-economiche) – del risultato produttivo. Vi è altresì un enunciato definitorio della piccola impresa (art. 2083), ma non di quella medio-grande, la quale si pone, perciò, come nozione residuale, idonea a comprendere ogni impresa che non si presti a essere qualificata come piccola.

La dottrina prevalente esclude la possibilità di prospettare un'iniziativa produttiva classificabile come impresa che non sia ascrivibile ad almeno una *coppia* delle sub-fattispecie in cui l'impresa stessa è scomposta: impresa piccola o medio-grande; impresa agricola o commerciale.

Come si è anticipato, esiste però nel nostro ordinamento una definizione di impresa commerciale, la quale si desume (sia pure in modo "obliquo" e "trasversale") dall'art. 2195, che – dopo avere stabilito l'obbligo di iscrizione nel registro delle imprese per gli imprenditori che esercitano una (o più) delle attività ivi elencate – prevede altresì, nell'ultimo comma, che "le disposizioni di legge che fanno riferimento ... alle imprese commerciali si applicano ... a tutte le attività indicate in questo articolo e alle imprese che le esercitano". Ne è scaturito l'interrogativo se sia possibile che un'attività – qualificata impresa perché conforme all'enunciato definitorio di cui all'art. 2082 – non sia riconducibile né alla figura dell'impresa agricola, né a quella dell'impresa commerciale (perché non corrispondente ai modelli desumibili dagli artt. 2135 e 2195). Se così fosse, vi sarebbe lo spazio per individuare nel sistema un *tertium genus* chiamato *impresa civile*.

Il tema è denso di implicazioni ideologiche, metodologiche ed applicative.

Sotto il primo profilo, ammettere l'esistenza dell'impresa civile significherebbe ritenere che la codificazione del 1942 abbia superato la "materia commerciale", assorbendola in una prospettiva più ampia.

Quando al secondo aspetto, l'adesione alla posizione in esame impedirebbe all'interprete di utilizzare il summenzionato argomento *residuale*, nel senso che la figura dell'imprenditore commerciale non potrebbe essere individuata *per sottrazione*, ossia escludendo dalla nozione generale di cui all'art. 2082 le caratteristiche qualificanti dell'imprenditore agricolo e del piccolo imprenditore. Diverrebbe necessario ricercare, invece, un significato *positivo* di ciascuna di tali figure.

Infine, bisogna considerare che nel codice civile l'unica figura di impresa dotata di una complessa e articolata disciplina è quella commerciale, mentre le sub-fattispecie dell'impresa agricola e della piccola impresa, piuttosto che richiamare "statuti" alternativi, consentono di individuare aree di esonero dall'applicazione della prima. Ne deriva che il ricorso al succitato argomento residuale nell'identificazione dell'impresa commerciale permette di ampliare al massimo il perimetro dell'attività professionale organicamente disciplinata. Per contro, classificare un'impresa come civile significherebbe estendere lo spazio delle iniziative imprenditoriali sotto-disciplinate, a discapito degli interessi coinvolti nel finanziamento dell'impresa.

2. Impresa e imprenditore commerciale.

Centrale per la definizione della portata normativa dell'art. 2082 è il confronto fra quest'ultimo e l'art. 2195. Si tratta, infatti, di verificare se la figura dell'imprenditore commerciale individuata dalla seconda delle disposizioni in esame abbia caratteristiche sostanzialmente coincidenti con quelle indicate dall'art. 2082, oppure presenti altri requisiti rispetto a quanto già previsto nella nozione generale di impresa e ricavabile negativamente dagli artt. 2083 e 2135.

Al riguardo, parte della dottrina sostiene che se l'art. 2082 si riferisce a un'*attività di produzione o scambio di beni o di servizi*, l'art. 2195 si limita a specificarne le possibili articolazioni, posto che menziona ai nn. 1 e 2 – rispettivamente – la "attività industriale di produzione di beni o di servizi" e la "attività intermediaria nella circolazione dei beni", mentre nei numeri successivi indica taluni esemplari, storicamente e socio-economicamente rilevanti, di produzione di servizi (attività di trasporto, bancaria e assicurativa, nonché attività ausiliarie), virtualmente già incluse nella previsione del n. 1.

Non si è fatto a meno, però, di evidenziare che l'art. 2195 contiene la sottolineatura del carattere *industriale* dell'attività produttiva e di quello *intermediario* dell'attività di scambio.

In un'ottica intesa a valorizzare il dato testuale, si fa discendere da tale constatazione l'idea che l'identificazione dell'impresa commerciale non potrebbe essere compiuta sulla base dell'argomentazione residuale, ritenendo cioè che essa abbracci ogni attività imprenditoriale non rientrante nella fenomenologia della produzione agricola prevista dall'art. 2135.

Mancano, peraltro, nel sistema elementi in grado di orientare univocamente la risposta al quesito se vi sia sostanziale coincidenza di contenuto fra gli artt. 2082 e 2195.

Si è già accennato alla preoccupazione che l'adesione alla teoria dell'impresa civile possa condurre ad ampliare l'ambito delle iniziative imprenditoriali sottratte alla più rigorosa disciplina dettata per le imprese commerciali (pure in assenza di ragioni in grado di giustificare un tale trattamento di favore).

Va ora osservato, con riferimento al requisito della "industrialità", come esso – piuttosto che indurre a negare la qualifica di commerciali alle attività "primarie" (come quelle estrattive), e persino alle produzioni di servizi (si pensi alle imprese di pubblici spettacoli) – adempie la funzione espungere dalla sfera della commercialità, da un lato, l'attività di produzione agricola, dall'altro, quella artigianale.

Non si può trascurare di considerare come l'industria non vada intesa necessariamente come attività di trasformazione di materie prime, ma abbia rappresentato una modalità della produzione manifestatasi storicamente con la sostituzione del lavoro meccanico a quello umano, la proletarizzazione delle maestranze, la fabbricazione in serie. In questa prospettiva, essa non si pone quale evoluzione dell'artigianato, ma come fenomeno economico distinto e "contrapposto". Da qui potrebbe trarsi la conseguenza che l'immunità dell'artigiano dallo statuto dell'imprenditore commerciale discende dalla qualificazione "non commerciale" dell'attività, anziché dal ruolo rivestito dall'organizzazione (Spada).

Sotto altro aspetto, ad identificare *in negativo* il requisito della "industrialità" contribuisce il confronto con la prestazione di opere intellettuali che, come si è visto, si colloca normativamente al di fuori dell'area dell'impresa.

In una prospettiva di segno analogo, si tende ad escludere che l'attività *intermediaria* nella circolazione dei beni debba essere distinta dallo "scambio" genericamente menzionato nell'art. 2082, dato che lo stesso è in grado di ricomprendere sia operazioni che presuppongono una precedente attività produttiva, sia un'attività di acquisto e di successiva rivendita, ossia l'attività propriamente intermediaria.

Infine, per quanto concerne la "ausiliarietà" di attività commerciali di cui al n. 5 dell'art. 2195, si preferisce ricondurre a quest'ipotesi tutti i casi di prestazione di servizi al mercato, e non solo a imprese, facendola rientrare così nella previsione del n. 1 del medesimo articolo.

Seguendo questa impostazione appare, dunque, plausibile ritenere che debba qualificarsi commerciale ogni impresa che *non* sia agricola.

3. L'imprenditore agricolo.

Rispetto alla nozione giuridicamente rilevante di impresa, che si è identificata nella figura dell'imprenditore commerciale, l'imprenditore agricolo e il piccolo imprenditore si pongono quali limiti "esterni" della stessa, contribuendo a precisarne – se non altro in termini negativi – l'estensione.

Può dirsi, dunque, che il valore della nozione di imprenditore agricolo risiede nel delimitare l'ambito di applicazione della disciplina dell'imprenditore commerciale.

Infatti, l'imprenditore agricolo è esonerato dalla tenuta delle scritture contabili (art. 2214).

Non è assoggettabile alla liquidazione giudiziale, mentre può beneficiare della disciplina della procedura di allerta e composizione assistita della crisi, nonché accedere alle procedure di composizione della crisi da sovraindebitamento (art. 2, comma 1, lett. *c*), Codice della crisi d'impresa e dell'insolvenza), agli accordi di ristrutturazione dei debiti (art. 57), alla convenzione di moratoria (art. 62) e al concordato minore (art. 74).

Quanto all'obbligo d'iscrizione nel registro delle imprese (su cui Capitolo III, § 3, *infra*), esso, un tempo riservato agli imprenditori commerciali, è stato esteso agli imprenditori agricoli, i quali erano soggetti ad iscrizione in una sezione speciale del registro delle imprese (art. 2, comma 1, D.P.R. n. 558/1993), a fini di mera pubblicità notizia (art. 8, l. n. 580/1993). In un secondo tempo, si è riconosciuto alla pubblicità degli imprenditori agricoli, e delle società semplici esercenti attività agricola, efficacia dichiarativa (art. 2, d.lgs. n. 228/2001), equiparandone così la disciplina – limitatamente a questo profilo – a quella degli imprenditori commerciali.

Questi brevi cenni bastano a far comprendere come l'imprenditore agricolo continui a godere di un trattamento di favore (si potrebbe dire di un vero e proprio *privilegio*) rispetto all'imprenditore commerciale.

Nella discussione su quali siano i motivi per cui un settore dell'economia di primaria importanza come quello ora in esame è esonerato dalla più rigorosa disciplina dell'imprenditore commerciale, si è evidenziato il *doppio rischio* (ambientale ed economico) al quale l'impresa agricola è esposta.

La questione se la distinzione fra imprenditore agricolo e commerciale sia tuttora giustificata si pone anche a fronte del testo vigente dell'art. 2135, che è stato profondamente modificato – rispetto a quello originario del codice – dal d.lgs. n. 228/2001.

L'art. 2135 individua le attività agricole di coltivazione del fondo, selvicoltura e allevamento di animali là dove siano dirette alla cura e allo sviluppo di un *ciclo biologico* o di una fase *necessaria* di esso, che "utilizzano o possono utilizzare il fondo". È dunque evidente che la disposizione sopra citata considera irrilevante il modo di produzione tipico dell'agricoltura, ovvero lo sfruttamento del fondo e delle sue risorse, in linea con l'ampia legislazione speciale che aveva esteso la nozione di agricoltura, con finalità promozionali e/o protettive.

La nuova nozione consente di qualificare giuridicamente come attività agricola essenziale la produzione di specie vegetali ed animali, anche se prescindono del tutto dallo sfruttamento della terra e dei suoi prodotti. Ne consegue che si possono far rientrare nella nozione di coltivazione del fondo non soltanto l'*orticoltura*, le coltivazioni *in serra* o *in vivai* (oggi anche se le piante non sono messe a dimora nel terreno), la *floricoltura*, ad essa già considerate riconducibili vigente la vecchia definizione; ma anche le coltivazioni "fuori terra" di ortaggi e frutta, quali le coltivazioni aeroponiche ed idroponiche, con una generalizzazione della soluzione in passato adottata dal legislatore solo per la coltivazione dei funghi (l. n. 126/1985).

Analogamente, l'accoglimento del criterio del ciclo biologico consente di risolvere una serie di contrasti sorti in passato con riguardo all'allevamento di animali e conduce a considerare come attività agricola essenziale anche la zootecnia svolta fuori dal fondo o utilizzando quest'ultimo come semplice sedimento dell'azienda di allevamento (è il caso degli *allevamenti in batteria*) e senza che sia necessario che gli animali siano alimentati con mangimi naturali ottenuti dal fondo.

Ed ancora, si possono oggi ricondurre alla nozione di allevamento di animali l'allevamento di *cavalli da corsa* o di *animali da pelliccia*, l'attività *cinotecnica*, l'allevamento di *animali da cortile* (che non erano tradizionalmente allevati sul fondo all'epoca della codificazione), l'apicoltura.

Infine, non si dubita della natura agricola dell'attività di *acquacoltura* (pesci e mitili), anche in ragione dell'intervento già realizzato dallo stesso legislatore (l. n. 102/1992).

L'attuale nozione di imprenditore agricolo contenuta nell'art. 2135 amplia significativamente anche la categoria delle attività agricole *per connessione*. Si tratta di attività oggettivamente *diverse* da quella agricola, ma che vengono ad essa giuridicamente riferite là dove si riscontri tale rapporto di connessione.

Esse sono individuate nelle attività: a) dirette alla manipolazione, trasformazione, commercializzazione e valorizzazione dei prodotti ottenuti prevalentemente dalla coltivazione del fondo o del bosco o dall'allevamento di animali; b) dirette alla fornitura di beni o servizi svolte mediante l'utilizzazione prevalente di attrezzature normalmente impiegate nell'attività agricola esercitata, comprese quelle di valorizzazione del territorio e del patrimonio rurale e forestale, nonché le attività agrituristiche (*v.* art. 2135, comma 3).

È dunque venuta meno l'indicazione, contenuta nel testo originario dell'art. 2135, comma 2, secondo cui le attività di trasformazione e alienazione dei prodotti agricoli potevano essere ritenute "connesse" quando rientravano nell'*esercizio normale* dell'agricoltura. Ne consegue che la linea di confine fra attività agricola e commerciale non si basa più sulle *modalità* con cui una determinata attività di trasformazione e alienazione sia esercitata, ma è affidata a criteri quantitativi di prevalenza.

Oltre alla connessione oggettiva, è necessario che le attività in questione siano "esercitate dal *medesimo* imprenditore agricolo" (art. 2135, comma 3), cioè dal soggetto che sia già qualificato imprenditore agricolo in virtù dello svolgimento in forma di impresa di una delle tre attività agricole tipiche e che si tratti di attività *coerente* con quella connessa (non potrebbe, ad esempio, considerarsi imprenditore agricolo il viticoltore che commercializza cavalli).

Occorre segnalare che la qualifica di imprenditori agricoli è però estesa alle cooperative di imprenditori agricoli e ai loro consorzi (cantine sociali, oleifici sociali, ecc.) quando utilizzano prevalentemente prodotti dei soci, oppure forniscono prevalentemente ai soci beni o servizi diretti alla cura ed allo sviluppo del ciclo biologico (art. 1, comma 2, d.lgs. n. 228/2001). La stessa qualifica è poi riconosciuta anche alle società di persone ed alle società a responsabilità limitata, costituite da imprenditori agricoli, che esercitano esclusivamente le attività dirette alla manipolazione, conservazione, trasformazione, commercializzazione e valorizzazione di prodotti agricoli ceduti dai soci (art. 1, comma 1094, l. n. 296/2006).

Va dunque rilevato che, in presenza di una precisa scelta legislativa, può aversi, da un lato, riconduzione di una pluralità di attività ad un'unica impresa (con conseguente "neutralizzazione" della loro qualifica oggettiva), dall'altro, attrazione alla sfera dell'impresa agricola di attività prestate da soggetti *diversi* dai produttori agricoli quando utilizzino prevalentemente prodotti forniti da questi ultimi, oppure producano servizi diretti prevalentemente ad essi.

4. Il piccolo imprenditore e l'artigiano.

La nozione di piccola impresa (o, per attenerci alla consueta fraseologia soggettiva impiegata nel codice, di piccolo imprenditore) si desume dall'art. 2083, il quale fa riferimento a un'attività professionale organizzata *prevalentemente* con il lavoro del titolare e dei componenti della sua famiglia. L'espressione usata nella norma in esame appare coerente con un'ipotesi nella quale il comportamento del soggetto agente è un fattore essenziale – sia pure non necessariamente unico – del ciclo produttivo, sicché il prodotto è essenzialmente – anche se non esclusivamente – il risultato della sua attività.

La rilevanza della piccola impresa si coglie in termini decisamente negativi, dato che la relativa disciplina si risolve soprattutto in un *esonero* da quella dettata per l'imprenditore commerciale (*v.* gli artt. 2202, 2214 e 2221).

In prospettiva generale si segnala la dimensione *qualitativa*, e non meramente quantitativa, della distinzione fra l'impresa e il piccolo imprenditore. Essa andrebbe puntualizzata ponendo cioè l'attenzione sulla diversa qualità, esecutiva o organizzativa, dell'attività del soggetto e sulla diversa natura del ciclo produttivo, sebbene non si possa negare che la diversità qualitativa si riflette anche in una differenza quantitativa: è chiaro, infatti, che il ciclo produttivo dominato dalla personale attività del soggetto non può giungere a superare una certa dimensione economica.

Il tema dell'individuazione della piccola impresa è reso peraltro più complicato dalla singolare formulazione dell'enunciato definitorio contenuto nell'art. 2083: in esso ricorrono sia l'identificazione di tre figure socialmente tipiche di piccoli imprenditori (i coltivatori diretti del fondo, gli artigiani e i piccoli commercianti) sia la enunciazione di un criterio generale (l'attività professionale organizzata prevalentemente con il lavoro proprio e dei componenti della famiglia). Da qui l'interrogativo se esistono "quattro figure" di piccoli imprenditori o una soltanto, correlativamente alla possibilità di prospettare due letture dell'art. 2083.

Secondo una prima posizione interpretativa, le figure socialmente tipiche, essendo modelli "autonomi" di qualificazione, sarebbero *sempre* piccoli imprenditori, mentre la categoria rappresentata da coloro che esercitano un'attività prevalentemente con il lavoro proprio e dei componenti della famiglia avrebbe una funzione *residuale*.

In base ad una seconda impostazione, connotato generale della piccola impresa è la *prevalenza del lavoro proprio* e dei membri della famiglia, mentre le figure tipiche avrebbero una funzione esemplificativa.

La tesi dell'esistenza di quattro categorie di piccoli imprenditori (ancorché maggiormente aderente al dato letterale) conduce a risultati insoddisfacenti sul piano sistematico, data la difficoltà di reperire sia nel codice civile sia nella legislazione speciale adeguate definizioni delle tre categorie nominate e di fornire così soluzioni univoche ai problemi di integrazione dell'art. 2083 che ne derivano.

Ragioni desumibili sia dalla genesi storica della norma codicistica sia dalla Relazione del Guardasigilli orientano ad assumere la prevalenza del lavoro personale e familiare quale criterio generale e *comune* in grado di caratterizzare anche le specifiche figure di piccoli imprenditori nominativamente indicate, le quali saranno in concreto riconoscibili quando siano ad esso conformi.

Permane tuttavia qualche incertezza sul ruolo che le definizioni della legislazione speciale possono eventualmente rivestire nell'interpretazione dell'art. 2083.

La questione riguarda soprattutto l'*artigiano* definito dalla l. n. 443/1985 sulla base: a) dell'*oggetto dell'impresa*, che può essere costituito da qualsiasi attività di *produzione di beni*, anche semilavorati, o di *prestazione di servizi*, sia pure con alcune limitazioni ed esclusioni (art. 3, comma 1); b) del *ruolo dell'artigiano* nell'impresa, richiedendosi che esso svolga in misura prevalente il proprio lavoro, anche manuale, nel processo produttivo (art. 2, comma 1).

Sono poi fissati limiti al numero dei dipendenti eventualmente impiegati, variabili da settore a settore, ma comunque piuttosto elevati ed ulteriormente dilatabili grazie ad una serie di deroghe ed eccezioni previste negli artt. 4 e 5 della legge.

La qualifica di impresa artigiana può essere riconosciuta – qualora ricorrano le condizioni e i requisiti prescritti dalla legge – alle *società cooperative* o *in nome collettivo* (art. 3, comma 2), alla *società a responsabilità limitata unipersonale* ed alla *società in accomandita semplice* (art. 3, comma 3, introdotto dalla l. n. 133/1997) e, infine, anche alla *s.r.l. pluripersonale* (art. 5, comma 3, introdotto dalla l. n. 57/2001).

Dal confronto fra le disposizioni della legge speciale e la definizione codicistica di piccolo imprenditore emerge una (almeno parziale) difformità di prospettiva. Non sembra, invero, praticabile una lettura diretta a vedere nella definizione "speciale" di artigiano una semplice specificazione del criterio civilistico della prevalenza del lavoro proprio e familiare, data l'incompatibilità con quest'ultimo delle dimensioni che la l. n. 443/1985 consente all'impresa artigiana di assumere.

Prevale, perciò, l'orientamento secondo cui la nozione contenuta nella l. n. 443/1985 – diversamente da quella di cui alla precedente l. n. 860/1956, la quale era dettata "a ogni fine di legge" – esaurirebbe il proprio ruolo nell'indicare i criteri direttivi per la concessione di provvidenze regionali.

Nonostante l'iscrizione nell'albo delle imprese artigiane previsto dall'art. 5 della l. n. 443/1985 abbia valore "costitutivo", ai fini dell'applicazione della disciplina civilistica dell'imprenditore commerciale deve quindi farsi riferimento all'art. 2083.

Ad analoghi esiti interpretativi si era giunti con riguardo alla previsione nella legge speciale delle "società artigiane" ed alla loro assoggettabilità a fallimento, superando un differente orientamento giurisprudenziale (anche costituzionale: v. Corte cost., 10 giugno 1994, n. 266).

La cessazione dell'esonero delle società artigiane dal fallimento era stata poi ribadito dopo la riforma del diritto fallimentare del 2006, a sua volta modificata dal decreto correttivo del 2007, che aveva sostituito alla nozione di piccolo imprenditore, identificata soltanto sulla base dell'art. 2083, quella degli imprenditori c.d. sotto-soglia. Più esattamente, l'art. 1, comma 2, l. fall. esonerava dal fallimento gli imprenditori (individuali e collettivi) che dimostrassero il possesso congiunto dei tre requisiti quantitativi in esso indicati, riferiti all'attivo patrimoniale nei tre anni antecedenti la data del deposito dell'istanza di apertura della procedura o dell'inizio dell'attività, se di durata inferiore; ai ricavi lordi realizzati sempre nei tre anni antecedenti la data del deposito dell'istanza di apertura della procedura o dell'inizio dell'attività; all'ammontare dei debiti anche non scaduti.

Il Codice della crisi d'impresa e dell'insolvenza si pone in linea di sostanziale continuità con l'art. 1, comma 2, l. fall. e con i principi ispiratori del processo di riforma degli anni 2006-2007, là dove esclude dalla liquidazione giudiziale gli imprenditori commerciali "minori".

Ne consegue, con specifico riferimento alla società artigiana, che essa in caso di dissesto sarà sottoposta alla liquidazione giudiziale, al pari di ogni altra impresa commerciale, se supera i requisiti di cui all'art. 2, comma 1, lett. *d*).

La legislazione speciale, ispirata da finalità di carattere per lo più agevolativo, ha progressivamente affiancato alla nozione codicistica di piccola impresa una serie di fattispecie di impresa media e piccola (v. la l. n. 180/2011).

Va menzionata, in particolare, la *micro-impresa*, le cui caratteristiche sono tratte dalla raccomandazione 2003/361/CE, definita come l'impresa con un organico inferiore a dieci persone e il cui fatturato, o totale di bilancio annuale, non supera due milioni di euro. Essa è rilevante ai fini dell'applicazione di alcune norme in tema di servizi di pagamento e di cambiali finanziarie ed è equiparata al consumatore nell'ambito della disciplina delle pratiche commerciali scorrette.

Inoltre, la "piccolezza" del sistema produttivo italiano e il ridimensionamento del ruolo del finanziamento bancario nella prassi di finanziamento sono alla base di una crescente attenzione da parte del legislatore al fenomeno delle piccole e medie imprese (PMI). Viene in considerazione, ad esempio, la l. n. 317/1991, in materia di interventi per l'innovazione e lo sviluppo, secondo la quale è *piccola* l'impresa che impieghi fino a duecentocinquanta dipendenti e che fatturi annualmente sino a venti milioni di euro, oppure disponga di un patrimonio netto di bilancio sino a dieci milioni di euro.

5. L'impresa pubblica.

Il modello dell'impresa giuridicamente rilevante, che – come si è visto – è rappresentata dall'impresa commerciale (non piccola), può essere ulteriormente articolato in ragione della *forma giuridica* rivestita.

Particolare attenzione deve rivolgersi, in questa prospettiva, alla contrapposizione fra l'*impresa pubblica* e quella *privata*.

In effetti, una novità del codice civile del 1942 rispetto al sistema previgente risiede nell'applicabilità della disciplina della produzione professionale di beni e servizi tanto agli operatori privati, quanto a quelli pubblici, trattandosi di *diritto* ad essi *comune*.

Ciò non toglie che la diversità di figure soggettive destinatarie rende non sempre agevole individuare il *quantum* di disciplina applicabile e il *quomodo* dell'applicazione.

Muovendo dall'analisi delle forme giuridiche di esercizio dell'attività d'impresa da parte dello Stato e degli altri enti pubblici, è tradizionale la distinzione fra:

a) l'*impresa-organo*: in questo caso lo Stato o l'ente pubblico territoriale esercitano *direttamente* l'attività d'impresa – *in via secondaria e accessoria* rispetto ai fini istituzionali – attraverso proprie strutture prive di soggettività giuridica, ma dotate di una più o meno accentuata autonomia gestionale e contabile (è il caso, ad esempio, delle tradizionali "aziende municipalizzate" dirette alla fornitura di servizi pubblici essenziali, quali acqua, gas, trasporti urbani, ecc.);

b) l'*ente pubblico economico*: si tratta di un ente che si prefigge di perseguire il suo fine istituzionale principalmente o esclusivamente attraverso l'esercizio di un'attività commerciale (*v.* art. 2201). Tale era la veste di numerose banche pubbliche (ad esempio, Banco di Napoli, Banco di Sicilia, ecc.), dell'INA, dell'Ente Pubblico Ferrovie dello Stato, dell'ANAS, dell'IRI, dell'ENI, ecc., i quali sono stati interessati da un processo di privatizzazione, che ne ha comportato, in un primo momento, la "trasformazione" in società per azioni a partecipazione pubblica (c.d. *privatizzazione in senso formale*); successivamente, il capitale di tali società è stato ceduto, in tutto o in parte, sul mercato (c.d. *privatizzazione in senso sostanziale*);

c) la *società in mano pubblica*: ossia la società di diritto privato (di solito, società per azioni), in cui l'ente pubblico detiene una partecipazione totalitaria, di maggioranza o anche di minoranza.

Gli enti pubblici (non economici) che si avvalgono della forma dell'impresa-organo sono soggetti all'applicazione della disciplina dell'imprenditore "limitatamente alle imprese da essi esercitate" (art. 2093, comma 2). Diversamente, gli enti pubblici economici sono equiparati in tutto alle imprese (commerciali) private, con la sola differenza dell'esonero dalle procedure del fallimento (in seguito della liquidazione giudiziale) e del concordato preventivo (art. 2221, destinato ad essere abrogato dall'entrata in vigore del Codice della crisi d'impresa e dell'insolvenza, il cui art. 1, comma 1, esclude peraltro dal proprio ambito di applicazione lo Stato e gli enti pubblici), sostituite dalla liquidazione coatta amministrativa e dalle altre procedure previste dalle leggi speciali.

A tale conclusione si perviene in forza di una lettura coordinata degli artt. 2093, comma 1, e 2201: l'uno dispone che agli "enti pubblici inquadrati nelle associazioni professionali" si applicano le disposizioni del Libro V del codice; l'altro stabilisce che gli enti pubblici che hanno per oggetto esclusivo o principale un'attività commerciale devono adempiere all'obbligo di iscrizione nel registro delle imprese. Assumendo, dunque, che la classe degli enti di cui alla prima disposizione sia coestensiva di quella degli enti menzionati nella seconda, si afferma l'applicabilità della disciplina dell'impresa commerciale agli enti pubblici, solo qualora l'esercizio dell'attività commerciale ne esaurisca il programma istituzionale o sia, rispetto ad esso, prevalente.

L'argomentazione testé riferita è stata, tuttavia, sottoposta a critica sulla base dell'osservazione secondo cui dall'art. 2201 può desumersi soltanto l'esenzione dall'obbligo di iscrizione nel registro delle imprese per gli enti pubblici che non hanno per oggetto esclusivo o principale un'attività commerciale. D'altro canto, avendo la disposizione in discorso carattere *eccezionale*, non si potrebbe inferire dalla disapplicazione della regola che contempla l'obbligo di iscrizione, la mancanza della stessa impresa commerciale e rimuoverne integralmente lo statuto. Ne discende che, con riferimento agli enti pubblici titolari di imprese-organo, la disapplicazione deve riguarda solo quelle materie per le quali è espressamente disposta (esenzione dalle procedure concorsuali, oltre che dalla disciplina in materia di pubblicità).

Le società in mano pubblica hanno ricevuto un'organica disciplina ad opera del d.lgs. n. 175/2016 (nel testo integrato e corretto dal d.lgs. n. 100/2017), con cui è stato emanato il Testo unico delle società a partecipazione pubblica.

Le amministrazioni pubbliche possono partecipare esclusivamente a società – anche consortili o cooperative – costituite in forma di società per azioni o di società a responsabilità limitata (art. 3, comma 1), che abbiano per oggetto attività di produzione di beni e servizi strettamente necessari per il perseguimento delle proprie finalità istituzionali (art. 4, comma 1; *v.* art. 4, commi 2, 3, 4, 6, 7, 8 e 9).

Viene fissato l'importante principio secondo cui alle società in mano pubblica trovano applicazione le norme del codice civile dettate per il tipo sociale prescelto – oltre a quelle generali del diritto privato (ad esempio, quelle in materia di procedure concorsuali: *v.* art. 14, comma 1) – nei limiti in cui non siano derogate da disposizioni del d.lgs. n. 175/2016.

6. L'impresa privata.

Con l'espressione *impresa privata* si fa riferimento ad un'attività imprenditoriale che assume la forma giuridica di diritto privato: può dunque trattarsi di una persona fisica (*impresa individuale*), di una società (*impresa societaria*) o di un *ente privato non societario* (gruppo europeo di interesse economico, consorzio con attività esterna, reti di impresa, associazioni e fondazioni del Libro I).

Preme evidenziare come il codice civile del 1942 non contenga alcuna norma testualmente (o anche solo funzionalmente) assimilabile a quella dell'art. 8 del codice di commercio del 1882, a mente del quale lo statuto del commerciante si applicava solo a individui e società commerciali. Ciononostante, le regole che compongono il diritto dell'impresa continuano a essere dettate sul presupposto che l'impresa sia individuale o societaria.

Questa circostanza rende particolarmente controversa l'applicazione della disciplina dell'impresa alle associazioni e fondazioni del Libro I, là dove si trovino ad esercitare un'attività obiettivamente imprenditoriale: si pensi a un'associazione culturale che organizza mostre o spettacoli a pagamento per procurarsi i mezzi finanziari da destinare al perseguimento delle proprie finalità statutarie; a una fondazione di ricerca scientifica che produce e vende le specialità farmaceutiche derivanti dalla propria attività di ricerca; a un partito politico che svolge attività editoriale per promuovere il proprio programma.

Secondo una prima impostazione, l'applicazione del diritto dell'impresa alle associazioni e alle fondazioni dovrebbe avvenire in modo non dissimile da quanto è stabilito per l'ente pubblico, ossia facendo ricorso al criterio della esclusività o prevalenza dell'esercizio dell'attività commerciale rispetto al programma istituzionale dell'ente stesso.

Questa tecnica argomentativa conduce, tuttavia, a disapplicare la disciplina dell'impresa commerciale alle associazioni e fondazioni che esercitano un'impresa secondaria, sebbene essa sia adeguata al modello risultante dalla combinazione degli artt. 2082 e 2195 e dunque capace di sollecitare interessi coincidenti con quelli considerati dal legislatore con riferimento al fenomeno imprenditoriale.

Il risultato applicativo al quale si giunge per tale via appare, peraltro, largamente inattendibile poiché finisce per estendere a un contesto completamente diverso gli adattamenti resi necessari dall'esercizio dell'attività imprenditoriale mediante una forma giuridica pubblica. Da qui la conclusione che il diritto dell'impresa debba applicarsi nella sua interezza nell'ipotesi di svolgimento di un'attività commerciale da parte di associazioni e fondazioni, a prescindere dal fatto che detta attività sia esclusiva o principale oppure secondaria.

Ne consegue la soggezione delle associazioni e delle fondazioni che esercitano un'impresa, anche secondaria, all'obbligo di pubblicità; come pure alla disciplina delle procedure concorsuali, posto che si finirebbe altrimenti per affidare l'eventuale insolvenza a meccanismi inadeguati quali quelli del diritto comune.

L'opzione appena prospettata appare, del resto, conforme all'impostazione adottata dal Codice della crisi e dell'insolvenza là dove sottopone alle procedure ivi previste tutte le imprese che esercitano la propria attività *anche senza fini di lucro* (art. 1, comma 1). Riceve così conferma, fra l'altro, l'orientamento giurisprudenziale favorevole ad assoggettare alle procedure concorsuali gli enti assistenziali o ecclesiastici che esercitano la propria attività applicando il criterio della tendenziale copertura dei costi con i ricavi conseguiti.

Connessa alla tematica in discorso è la disciplina dell'*impresa sociale*, che non si riferisce ad una nuova figura di esercizio dell'attività imprenditoriale destinata ad aggiungersi a quelle già regolate dal codice civile, bensì ad un complesso normativo, originariamente recato dal d.lgs. n. 155/2006 ed ora sostituito dal d.lgs. n. 112/2017, emanato nell'ambito della c.d. riforma del Terzo settore (d.lgs. n. 117/2017, che ha introdotto il Codice del terzo settore, in attuazione della l. delega n. 106/2016). Possono acquisire la qualifica di impresa sociale tutti gli enti *privati*, inclusi quelli costituiti in forma societaria, che esercitano in via stabile e principale un'attività d'impresa di interesse generale, senza scopo di lucro e per finalità civiche, solidaristiche e di utilità sociale, adottando modalità di gestione responsabili e trasparenti e favorendo il più ampio coinvolgimento dei lavoratori, degli utenti e di altri soggetti interessati alle loro attività.

La nuova disciplina ridefinisce, ampliandolo, l'ambito delle attività di *interesse generale* che devono essere esercitate affinché un ente possa assumere la qualifica di impresa sociale, armonizzandolo al contempo con le tipologie di attività che possono essere svolte dalle cooperative sociali (art. 2, d.lgs. n. 112/2017).

Si considera comunque d'*interesse generale*, indipendentemente dal suo oggetto, l'attività dell'impresa sociale nella quale, per il perseguimento di finalità civiche, solidaristiche e di utilità sociale, sono occupati, secondo specifiche percentuali in relazione al personale, lavoratori molto svantaggiati, persone disagiate o con disabilità e persone senza fissa dimora che versino in una condizione di povertà tale da non poter reperire e mantenere un'abitazione in autonomia.

L'attività di impresa di interesse generale deve essere svolta *in via principale*, ossia deve generare almeno il settanta per cento dei ricavi complessivi (art. 2, comma 3, d.lgs. n. 112/2017).

L'impresa sociale non può avere come scopo principale quello di distribuire ai propri soci, amministratori, dipendenti, ecc., gli utili ed avanzi di gestione, i quali devono essere destinati allo svolgimento dell'attività statutaria o all'incremento del patrimonio. Tuttavia, al fine di favorire il finanziamento mediante capitale di rischio, è prevista la possibilità per le imprese sociali costituite in forma di società di remunerare in misura limitata il capitale conferito dai soci (art. 3, d.lgs. n. 112/2017).

L'impresa sociale deve osservare gli obblighi di pubblicità, nonché quelli di tenuta delle scritture contabili previsti per l'impresa commerciale (*v.*, rispettivamente, art. 5, comma 2, e art. 9, d.lgs. n. 112/2017).

Per finalità di *trasparenza*, deve altresì pubblicizzare, anche sul proprio sito internet, il bilancio sociale, da redigersi in ossequio a specifiche linee guida da adottarsi con decreto del Ministro del lavoro e delle politiche sociali.

CAPITOLO III

LO STATUTO DELL'IMPRENDITORE COMMERCIALE

1. La disciplina generale dell'impresa.

L'impresa giuridicamente rilevante può essere identificata anche tramite uno studio della relativa disciplina, condotto avendo riguardo alle peculiarità che essa presenta rispetto alla regolazione dei rapporti interprivati.

Occorre anzitutto chiarire la valenza e l'utilità conoscitiva della locuzione "statuto generale dell'imprenditore", la quale richiama le regole la cui applicazione è condizionata dal verificarsi di un comportamento conforme al modello descritto nell'art. 2082 e soltanto a questo, senza ulteriori specificazioni.

Tale disciplina "generale" si compone innanzitutto degli artt. 2084 ss. e si manifesta come "una sorta di costituzione dell'iniziativa economica" o di "manifesto" capace di legittimare, nella prospettiva dell'ordinamento corporativo, l'intermediazione tra lavoro salariato e mercato dei beni e servizi. Oggi, soppresso l'ordinamento corporativo, la valenza precettiva di tale disciplina è venuta meno, fatta eccezione per l'art. 2086 che, al primo comma, dichiara l'imprenditore capo dell'impresa riconoscendogli una posizione di supremazia gerarchica nei confronti dei dipendenti.

Comune è poi la disciplina del rapporto di lavoro (artt. 2087 e 2094 ss.), nonché quella dell'azienda, la cui definizione è enunciata dall'art. 2555 in termini generali.

L'impresa, nuovamente senza riferimenti che alludano a questa o quella categoria, funge talora da antecedente di un regime differenziato dei contratti. Sono necessariamente ancorate all'esercizio di un'impresa le norme che: a) alterano la disciplina del ciclo formativo del contratto rendendo proposta e accettazione insensibili ad eventi che incidono sulla persona dell'accettante e del preponente (art. 1330), salvo che si tratti di piccolo imprenditore, posto che difetta in tal caso l'oggettivazione dell'iniziativa presupposta dalla regola; b) selezionano pratiche interpretative utilizzando, come criterio spaziale, la sede dell'impresa; c) predispongono un contenuto integrativo di contratti tipici destinato ad operare solo in presenza di un'impresa (artt. 1510, 1824); d) fissano, sempre in via eventuale, un regime differenziato dell'estinzione del rapporto (art. 1722, n. 4, c.c.).

È in principio indifferente alle articolazioni della fattispecie impresa il diritto della concorrenza inteso come comprensivo: a) dei divieti di concorrenza previsti come effetti naturali di dati contratti (artt. 2105, 2301, 2390); b) del generale divieto di tenere comportamenti di concorrenza sleale (artt. 2598 ss.); c) del regime dei patti limitativi della concorrenza.

Occorre tuttavia considerare, da un lato, che l'applicazione di talune regole della concorrenza non presuppone, neppure testualmente, l'impresa; dall'altro, che si riscontra una tendenza della giurisprudenza teorica a disancorare istituti del diritto della concorrenza dall'esercizio, anche effettivo, dell'impresa. Va segnalata, infine, la difficoltà di ricondurre allo statuto generale dell'imprenditore il diritto *antitrust* europeo (e probabilmente anche quello nazionale), data l'eterogeneità della nozione comunitaria d'impresa rispetto a quella fissata dal codice civile italiano.

2. La capacità per l'esercizio dell'impresa commerciale.

Come si è anticipato, l'imprenditore commerciale è soggetto – oltre che alle norme dettate per l'imprenditore in generale – ad una più specifica ed articolata disciplina, evocata con la locuzione "statuto dell'imprenditore commerciale", la cui giustificazione è tradizionalmente individuata nella maggiore importanza assunta – nell'esercizio di tale impresa – dal ricorso al credito e nella connessa esigenza di predisporre una particolare tutela per i terzi che lo concedono.

Si comprende in quest'ottica la soluzione adottata dal codice civile in tema di esercizio dell'impresa commerciale da parte dell'incapace. Si esclude, anzitutto, che i minori non emancipati, gli interdetti (art. 320, comma 5) e gli inabilitati (art. 425) possano iniziare un'impresa commerciale. È consentito loro solo di continuare l'esercizio di un'impresa commerciale già esistente (ad esempio, pervenuta a titolo di successione per causa di morte), purché il tribunale, ravvisandone l'utilità e previo parere del giudice tutelare, autorizzi tale continuazione (cfr. artt. 320, comma 5, e 371, comma 1, n. 3, dettati con riferimento ai minori, ma applicabili agli interdetti in virtù dell'art. 424; per quanto riguarda gli inabilitati, art. 425).

Il minore emancipato può essere autorizzato dal tribunale, previo parere del giudice tutelare e sentito il curatore, sia a continuare l'esercizio di un'impresa commerciale sia a iniziarlo *ex novo*, senza l'assistenza del curatore.

In base al diritto positivo, tali autorizzazioni comportano un ampliamento sia dei poteri del rappresentante legale del minore e dell'interdetto, il quale potrà compiere – senza bisogno di ulteriori autorizzazioni – tutti gli atti funzionali all'esercizio dell'impresa, sia della capacità dell'inabilitato e del minore emancipato. In particolare, l'inabilitato potrà esercitare personalmente l'impresa, pur avendo bisogno dell'assistenza del curatore per gli atti che esulano da tale esercizio; mentre il minore emancipato acquista la piena capacità di agire anche per gli atti estranei all'esercizio dell'impresa (art. 397, comma 3).

Si assiste, dunque, al sostanziale superamento della consueta distinzione fra atti di ordinaria e di straordinaria amministrazione. Invero, siffatta distinzione, ispirata a esigenze di conservazione del patrimonio dell'incapace, non può ritenersi compatibile con un'attività per sua natura dinamica, come è quella imprenditoriale.

Infine, il beneficiario dell'amministrazione di sostegno può liberamente sia continuare, sia dare inizio a un'attività d'impresa, salvo che non sia diversamente disposto dal giudice tutelare nel decreto di nomina dell'amministratore di sostegno (art. 409, comma 1).

3. Il registro delle imprese.

Con la l. n. 580/1993 e il relativo regolamento di attuazione (D.P.R. n. 581/1995) si è data definitiva attuazione al registro delle imprese: si tratta di un pubblico registro, tenuto dall'ufficio del registro delle imprese presso le camere di commercio e posto sotto la vigilanza di un giudice delegato dal presidente del tribunale competente per territorio, presso cui è istituita la sezione specializzata in materia di imprese (art. 2188, comma 2; art. 8, comma 3, l. n. 580/1993; art. 4, D.P.R. n. 581/1995).

Invero, il registro delle imprese è non solo mezzo di pubblicità legale delle imprese commerciali, ma anche strumento informativo sui dati organizzativi di tutte le imprese.

Il registro è articolato in una sezione ordinaria e in più sezioni speciali:

a) nella sezione ordinaria sono iscritti gli imprenditori commerciali individuali non piccoli, le società di persone o di capitali (escluse le società semplici) e le società cooperative anche se non esercitano attività commerciale, i consorzi con attività esterna e le società consortili, i gruppi europei di interesse economico, gli enti pubblici economici, le società estere che hanno in Italia la sede dell'amministrazione (ovvero l'oggetto principale della loro attività), le reti di imprese;

b) nelle sezioni speciali si iscrivono particolari categorie di imprenditori. Diverse norme prevedono, ad esempio, l'iscrizione in una sezione speciale del registro delle imprese per gli imprenditori agricoli e ittici, per i piccoli imprenditori e le società semplici, per gli artigiani, per le società fra professionisti e le società fra avvocati, per le imprese sociali, per le *start-up* innovative, per le società che esercitano attività di direzione e coordinamento, per le imprese che attivano percorsi di alternanza scuola-lavoro.

L'iscrizione è subordinata ad un controllo finalizzato ad accertare la sussistenza delle condizioni previste dalla legge per l'iscrizione (art. 2189, comma 2). In particolare, occorre verificare:

a) in primo luogo, il rispetto del principio di tipicità, cui l'obbligo pubblicitario è informato, atteso che le informazioni da sottoporre a pubblicità sono tutte quelle – ma soltanto quelle – per le quali tale obbligo è imposto dalla legge;

b) in secondo luogo, la regolarità formale della domanda con cui si richiede l'iscrizione; tale controllo è esercitato normalmente dall'ufficio del registro;

c) si ritiene, inoltre, che il controllo dell'ufficio del registro dovrebbe attenere altresì alla esistenza e veridicità del fatto o dell'atto per cui si richiede l'iscrizione (legalità formale), come si ricava dal sistema accolto dal codice e, soprattutto, dal potere di cancellazione attribuito all'ufficio;

d) si tende ad escludere, invece, che il controllo debba spingersi sino alla legalità sostanziale (ovvero alla validità intrinseca) dell'atto, essendo tale controllo già assicurato dalle verifiche di legittimità compiute da altri soggetti (ad esempio, dal notaio).

La limitazione dei poteri dell'ufficio al solo controllo di regolarità formale della documentazione presentata è espressamente prevista dalla disciplina in materia di società di capitali, quando si tratti di atti soggetti al controllo notarile (artt. 2330 e 2436).

Avverso il provvedimento motivato con il quale l'iscrizione sia stata rifiutata, è ammesso reclamo entro otto giorni davanti al giudice del registro, il quale provvede con decreto impugnabile dinanzi al tribunale (art. 2189).

Nell'intento di accelerare l'avvio delle attività economiche e l'iscrizione nel registro delle imprese, è stato previsto che quando l'iscrizione è richiesta da imprese *diverse dalle società per azioni* sulla base di un atto pubblico o di una scrittura privata autenticata, il conservatore procede all'iscrizione immediata e l'accertamento delle condizioni richieste dalla legge per l'iscrizione è devoluto al pubblico ufficiale (ad esempio, notaio) che ha ricevuto o autenticato l'atto (art. 20, comma 7-bis, d.l. n. 91/2014).

L'iscrizione nel registro delle imprese ha – *di regola* – efficacia *dichiarativa*: ciò significa che i fatti e gli atti soggetti ad iscrizione sono, dal momento della loro registrazione, *opponibili* ai terzi a prescindere dalla loro conoscenza e dalla loro stessa conoscibilità in concreto (art. 2193, comma 2). Prima dell'iscrizione i medesimi fatti o atti possono essere opposti ai terzi solo se si dimostra che costoro ne abbiano avuto conoscenza (art. 2193, comma 1).

È da notare come il risultato dell'*opponibilità* rispetto ai terzi è qui ottenuto avvalendosi di un "servizio" predisposto in via generale dall'ordinamento, il registro delle imprese appunto, senza necessità di una specifica attività informativa da parte dell'imprenditore e, soprattutto, senza verificarne l'adeguatezza in concreto.

Si tratta dunque di una sorta di "privilegio" concesso all'impresa commerciale, in forza del quale è possibile ottenere risultati che, se si ricorresse alle consuete tecniche civilistiche, sarebbero senz'altro più costosi e incerti. Esso si spiega per le peculiarità dell'attività imprenditoriale in quanto vicenda che si caratterizza per il significato oggettivo dell'organizzazione e che richiede tecniche ugualmente *oggettive* per l'opponibilità dei relativi atti e fatti rispetto ai terzi (Angelici).

Assumendo questa chiave di lettura, si ritiene che l'estensione dell'efficacia dichiarativa alla pubblicità delle attività agricole – cui si è accennato e della quale si dirà altresì più avanti – presuppone che queste ultime rientrino nell'ipotesi dell'agricoltura "industrializzata".

Il principio dell'efficacia dichiarativa subisce una serie di deroghe in considerazione delle caratteristiche del soggetto, oppure degli atti o dei fatti iscritti.

Con riferimento ai *soggetti*, la l. n. 580/1993 dispone che per gli imprenditori tenuti ad iscriversi nelle sezioni speciali la pubblicità abbia efficacia di *pubblicità-notizia* (non rende cioè l'atto o il fatto opponibile ai terzi in virtù della semplice iscrizione). Tuttavia, il già citato d.lgs. n. 228/2001 ha stabilito che per l'imprenditore agricolo (sia esso individuale o società semplice) l'iscrizione, pur avvenendo nella sezione speciale, ha l'ordinaria *efficacia dichiarativa*.

Per quel riguarda le "*start-up* innovative", la pubblicità è condizione per l'accesso ai benefici per esse previsti dalla legge (art. 25, comma 8, d.l. n. 179/2012); mentre per le "PMI innovative" e le imprese per l'alternanza scuola-lavoro, essa è altresì strumento di condivisione delle informazioni indicate rispettivamente dall'art. 4, comma 2, d.l. n. 3/2015 e dall'art. 1, comma 41, lett. *b*), l. n. 107/2015.

Con riferimento agli *atti*, vi sono ipotesi in cui la legge assegna alla pubblicità:

a) *efficacia costitutiva*, per quanto concerne l'atto costitutivo di società per azioni (artt. 2331, comma 1), di società a responsabilità limitata (art. 2465, ultimo comma), e di società cooperative (art.

2519), la cui iscrizione è condizione necessaria per la stessa esistenza della società;

b) *efficacia normativa*, per quel che riguarda l'atto costitutivo di società in nome collettivo e di società in accomandita semplice (artt. 2296 e 2317), la cui iscrizione è condizione per l'applicazione a queste società della disciplina prevista per tali tipi societari; diversamente, la società esiste, ma opererà come *società irregolare* (Capitolo VII, § 8, *infra*).

4. La contabilità d'impresa.

Fra gli obblighi posti in capo all'imprenditore commerciale rientra quello di tenuta delle c.d. *scritture contabili*, nelle quali registrare le proprie operazioni.

Detto obbligo soddisfa peculiari esigenze connesse all'organizzazione dell'attività d'impresa: a) la documentazione dell'attività è richiesta dall'organizzazione stessa dell'impresa in *uffici*; b) un adeguato processo informativo è altresì necessario ai fini dei processi decisionali dell'imprenditore; c) nell'impresa quale organizzazione gerarchica vi è, infine, l'esigenza di appropriati strumenti per monitorare l'attività di coloro che vi partecipano, in modo da ridurre il rischio di comportamenti "opportunistici" e, più in generale, di poterne verificare i risultati economici (Angelici).

L'imprenditore deve tenere "le scritture contabili che siano richieste dalla natura e dalle dimensioni dell'impresa", ovvero che siano coerenti con le caratteristiche che l'organizzazione dell'impresa presenta *in concreto* (art. 2214, comma 2).

Il legislatore indica, tuttavia, un *minimo* di documentazione, che è in ogni caso richiesto al fine di soddisfare le summenzionate esigenze. Le scritture contabili assolutamente obbligatorie sono:

a) il *libro giornale*, nel quale devono essere documentate le operazioni giornalmente compiute: esso deve avere carattere analitico, anche se è possibile annotare in un'unica voce le operazioni omogenee compiute in una stessa giornata (art. 2216);

b) il *libro degli inventari*, da redigersi all'inizio dell'esercizio dell'impresa e successivamente alla chiusura di ogni esercizio annuale, e deve contenere l'indicazione e la valutazione delle attività e delle passività relative all'impresa e anche di quelle dell'imprenditore ad essa estranee (art. 2217). L'inventario si chiude con il *bilancio* e con il *conto dei profitti e delle perdite*, da cui devono risultare con evidenza e verità gli utili conseguiti e le perdite subite (art. 2217, comma 2).

Il libro giornale ed il libro degli inventari devono essere numerati progressivamente, ma non sono più soggetti – diversamente da quanto accadeva in precedenza – a bollatura e vidimazione (art. 2215, comma 2, come modificato dalla l. n. 383/2001).

In aggiunta a quelli testé menzionati, è poi prevista la tenuta di altri libri sia ad opera di leggi speciali per determinate categorie di imprese (ad esempio, per le banche il libro dei fidi), sia da parte dello stesso codice civile per le società di capitali (artt. 2421 e 2478).

Come si è accennato, l'imprenditore deve altresì conservare ordinatamente per ciascun affare gli originali delle lettere, dei telegrammi e delle fatture ricevute, nonché le copie delle lettere, dei telegrammi e delle fatture spedite (art. 2214, comma 2).

L'art. 2215-bis consente ora che i libri, le scritture e la documentazione la cui tenuta è obbligatoria siano formati e tenuti con strumenti informatici.

L'imprenditore commerciale deve *conservare per dieci anni* le scritture contabili, le fatture e la corrispondenza, anche sotto forma di registrazioni su supporti di immagini (art. 2220).

I libri e le altre scritture contabili delle imprese soggette a registrazione fanno prova *contro* l'imprenditore, anche se irregolarmente tenute (art. 2709); le loro risultanze, tuttavia, sono liberamente valutabili dal giudice ed è sempre ammessa la prova contraria.

Chi vuole utilizzare le scritture contabili a proprio favore non può scinderne il contenuto (ad esempio, utilizzando solo la pagina del libro giornale da cui risulta un debito dell'imprenditore, ma non quella in cui è annotato il pagamento).

Le scritture contabili possono fare prova *a favore* dell'imprenditore solo se ricorrono i seguenti presupposti: a) siano regolarmente tenute; b) la lite sia con un altro imprenditore; c) la controversia riguardi rapporti inerenti all'esercizio dell'impresa. L'eccezione al principio generale delle prove, secondo cui non è possibile servirsi come prova di un documento autoprodotto, si giustifica sulla base della considerazione che l'annotazione contenuta sul libro di un imprenditore deve trovare riscontro sul libro dell'altro, con il quale il rapporto si è svolto. Ne consegue che la controparte deve essere un imprenditore anch'egli tenuto all'obbligo di registrazione contabile.

Poiché la documentazione contabile contiene dati e notizie sull'attività dell'impresa che l'imprenditore può avere interesse a mantenere riservati, l'art. 2711 prevede che il magistrato – d'ufficio o su richiesta di parte – possa disporre l'*esibizione* di singole scritture, oppure di tutti i libri ma solo per estrarne specifiche registrazioni che interessano la controversia. La comunicazione integrale dei libri e della corrispondenza è limitata ad ipotesi tassativamente indicate nella norma citata: nelle controversie relative allo scioglimento della società, alla comunione di beni ed alla successione per causa di morte.

5. *Segue*. Il bilancio di esercizio.

Non solo l'art. 2214 pone in capo all'imprenditore commerciale l'obbligo di tenere – oltre al libro giornale ed a quello degli inventari – "le altre scritture contabili che siano richieste dalla natura e dalle dimensioni dell'impresa", ma il successivo art. 2217 gli richiede che, nella redazione dell'inventario, le valutazioni di bilancio debbano "attenersi ai criteri stabiliti per i bilanci delle società per azioni, in quanto applicabili".

Unitamente a ciò, sulla scorta della legislazione eurounitaria (segnatamente, da ultimo, l'art. 1, Direttiva UE/2013/34), per la fattispecie (art. 2361, comma 2, c.c.) di "assunzione di partecipazioni in altre imprese comportante una responsabilità illimitata", l'art. 111-duodecies, disp. att. prescrive, nel caso in cui tutti i soci illimitatamente responsabili di società di persone siano costituiti da società di capitali, che il bilancio della società in nome collettivo oppure della società in accomandita semplice vada redatto "secondo le norme previste per le società per azioni", all'evidente fine di arrestare una elusione della disciplina cui sarebbe ordinariamente soggetto l'ente partecipante.

Quanto precede, insieme alla considerazione della società per azioni quale più affinato modello organizzativo di attività d'impresa, conduce alla constatazione del primario rilievo degli artt. 2423 ss., dedicati alla disciplina nella società azionaria del bilancio di esercizio: attestazione contabile della situazione patrimoniale e reddituale della società, avente natura di dichiarazione (non negoziale) di scienza (Libonati, Guizzi).

Va fatta menzione del ricorrere di divergenze dottrinali circa l'imputazione del bilancio di società per azioni, secondo che questo sia, parallelamente alla loro esclusiva (2380-bis) competenza nella materia gestoria, qualificato "atto degli amministratori" (Libonati, Ferri *sr.*, Galgano, De Angelis), ovvero il progetto sottoposto all'approvazione possa essere modificato dall'assemblea dei soci (Colombo, Portale, G.F. Campobasso, Jaeger, Di Sabato, M. Cian): siffatto potere modificativo renderebbe il bilancio atto della società. Eccezion fatta per la previsione di cui all'art. 2409-terdecies, lett. *b*), c.c., stante la sua mera funzione informativa, non è prevista approvazione alcuna (da parte dell'assemblea) del bilancio consolidato.

Dalla natura di dichiarazione di scienza del bilancio discenderebbe che esso non possa *stricto sensu* dirsi – in presenza di profili di irregolarità – viziato, potendo semmai discutersi della sua esattezza e veridicità; al contempo, si attribuisce autonomo (indipendentemente, cioè, dalla delibera di approvazione) valore giuridico al bilancio, al fine di consentire al sindacato del giudice di svolgersi – per il tramite di un'azione di mero accertamento – anche al di fuori di un giudizio concernente la validità della deliberazione (Guizzi). D'altro canto, si sostiene che, essendo il bilancio oggetto della delibera assembleare, quest'ultima possa, alla stregua di ogni altra delibera, essere invalida ed impugnabile *ex* artt. 2377 e 2379, a seconda della diversa incidenza dei vizi procedimentali. In particolare, è affetta da nullità per contrarietà a norme imperative (stante l'illiceità del suo oggetto), allorché il bilancio sia difforme dalla disciplina posta a presidio della sua redazione. È quindi nulla la delibera di approvazione di quel bilancio che non sia conforme a verità e correttezza; nonché quando, pur essendo vero, confligga col principio di chiarezza (M. Cian).

Il bilancio consta (art. 2423) dello *stato patrimoniale* (che funge da rappresentazione di una situazione statica), del *conto economico* (che esprime, invece, un processo dinamico), del *rendiconto finanziario*, che evidenzia la composizione delle disponibilità liquide e la relativa variazione intervenuta nell'esercizio, e della *nota integrativa*, documento descrittivo, quest'ultimo, inteso a rendere intellegibili i predetti documenti quantitativi: oggetto di disciplina codicistica sono la struttura del bilancio, nonché i principi di redazione e valutazione delle poste contabili, dato che il bilancio alla funzione informativa coniuga quella organizzativa: di qui il carattere inderogabile della relativa disciplina (M. Cian).

Fungono da principi fondamentali (o clausole generali) – nonché da sovraordinato strumento di interpretazione della intera disciplina – le clausole di verità, chiarezza, e correttezza (art. 2423, comma 2), che rispettivamente servono la funzione informativa propria del bilancio, l'ordinata fruibilità dei dati forniti, l'adeguatezza tecnica e la buona fede oggettiva (M. Cian).

Tra i principi tecnici di redazione del bilancio (art. 2423-bis), si rinvengono quello di prudenza (*Imparität Prinzip*) afferente alla iscrivibilità (e valutazione) delle voci di bilancio; il *Going Concern Principle* – non soltanto formale (principio di *Constistency*) – che orienta la valutazione degli elementi patrimoniali "nella prospettiva della continuazione dell'attività"; il principio di competenza attinente all'elemento temporale di selezione degli elementi da iscrivere (a tal riguardo, il bilancio di esercizio è per competenza, non già per cassa), senza che si abbia riguardo alla data dell'effettivo incasso, ma all'esercizio cui le poste sono imputabili. Salve deroghe "consentite in casi eccezionali" (art. 2423-bis, comma 2), "i criteri di valutazione non possono essere modificati da un esercizio all'altro", onde poter consentire la comparabilità tra i bilanci, in ossequio al principio di immodificabilità dei criteri di valutazione; la corretta emersione di ogni diminuzione patrimoniale è garantita dal principio secondo cui "gli elementi eterogenei ricompresi nelle singole voci devono essere valutati separatamente". Il *Substance over Form Principle* richiede che si tenga "conto della sostanza dell'operazione o del contratto", ossia che le voci vadano rilevate e presentate a prescindere dalla loro formale veste giuridica (Bocchini, De Angelis, M. Cian).

6. La rappresentanza commerciale.

Si è più volte accennato al fatto che l'imprenditore, sia esso un individuo o un ente, si avvale di un'organizzazione della quale fanno parte collaboratori (c.d. *ausiliari* dell'imprenditore) spesso investiti del potere di instaurare rapporti negoziali con i terzi. Esiste dunque un gruppo di norme riferite alle imprese commerciali ed intese a regolare la c.d. *rappresentanza commerciale*.

Principio cardine di tale insieme di regole è quello secondo cui le figure legali di ausiliari dell'imprenditore – che sono, secondo il codice civile, l'institore, il procuratore e il commesso e corrispondono a diversi livelli gerarchici nell'organizzazione aziendale – hanno *ex lege* i poteri (anche di rappresentanza) connessi alla funzione che sono chiamati a svolgere, senza necessità di un'ulteriore autonoma manifestazione di volontà da parte dell'imprenditore medesimo. Ne discende che il terzo non dovrà verificare – secondo il modello di comportamento individuato, invece, in via generale dall'art. 1393 – se all'institore, al procuratore o al commesso sia stato conferito il potere di rappresentanza commisurato alle mansioni già a ciascuno di essi spettanti.

L'imprenditore può *limitare* i poteri rappresentativi *naturalmente* spettanti agli ausiliari con uno specifico atto in tal senso, il quale sarà opponibile ai terzi solo se iscritto nel registro delle imprese, qualora sia rilasciato all'indirizzo degli institori o dei procuratori, o se reso conoscibile con mezzi idonei, nel caso in cui sia rilasciato all'indirizzo dei commessi. L'atto in questione prende il nome di *procura*, ma assume un valore opposto a quello rivestito in base al diritto comune: esso non serve per dotare il collaboratore del potere di agire in nome e per conto dell'imprenditore, ma per limitare i poteri rappresentativi che automaticamente discendono dall'inserimento nell'organizzazione aziendale.

Questo intervento sui meccanismi di allocazione del rischio relativo all'esistenza e all'estensione dei poteri rappresentativi previsti dal diritto comune risponde alla volontà di tutelare maggiormente chi compie affari con gli ausiliari di un imprenditore; in tal modo si persegue indirettamente anche l'obiettivo di agevolare lo sviluppo degli affari con le imprese.

L'*institore* è il collaboratore preposto all'esercizio dell'impresa, di una sede secondaria o di un ramo particolare di essa (art. 2203). Egli rappresenta un vero e proprio *alter ego* dell'imprenditore o, quanto meno, un soggetto con qualifica dirigenziale, qual è, ad esempio, per usare un lessico di segno aziendalistico, il direttore generale, il direttore di una filiale o il responsabile di uno specifico settore produttivo.

L'institore può compiere tutti gli atti pertinenti all'impresa (art. 2204), purché non vadano al di là della gestione dell'impresa: non può, ad esempio, *alienare l'azienda*, oppure *cambiare l'oggetto dell'impresa gestita*; non può, inoltre, *alienare o ipotecare gli eventuali beni immobili* di cui si compone l'azienda (art. 2204, comma 1).

Vale per l'institore quanto si è detto prima, per cui l'imprenditore può limitare i poteri rappresentativi che normalmente competono all'institore attraverso il rilascio di un'apposita procura (art. 2204, comma 1). Tuttavia, a tutela della buona fede del terzo che contrae con l'imprenditore, è stabilito che, se la procura non è resa pubblica mediante deposito per l'iscrizione nel registro delle imprese, i limiti in essa contenuti non sono opponibili ai terzi (sussistendo una presunzione relativa d'ignoranza), salvo che non si provi che costoro ne erano comunque a conoscenza (art. 2206, comma 2). Analogo regime vale per le modificazioni e la revoca della procura (art. 2207).

L'institore ha anche *legittimazione processuale*, potendo stare in giudizio per l'imprenditore sia come attore sia come convenuto (art. 2204, comma 2).

Egli è inoltre tenuto, insieme all'imprenditore, all'*osservanza delle norme riguardanti le scritture contabili e la pubblicità commerciale* (art. 2205); dunque all'osservanza degli obblighi d'impresa, relativamente all'intera iniziativa o limitatamente ad una sua articolazione organizzativa o funzionale (sede o ramo che siano).

L'institore è tenuto a *spendere il nome dell'imprenditore*. In caso di omissione, egli è *personalmente* obbligato nei confronti del terzo. Quest'ultimo, tuttavia, se si tratta di atti pertinenti all'esercizio dell'impresa, può agire *anche* contro il preponente (art. 2208).

Il *procuratore* è il collaboratore che compie gli atti pertinenti all'esercizio dell'impresa, pur senza esservi preposto (art. 2209): si pensi al funzionario di banca cui è conferito il potere di firmare per la banca stessa o al direttore acquisti di un'azienda. È, dunque, dotato di un potere di gestione più limitato rispetto a quello – di regola, generale – spettante all'institore. Non è oggetto di una vera e propria disciplina specifica, dato che la sola norma dedicata a tale figura – ossia l'art. 2209 – si limita a rinviare agli artt. 2206 e 2207 dettati per l'institore, con riguardo alla pubblicità, alla modifica e alla revoca della procura.

Secondo l'opinione prevalente, il procuratore è dotato, oltre che di poteri di rappresentanza, anche di poteri decisionali, sia pure circoscritti al proprio ambito operativo. Tuttavia, tanto i primi quanto i secondi possono essere limitati dall'imprenditore attraverso il rilascio di un'apposita procura.

Non essendo preposto all'esercizio dell'impresa o di una parte di essa, il procuratore è privo della rappresentanza processuale.

Per le stesse ragioni, non deve osservare i doveri di tenuta delle scritture contabili o di pubblicità; nemmeno può prospettarsi la responsabilità del preponente in caso di omessa spendita del nome nel compimento di atti d'impresa, come si evince dal mancato richiamo dell'art. 2208.

I commessi "possono compiere gli atti che ordinariamente comporta la specie di operazioni di cui sono incaricati" (art. 2210, comma 1). Essi hanno per lo più poteri dichiarativi, inerenti essenzialmente a operazioni o gruppi di operazioni di carattere esecutivo, rivolte a mettere l'impresa in contatto con i terzi. Sono altresì legittimati a ricevere le dichiarazioni riguardanti l'esecuzione dei contratti da essi conclusi, compresi i reclami e a chiedere eventuali provvedimenti cautelari (art. 2212).

In considerazione di ciò, ai commessi sono dedicate specifiche disposizioni riguardanti il momento della conclusione dei contratti (artt. 2211) e, in particolare, della vendita (artt. 2210, comma 2, e 2213).

Sotto il primo aspetto, i commessi devono attenersi agli eventuali contratti standard utilizzati dall'impresa e di non derogare alle relative condizioni generali (art. 2211).

A mente dell'art. 2210, comma 2, i commessi possono concedere i soli sconti e/o le sole dilazioni di pagamento che rientrano negli usi commerciali. Possono altresì riscuotere il prezzo delle merci vendute, salvo che alla riscossione non sia destinata una cassa speciale (art. 2213, comma 1). Fuori dei locali dell'impresa, possono esigere il prezzo solo se autorizzati o se consegnano quietanza firmata dall'imprenditore (art. 2213, comma 2).

CAPITOLO IV
L'AZIENDA

SOMMARIO: 1. La nozione di azienda. – 2. Il trasferimento dell'azienda: oggetto, forma e pubblicità del negozio. – 3. Effetti del trasferimento d'azienda. – 4. Usufrutto e affitto d'azienda.

1. La nozione di azienda.

L'esercizio dell'impresa richiede la predisposizione di un apparato produttivo di dimensioni più o meno cospicue, costituito da una *pluralità* di fattori fra loro eterogenei (beni immobili, materie prime, macchinari, beni immateriali, ecc.), che sono oggetto di considerazione in termini *unitari*, da parte dell'ordinamento, in virtù dell'attività organizzativa dell'imprenditore. Questo apparato è l'*azienda*, definita dal codice come "il complesso dei beni organizzati dall'imprenditore per l'esercizio dell'impresa" (art. 2555).

Nella ricerca di schemi idonei a qualificare giuridicamente l'azienda, si è proposto ora di considerarla come un bene ulteriore (quindi immateriale) rispetto alla somma di quelli di cui si compone, giungendo ad equipararla all'universalità di beni, ancorché non limitata ai soli mobili, ai sensi dell'art. 816 (c.d. teoria *unitaria*); ora di risolverla nei singoli beni che la compongono (c.d. teoria *atomistica*).

Si è convincentemente osservato, però, come la discussione su quale sia la natura giuridica dell'azienda e se essa vada concepita in termini unitari o atomistici è chiaramente debitrice di un'impostazione di segno civilistico e poco attenta alle peculiarità giuscommercialistiche dell'istituto (M. Cian). Essa presuppone una tradizione che pone al centro del sistema il soggetto e i suoi diritti, dovendo poi qualificare il rapporto intercorrente fra l'uno e i beni che sono oggetto dei diritti medesimi. Qualora si attribuisca, invece, rilievo centrale all'attività e all'organizzazione, tanto la posizione del soggetto quanto quella dei beni utilizzati devono essere considerati per il loro ruolo *funzionale* all'esercizio dell'impresa (Angelici). Sebbene non si possa negare che la dimensione dell'impresa sia comunque presente nell'impostazione "classica", essendo posta a fondamento di buona parte delle norme speciali, occorre rilevare che l'acquisto dell'azienda quale unità operativa è strumentale alla continuazione dell'attività: l'acquirente subentra, infatti, nell'esercizio dell'attività che dell'azienda trasferita si avvale. Il trasferimento d'azienda inerisce pur sempre alla dimensione funzionale dell'impresa, nel cui ambito si può avere consecuzione di comportamenti posti in essere da soggetti distinti in vista del conseguimento di uno scopo produttivo che permane immutato.

Da qui la preferenza per un metodo induttivo che – anziché muovere dalla descrizione e qualificazione dell'azienda, per poi passare alla presentazione della relativa disciplina, secondo il ragionamento per fattispecie – tende a ricavare dalle disposizioni in tema di azienda principi ed elementi per la risoluzione dei concreti problemi di disciplina e per colmare le eventuali lacune (Presti e M. Rescigno).

Elemento qualificante dell'azienda – come emerge dal tenore dell'art. 2555 – è la *destinazione* dei beni, impressa dall'imprenditore, all'esercizio di un'attività, mentre assume rilievo secondario lo specifico titolo in base al quale ciò avviene. Ai fini dell'appartenenza del bene all'azienda non è necessario che l'imprenditore ne sia proprietario o ne goda in forza di *altro diritto reale* o di un *diritto personale*: ad esempio, l'immobile presso il quale l'attività è esercitata può essere detenuto a titolo di locazione e i macchinari possono essere utilizzati in forza di un contratto di *leasing*.

Il riferimento all'attività e all'organizzazione, vale a dire al coordinamento dei diversi elementi da parte dell'imprenditore, aiuta a comprendere la possibilità di riconoscere nell'azienda "valori" che – pur rivestendo talora un'importanza economica considerevole – sfuggono ad una qualificazione come oggetto autonomo di diritti. Occorre menzionare, in primo luogo, l'*avviamento*, concetto accolto dallo stesso legislatore che espressamente ne riconosce il rilievo economico là dove consente, a certe condizioni, di iscriverne il valore nell'attivo del bilancio della società per azioni (art. 2426, n. 6). L'avviamento consiste nel maggior valore del complesso aziendale rispetto alla somma dei valori dei singoli beni che in un dato momento lo costituiscono. Esso rappresenta una *qualità* dell'azienda ed è perciò insuscettibile di essere ceduto separatamente dal complesso, pur essendo normalmente considerato nella determinazione del prezzo di quest'ultimo: tale, almeno, è il concetto di *avviamento oggettivo*, inteso come attitudine dell'azienda a generare reddito quale conseguenza dell'efficienza e della posizione concorrenziale dell'impresa sul mercato, mentre vi resta estraneo l'*avviamento soggettivo*, ossia la componente legata all'abilità e alla reputazione personale dell'imprenditore.

Come si è anticipato, la disciplina riguardante l'azienda è destinata a regolare soprattutto il suo *trasferimento* ed intende soddisfare esigenze diverse da quelle presenti in una vicenda di semplice disposizione di singoli beni: la cessione (o la concessione in godimento) dell'azienda ha la funzione di consentire all'acquirente di subentrare nell'esercizio dell'impresa da essa servita. Può dunque dirsi che la rilevanza giuridica dell'azienda si risolve nell'applicazione di un *regime circolatorio speciale* rivolto a realizzare l'obiettivo dell'avvicendamento di un soggetto ad un altro nell'esercizio di un'attività in corso.

2. Il trasferimento dell'azienda: oggetto, forma e pubblicità del negozio.

La fattispecie principale di circolazione dell'azienda è quella del "trasferimento della proprietà" sul complesso aziendale (cui fa riferimento l'art. 2556), ossia della cessione dell'insieme di diverse posizioni giuridiche facenti capo all'alienante sui singoli beni aziendali: potrà trattarsi, dunque, della proprietà dei beni che sono nella titolarità dell'alienante, oppure dei diritti reali o personali di godimento sui beni rispetto ai quali abbia – ad esempio – un diritto di usufrutto o di cui goda in forza di un contratto di locazione.

Il "trasferimento d'azienda" non costituisce un tipo negoziale autonomo, ma un sottotipo dello schema contrattuale di volta in volta prescelto dalle parti (vendita, donazione, conferimento in società dell'azienda, ecc.), caratterizzato dalla funzione di consentire all'acquirente di "subentrare" nell'esercizio dell'impresa nel contesto di mercato definito per mezzo dell'azienda stessa e del suo radicamento in un determinato ambito geografico e d'affari.

Si pone, perciò, ai fini dell'applicazione della disciplina, l'esigenza di distinguere – sulla base della riconoscibilità o meno della funzione testé indicata – fra il trasferimento d'azienda in quanto tale e quello di una pluralità di beni atomisticamente considerati. D'altro canto, le parti che intendono trasferire l'azienda possono escludere dal trasferimento uno o più beni che la compongono, purché non si tratti di elementi essenziali del complesso. Diversamente, ci si troverebbe dinanzi ad un atto di cessione di una pluralità di beni che, pur essendo valido ed efficace, non sarebbe soggetto all'applicazione delle norme contenute negli artt. 2556 ss.

Affinché si produca l'effetto negoziale traslativo, non è necessaria una specifica elencazione dei singoli beni che in un dato momento compongono l'azienda, ma è sufficiente che le parti convengano di trasferire il complesso aziendale identificandolo in base ad elementi estrinseci, quali la localizzazione, il settore di attività, la ditta, e via dicendo.

Il contratto traslativo dell'azienda è, in via di principio, a forma libera, salvo che una determinata forma non sia richiesta dalla natura del contratto stesso (ad esempio, per la donazione è necessaria la stipulazione per atto pubblico ai sensi dell'art. 782), o per il trasferimento dei singoli beni aziendali (art. 2556, comma 1: così, nel caso in cui il trasferimento comprenda la cessione della proprietà di un bene immobile, occorre la forma scritta *ex* art. 1350). Ciò significa che manca un'autonoma ed unitaria legge di circolazione dell'azienda e il trasferimento di ciascun bene aziendale deve avvenire secondo il regime dettato in via generale.

La forma scritta è richiesta, tuttavia, *a fini probatori*, quando il contratto abbia ad oggetto aziende relative a imprese soggette a registrazione (art. 2556, comma 1); ne consegue che le parti non potranno provarne l'esistenza e il contenuto né per testi (art. 2725, comma 1), né per presunzioni (art. 2729, comma 2).

Il contratto, redatto in forma di atto pubblico o di scrittura privata autenticata, deve essere depositato per l'iscrizione nel registro delle imprese, a cura del notaio rogante o autenticante (art. 2556, comma 2). L'osservanza del summenzionato requisito di forma condiziona, peraltro, solo la *pubblicità*, non la validità dell'atto: così, un contratto di affitto di azienda non comprendente beni immobili sarà valido, ma non potrà ottenere l'iscrizione nel registro delle imprese, con ciò che ne consegue in termini di opponibilità ai terzi.

3. Effetti del trasferimento d'azienda.

La legge ricollega alcuni *effetti* particolari al trasferimento d'azienda, a dimostrazione del fatto che la disciplina di questa vicenda è intesa – come si è detto – a consentire all'acquirente di esercitare l'attività d'impresa servita dal complesso acquistato.

L'alienante di un'azienda *commerciale* deve *astenersi*, per il periodo di cinque anni dal trasferimento, dall'*iniziare* qualsiasi *attività imprenditoriale* che per l'oggetto, l'ubicazione o altre circostanze sia idonea a sviare la clientela dell'azienda ceduta (art. 2557, comma 1). Se l'azienda è *agricola*, il divieto vale solo per le attività connesse, sempre che vi sia in concreto un rischio di sviamento di clientela (art. 2557, comma 5). La regola – essendo diretta a tutelare l'acquirente contro il rischio che l'alienante, conoscendo le abitudini e le preferenze dei propri clienti, possa agevolmente dirottarli verso la propria nuova attività – è *derogabile*: le parti, infatti, possono escludere il divieto di concorrenza o limitarne la portata; così come possono ampliarne l'ambito di operatività, purché non sia precluso all'alienante lo svolgimento di qualsiasi attività professionale (art. 2557, comma 2) e la durata del patto non sia superiore a cinque anni (art. 2557, commi 2 e 3).

L'attenzione del legislatore alla sorte del fascio di *relazioni contrattuali* che ruotano attorno all'apparato produttivo, frutto dell'opera di organizzazione da parte del suo titolare, si manifesta nella disciplina della *successione nei contratti* stipulati per l'esercizio dell'azienda, che non abbiano carattere personale.

Può trattarsi di contratti *attinenti all'organizzazione* dell'impresa (ad esempio, il contratto di locazione del fabbricato dove si svolge l'attività o di *leasing* avente ad oggetto i macchinari; i contratti con i fornitori, i finanziatori, i collaboratori), ma anche di contratti *nascenti nell'esercizio dell'attività* imprenditoriale, in particolare dei contratti con la clientela.

Discussa è l'individuazione della fattispecie dei *contratti a carattere personale*, per i quali la regola della successione non opera. Assumendo che l'eccezione sia volta a tutelare l'interesse del terzo contraente, l'opinione prevalente ritiene che abbiano carattere personale i contratti per i quali la persona dell'alienante aveva avuto, per la natura del contratto o per scelta delle parti, un rilievo fondamentale nella formazione della volontà (ad esempio, mandato, appalto, associazione in partecipazione, pur dovendosi necessariamente procedere ad una valutazione alla luce della fattispecie concreta).

Si è sostenuto, però, che la norma sarebbe posta *a tutela dell'acquirente dell'azienda*, escludendo dalla successione i contratti che, pur inerenti all'esercizio dell'impresa, siano il risultato di scelte personali dell'alienante (ad esempio, contratti con il consulente tributario o con psicologo di fabbrica). Non si però negare che fra i contratti a carattere personale vadano annoverati, a tutela dell'acquirente, quelli riconducibili a scelte imprenditoriali dell'alienante obiettivamente irragionevoli rispetto alle dimensioni e alle sue prospettive di sviluppo (M. Cian).

La successione nei contratti inerenti all'esercizio dell'impresa è un *effetto naturale* e automatico del trasferimento d'azienda. In particolare, il *subentro dell'acquirente non richiede una manifestazione di volontà da parte sua e dell'acquirente*: decisiva è la condizione che il contratto sia inerente all'azienda e non abbia carattere personale. *Non è necessario il consenso del terzo contraente*, normalmente richiesto per la cessione del contratto dall'art. 1406: a prescindere dalla volontà di costui, il rapporto prosegue con il solo acquirente, che *acquista la titolarità dei crediti* derivanti dal rapporto stesso *e ne assume i debiti*. La tutela del contraente ceduto si realizza mediante il diritto, riconosciuto in capo a quest'ultimo, di esercitare il diritto di *recesso* nei confronti dell'acquirente entro tre mesi dalla notizia del trasferimento, purché vi sia una *giusta causa*: deve esservi la possibilità per il terzo contraente di invocare ragioni oggettive che impediscono di proseguire il rapporto con l'acquirente e che devono riguardare la sua persona o precedenti rapporti con il terzo (precaria situazione patrimoniale dell'acquirente; controversie estinte o ancora in atto relative ad altri rapporti già intercorrenti con l'acquirente). L'eventuale recesso determina l'*estinzione del rapporto con efficacia ex nunc.*

Regole particolari, talora difformi rispetto alla disciplina generale testé enunciata e ispirate in principio alla tutela della continuità del rapporto, sono previste, fra l'altro, con riferimento al contratto di lavoro subordinato (art. 2112), al contratto di locazione d'immobile destinato all'esercizio di attività industriale, commerciale, artigianale (art. 36 della l. n. 392/1978), al contratto di consorzio (art. 2610), al contratto di edizione (art. 132 l. aut.).

La successione riguarda i contratti *a prestazioni corrispettive non ancora eseguite* da nessuno dei due contraenti al momento del trasferimento. Se invece le prestazioni contrattuali sono state eseguite e residuano esclusivamente prestazioni isolate a favore o a carico del cedente (ad esempio, un credito vantato dall'alienante nei confronti di un fideiussore o un debito del primo per il pagamento del prezzo di una fornitura di materie prime o di merci che sia stata già eseguita), trova applicazione la disciplina relativa ai crediti e ai debiti inerenti all'azienda.

L'art. 2559 stabilisce che la *cessione dei crediti* "relativi all'azienda ceduta" diviene efficace nei confronti dei terzi, anche in assenza della notifica o dell'accettazione del debitore ceduto (altrimenti richieste dagli artt. 1264 e 1265), con l'iscrizione nel registro delle imprese dell'atto traslativo dell'azienda. La pubblicità nel registro vale come notifica collettiva e funge da criterio di soluzione di eventuali conflitti tra più acquirenti del medesimo credito: si tratta di una regola che semplifica e velocizza il passaggio del credito (quando sia pattuito), con conseguenti vantaggi in termini di certezza giuridica.

Eccezionalmente il debitore è liberato se paga *in buona fede* all'alienante (vale a dire, ignorando incolpevolmente la cessione), ancorché sia avvenuta l'iscrizione. La norma, posta a tutela del debitore, deroga all'art. 2193 e vale rispetto ad ogni fattispecie modificativa o estintiva del credito (ad esempio, sono efficaci nei confronti dell'acquirente l'accordo dilatorio o il patto novativo stipulati in buona fede con l'alienante, sia pure dopo la registrazione del negozio di cessione).

L'acquirente risponde, *in solido con l'alienante*, dei *debiti* inerenti all'esercizio dell'azienda ceduta (art. 2560, comma 2). L'*accollo cumulativo ex lege* a carico del cessionario è condizionato alla circostanza che il singolo debito risulti dalle scritture contabili obbligatorie; si vuole così evitare che l'acquirente sia gravato da obbligazioni di cui non abbia potuto avere previa conoscenza. La responsabilità dell'acquirente presuppone, perciò, che il cedente sia un imprenditore commerciale medio-grande (come tale obbligato alla tenuta delle scritture contabili, le quali non devono, peraltro, essere regolarmente tenute). Per scongiurare il pericolo che la vicenda circolatoria dia luogo a fenomeni elusivi, la liberazione dell'alienante dai debiti aziendali richiede un'espressa dichiarazione in tal senso da parte di ogni singolo creditore (art. 2560, comma 1).

La delimitazione dell'ambito applicativo dell'art. 2560, comma 2, non vale per i *debiti* che abbiano titolo in un contratto di *lavoro subordinato*, dei quali il cessionario risponde, in solido con il cedente, anche quando non risultino dalle scritture contabili obbligatorie (art. 2112, comma 2).

4. Usufrutto e affitto d'azienda.

L'azienda può essere anche oggetto di negozi costitutivi di un *diritto di godimento* sui beni che la compongono: può trattarsi di un diritto *reale*, e in tal caso si avrà concessione in *usufrutto* dell'azienda, o di un *diritto personale* di godimento, ed in quest'ipotesi si avrà *affitto* della stessa.

A tali fattispecie si applica la disciplina contenuta negli artt. 2561 e 2562, intesa a regolare i diritti e i doveri facenti capo all'usufruttuario o all'affittuario. Essi *devono* esercitare l'azienda sotto la ditta che la contraddistingue (art. 2561, comma 1), conservando "l'efficienza dell'organizzazione e degli impianti e le normali dotazioni di scorte" (comma 2). La gestione deve essere in ogni caso prevista, costituendo oggetto di un vero e proprio *obbligo*, non limitato alla semplice manutenzione ordinaria dei beni, ma esteso ad ogni atto necessario a conservare integro il valore di avviamento. Ne consegue che l'usufruttuario/affittuario può anche *disporre* dei beni aziendali appartenenti al concedente, sebbene non acquisti la proprietà di nessuno di essi. D'altro canto, tutti i beni immessi dall'usufruttuario/affittuario nell'azienda sono *acquistati* automaticamente in proprietà (nuda, in caso di usufrutto) dal concedente. Tutto ciò comporta che la composizione del complesso aziendale può risultare, al termine del rapporto, diversa da quella originaria: la differenza fra le consistenze di inventario iniziali e finali andrà regolata in denaro (art. 2561, comma 4).

L'usufruttuario/affittuario subentra nei *contratti in corso di esecuzione* negli stessi limiti e secondo le medesime regole dettate per il trasferimento d'azienda (artt. 2558, comma 3, e 2112). Tutti i contratti pendenti al termine del rapporto, compresi quelli stipulati dall'usufruttuario/affittuario, tornano in capo al nudo proprietario o al locatore, salvo che siano sproporzionati rispetto alle dimensioni dell'impresa. La cessione dei crediti richiede, invece, un espresso accordo fra le parti (art. 2559, comma 2), mentre per i debiti, fatta eccezione per quel che concerne i debiti da lavoro dipendente, vi è solo la responsabilità del nudo proprietario e del locatore, non applicandosi l'art. 2560.

CAPITOLO V
L'IMPRESA NEL MERCATO

1. La tutela della concorrenza e la disciplina antitrust.

Il problema della ricerca di un corretto equilibrio nei rapporti tra le imprese emerge con particolare evidenza nei sistemi giuridico-economici ispirati al *principio della libera concorrenza,* in cui ciascun imprenditore può competere con gli altri operatori per ampliare la propria offerta sul mercato e ciascun consumatore può liberamente decidere verso quale soggetto indirizzare la propria domanda.

L'addentellato costituzionale tradizionalmente riferito alla tutela della concorrenza è l'art. 41 Cost., che, al comma 1, garantisce la libertà di "*iniziativa economica*", la quale, tuttavia, trova un limite nel rispetto dell'*utilità sociale* e nella necessità di non recare danno "*alla sicurezza, alla libertà, alla dignità umana*" (comma 2). Espressione della libera iniziativa economica è, oltre alla libertà negoziale, la *libertà di accesso* al mercato, che – pur configurando un diritto del singolo – si riflette sull'assetto generale del mercato stesso, dato che implica, per un verso, la presenza di un numero potenzialmente illimitato di concorrenti e, per l'altro, l'esigenza, da parte di chi è già in esso operante, di orientare la propria attività in considerazione di tale condizione potenziale.

Bisogna, però, sottolineare come, in talune specifiche circostanze, il legislatore non si mostri del tutto contrario alla sussistenza del *monopolio* (o al quasi-monopolio), richiamato dall'art. 43 Cost. e definibile come quel fenomeno che si verifica quando una data produzione di beni o servizi fa capo ad un'unica impresa o ad un numero assai ristretto di imprese. È quanto accade nel caso in cui ricorrono, congiuntamente o alternativamente, fattori idonei ad impedire il conseguimento di risultati socio-economici soddisfacenti: può trattarsi di "asimmetrie informative", per effetto delle quali il meccanismo del prezzo non è in grado da solo di selezionare gli operatori più efficienti; o di una divergenza fra costi sociali e individuali dell'attività (si pensi all'ipotesi in cui un'attività comporta ripercussioni per l'ambiente alle quali non corrisponde un costo per l'operatore, o, al contrario, alla necessità di fornire al pubblico determinati servizi a prescindere dal prezzo che quest'ultimo è disponibile a pagare, venendo allora in considerazione il succitato art. 43 Cost.).

La limitazione dell'accesso a un dato mercato (fino all'istituzione di un vero e proprio monopolio legale) è spesso accompagnata da disposizioni normative intese a tutelare gli interessi, principalmente dei consumatori, che potrebbero essere altrimenti pregiudicati.

In questa prospettiva viene in considerazione la norma dell'art. 2597, in tema di *obbligo a contrarre* del *monopolista legale*, il quale è tenuto a fornire le proprie prestazioni a chiunque ne faccia richiesta, trattando in modo paritario tutti i clienti. Tale disposizione, fortemente derogatoria del consolidato principio di autonomia negoziale su cui si fondano i rapporti fra privati, ha come *ratio* quella di consentire a tutti i cittadini di usufruire a parità di condizioni delle prestazioni fornite in regime di monopolio. In caso di violazione del principio stabilito *ex* art. 2597, il monopolista legale sarà sicuramente tenuto al risarcimento danni, mentre si discute sulla possibilità di applicazione dell'art. 2932 che imporrebbe l'esecuzione in forma specifica dell'obbligo a contrarre.

Sotto altro aspetto, l'ordinamento si preoccupa di tutelare la libertà dell'imprenditore di determinare i propri comportamenti nelle relazioni con gli altri operatori e con i consumatori. Rilevano in questa prospettiva la disciplina dei limiti contrattuali della concorrenza contenuta nell'art. 2596, nonché quella *antitrust* di cui alla l. n. 287/1990 e al Trattato sul funzionamento dell'Unione europea (Trattato FUE).

Con riferimento alle *limitazioni pattizie della concorrenza*, l'art. 2596 prescrive vincoli di forma, contenuto e durata, finalizzati a prevenire un'eccessiva compressione del diritto di libera iniziativa economica. Pertanto, secondo il legislatore, i patti devono innanzitutto essere provati per iscritto (forma *ad probationem*); sono validi esclusivamente se circoscritti ad una determinata zona o attività; non possono avere una durata superiore a cinque anni (qualora la durata fosse indeterminata o stabilita in un termine superiore, essa viene *ex lege* ridotta al quinquennio).

Se quella appena descritta era la disciplina già presente nel codice civile al momento dell'entrata in vigore della Carta costituzionale, non si può trascurare di considerare che la libertà di concorrenza ha sicuramente acquisito maggiore rilevanza grazie all'impulso della legislazione euro-unitaria, che l'ha inserita tra i propri pilastri fondamentali (art. 3, comma 1, lett. *b*), Trattato FUE). Il diritto euro-unitario esalta, in particolare, il valore sociale della concorrenza che, da un lato, permette al consumatore di ottenere migliori condizioni in termini sia di qualità del prodotto sia di prezzo; dall'altro, fornisce all'imprenditore l'incentivo per migliorare la propria efficienza inducendolo allo sviluppo del progresso tecnologico e alla razionalizzazione dei costi per poter sostenere la competizione.

A livello di normazione euro-unitaria, dunque, la disciplina *antitrust* trova le sue fonti negli artt. 101 e 102 del Trattato FUE (precedentemente negli artt. 81 e 82 del Trattato CE), che regolano rispettivamente le intese restrittive della concorrenza e il fenomeno dell'abuso di posizione dominante, nonché nel Regolamento CE n. 139/2004 (e sue successive modificazioni) sulle concentrazioni tra imprese.

Tali norme mirano a preservare il regime concorrenziale del mercato interno e sono quindi volte a reprimere unicamente le pratiche sul mercato che pregiudichino il commercio tra gli Stati membri.

L'introduzione della già citata l. n. 287/1990 ha segnato l'ingresso nel nostro ordinamento di una normativa antimonopolistica a carattere generale (mentre specifiche discipline di settore sono operanti nel campo dell'editoria e della radiotelevisione), ricalcata su quella comunitaria e applicabile esclusivamente alle fattispecie anticoncorrenziali che abbiano come riferimento il mercato nazionale, senza incidere sui rapporti inter-statuali.

La stessa legge ha istituito un'apposita autorità indipendente, l'*Autorità Garante della Concorrenza e del Mercato* (AGCM), dotata di poteri d'indagine, ispettivi, cautelari, inibitori, sanzionatori, impugnatori (artt. 10 ss., l. n. 287/1990).

Merita segnalare che il Regolamento CE n. 1/2003 attribuisce alle autorità e alle giurisdizioni nazionali il potere di applicare direttamente gli artt. 81 e 82 del Trattato CE (ora artt. 101 e 102 del Trattato FUE) in casi individuali (artt. 5 e 6) e disciplina il coordinamento e la cooperazione fra la Commissione UE e le autorità nazionali. Alle autorità sono concessi poteri *di indagine* e *istruttori* assai ampi, attivabili d'ufficio o su istanza dei soggetti interessati (v. artt. 12-14 e 16, l. n. 287/1990 e il Reg. n. 3/2001 per la Commissione europea), con facoltà di chiedere e ottenere dai soggetti coinvolti informazioni e documentazioni, nonché di emettere al termine dell'istruttoria le proprie valutazioni sulle liceità delle operazioni esaminate e di irrogare i divieti e le sanzioni previsti dalla legge, variabili a seconda delle tipologie di comportamenti.

La Commissione e le autorità nazionali possono adottare misure *cautelari* e ordinare l'adozione di *specifici* rimedi comportamentali e strutturali per porre fine all'infrazione; prima di emanare provvedimenti possono anche esaminare, valutare e rendere obbligatori eventuali impegni proposti dalle imprese interessate (artt. 14-bis ss., l. n. 287/1990 e artt. 5 e 7 Regolamento CE n. 1/2003).

Riprendendo il dettato dell'art. 81 del Trattato CE (ora art. 101 del Trattato FUE), l'art. 2 della l. n. 287/1990 vieta le *intese restrittive della concorrenza* – da intendersi come "gli accordi e/o le pratiche concordate tra imprese" (di cui troviamo anche un'elencazione esemplificativa all'interno del comma 2) – che abbiano "per oggetto o per effetto di impedire, restringere o falsare in maniera consistente il gioco della concorrenza all'interno del mercato nazionale o in una sua parte rilevante".

Il divieto di intese ricomprende, dunque, tutte le forme di concertazione dei comportamenti, indipendentemente dal loro carattere giuridicamente vincolante: vi rientrano, infatti, oltre ai contratti, anche le decisioni di associazioni di imprese nonché, soprattutto, le cosiddette "*pratiche concordate*", consistenti in accordi osservati spontaneamente e privi di rilevanza giuridica, essendo sufficiente a tal fine anche un semplice *gentlemen's agreement*.

Occorre precisare che le pratiche concordate richiedono il concorso di un *elemento oggettivo*, rappresentato dal parallelismo dei comportamenti, e di un *elemento soggettivo*, presuntivamente accertato sulla base di elementi di fatto (ad esempio, scambi di informazioni), costituito dalla consapevolezza ed intenzionalità di uniformare il proprio comportamento a quello dei concorrenti, al fine di mantenere condizioni di mercato diverse da quelle proprie di una situazione di concorrenza (c.d. *conscious parallelism*). Non è dunque sufficiente una situazione di *oligopolio* in cui i comportamenti degli operatori s'influenzano reciprocamente (dato che non risulta per essi conveniente instaurare una competizione con riferimento alle condizioni di offerta sul mercato), ma occorre che i comportamenti medesimi siano rivolti a modificare artificialmente il concreto assetto concorrenziale del mercato.

Le intese possono essere sia *orizzontali*, quando si riferiscono ad imprese che operano al medesimo livello del processo produttivo (ad esempio, quelle fra produttori dello stesso bene), sia *verticali*, inerenti a soggetti che operino a livello diverso della catena di produzione e distribuzione (ad esempio, quelle fra produttore e rivenditore).

Sono suscettibili di rientrare nella fattispecie in esame gli accordi di natura *cooperativa* (art. 5, comma 3, l. n. 287/1990), mediante i quali più imprese indipendenti coordinano i propri comportamenti. Non danno luogo, invece, ad intese vietate quelle intercorrenti fra imprese del medesimo *gruppo*, posto che, ai fini dell'applicazione del diritto *antitrust*, vale una nozione *economica* di impresa incentrata sul dato sostanziale della unità o pluralità di centri decisionali autonomi e che prescinde, dunque, dalla distinta soggettività giuridica delle società la cui attività è diretta e coordinata unitariamente *ex* artt. 2497 ss.

Ai fini della valutazione dell'effettiva lesione della concorrenza per effetto di pratiche astrattamente anticoncorrenziali occorre determinare il *mercato rilevante*. Questa nozione – la cui definizione appare necessaria nella prassi applicativa non solo della disciplina delle intese, ma anche di quella dell'abuso di posizione dominante e delle concentrazioni – individua l'area merceologica e geografica in cui il comportamento preso in considerazione s'inserisce ed esercita la propria incidenza: esso ricomprende tutti i prodotti e/o servizi che sono considerati intercambiabili dal consumatore in ragione delle loro caratteristiche, dei rispettivi prezzi e dell'uso al quale sono destinati (*mercato del prodotto*); ed individua altresì la zona nella quale le condizioni obiettive della concorrenza, relativamente al prodotto in questione, sono le stesse per tutti gli operatori economici.

L'art. 2, comma 3, l. n. 287/1990 stabilisce, come conseguenza, che tali intese sono nulle ad ogni effetto. Indipendentemente da un'iniziativa dell'AGCM, chiunque può agire in giudizio per far dichiarare la nullità di un'intesa.

Occorre tuttavia evidenziare come l'AGCM possa *autorizzare* intese in astratto vietate qualora ingenerino miglioramenti nelle condizioni di offerta sul mercato, i quali "abbiano effetti tali da comportare un sostanziale beneficio per i consumatori" e consentano di assicurare alle imprese la necessaria concorrenzialità sul piano internazionale (art. 4, l. n. 287/1990).

È, infine, discussa, la sorte dei contratti stipulati a valle di un'intesa vietata, in quanto alcuni interpreti optano per la tesi della nullità "a cascata", altri per l'ipotesi dell'inefficacia.

L'art. 3, l. n. 287/1990 – analogamente all'art. 102 del Trattato FUE (prima art. 82 del Trattato CE) – vieta l'*abuso di posizione dominante*.

È bene chiarire che la posizione dominante non necessariamente coincide con la situazione di monopolio o di quasi-monopolio, ma consiste nel potere di mercato che consente all'impresa che lo detiene di incidere sullo svolgimento effettivo della concorrenzialità nel settore di appartenenza e di tenere comportamenti indipendenti da quelli dei concorrenti, dei clienti e quindi dei consumatori.

La determinazione in concreto della posizione dominante presuppone l'identificazione del mercato rilevante secondo i criteri sopra illustrati. Una volta identificatolo, si ritiene che la posizione dominante sia da individuare confrontando la *quota di mercato* dell'impresa, calcolata in base al suo fatturato, rispetto a quella complessiva del settore. Atteso che è dominante una quota del 70%, non si esclude che anche una quota inferiore possa rappresentare un indice presuntivo, unitamente ad altri elementi, quali la struttura del mercato nel quale l'impresa svolge la propria attività, il numero e la capacità concorrenziale delle altre imprese nello stesso mercato ed anche nel mercato di eventuali prodotti concorrenti.

Il legislatore, come emerge dal dato normativo, non già ostacola il raggiungimento di una posizione di preminenza sul mercato, ma ne vieta lo sfruttamento abusivo che possa pregiudicare il dinamismo concorrenziale.

Tanto a livello nazionale (art. 3 l. n. 287/1990) quanto a livello euro-unitario (art. 102 TFUE), sono identificate a titolo esemplificativo una serie di condotte qualificabili come abusive: si pensi, ad esempio, all'imposizione di prezzi di acquisto, di vendita e altre condizioni contrattuali non eque (pratica dei prezzi predatori o sottocosto al fine di eliminare i concorrenti dal mercato); all'imposizione di limitazioni alla produzione, agli sbocchi o agli accessi al mercato, allo sviluppo tecnico o al progresso tecnologico, a danno dei consumatori (caso delle cc.dd. *essential facilities*, in cui un operatore economico, di solito un ex monopolista, rifiuti di mettere a disposizione dei concorrenti i mezzi essenziali per poter operare in un mercato, impedendo loro l'accesso al mercato stesso); all'applicazione di condizioni dissimili per prestazioni equivalenti; ovvero all'imposizione di prestazioni supplementari ingiustificate e non collegate all'oggetto del contratto (cc.dd. accordi leganti).

Da non confondersi con la figura cui si è appena fatto cenno, è il cosiddetto *abuso di dipendenza economica*, espressamente disciplinato nella l. n. 192/1998, recante la disciplina della subfornitura nelle attività produttive, nel cui art. 9 si stabilisce che è *nullo* il patto con cui si realizza una situazione in cui un'impresa è in grado di determinare, nei confronti di un'altra impresa, un eccessivo grado di squilibri e obblighi, tenendo conto delle concrete possibilità di reperire sul mercato *alternative soddisfacenti*.

Preme evidenziare che, nel catalogo dei possibili comportamenti "abusivi" di cui al summenzionato art. 9, è presa in considerazione anche la "interruzione arbitraria delle trattative". Emergono, perciò, profili di somiglianza con l'esemplificazione dei comportamenti qualificabili in termini di abuso di posizione dominante e d'interferenza con la disciplina nazionale *antitrust*. Ciò non elimina, tuttavia, la distinzione fra le due fattispecie: l'abuso di dipendenza economica non presuppone una posizione dominante estesa all'intero mercato rilevante, atteso che la volontà del legislatore è quella di impedire abusi nel "micro-mercato" delle relazioni negoziali fra le parti.

La l. n. 287/1990 disciplina, infine, le *concentrazioni* tra imprese che si realizzano – ai sensi dell'art. 5 che reca, analogamente al Regolamento CE n. 139/2004, un catalogo di fattispecie a carattere non tassativo – in ipotesi di: 1) fusione fra imprese (lett. *a*); 2) acquisizione – da parte di uno o più soggetti che controllano almeno un'impresa ovvero da parte di una o più imprese – di una posizione di *controllo* dell'insieme o di parti di una o più imprese, sia mediante acquisto di partecipazioni o di elementi del patrimonio, sia mediante qualsiasi altro mezzo (lett. *b*); 3) costituzione di un'*impresa comune* da parte di più imprese o acquisizione ad opera di queste ultime del *controllo congiunto* su un'altra impresa: ad esempio, la costituzione di una *joint venture* (lett. *c*). Si richiede, peraltro, affinché possa riscontrarsi un'impresa comune *concentrativa* ai sensi dell'art. 6, l. n. 287/1990, che la stessa svolga su base stabile tutte le funzioni di un'entità economica autonoma e non vi sia coordinamento del comportamento concorrenziale né tra le società fondatrici né fra una di queste e l'impresa comune.

La nozione di concentrazione è basata su una valutazione (come si vedrà, di natura prognostica) degli effetti economici dell'operazione. Sono perciò irrilevanti le operazioni del genere di quelle sopra menzionate che avvengono fra soggetti appartenenti al medesimo gruppo, vale a dire già economicamente unitari.

A differenza delle fattispecie esaminate in precedenza, le concentrazioni non sono di per sé vietate, ma, quando superino le soglie di fatturato indicate, per il sistema italiano, dall'art. 16, l. n. 287/1990 e, per il sistema europeo, dagli artt. 1 e 5 Regolamento CE n. 139/2004, sono soggette ad un *obbligo di comunicazione* nei confronti dell'AGCM o della Commissione CE. L'Autorità provvederà, quindi, allo svolgimento di un'istruttoria al cui esito, qualora accerti che la concentrazione comporti la costituzione o il rafforzamento di una posizione dominante in grado di ridurre in modo sostanziale e durevole la concorrenza, vieterà l'operazione oppure autorizzerà l'operazione medesima prescrivendo le misure necessarie a prevenire tali conseguenze lesive. Qualora l'operazione sia stata già eseguita, saranno impartite le misure necessarie a ripristinare le condizioni di concorrenza effettiva (in particolare, si potrà avere una dissoluzione della concentrazione mediante la separazione delle imprese coinvolte). L'inosservanza dei provvedimenti dell'AGCM comporta l'irrogazione di sanzioni amministrative pecuniarie calcolate sul fatturato delle imprese coinvolte.

È opportuno aggiungere che con il d.lgs. 19 gennaio 2017, n. 3 è stata data attuazione alla Direttiva UE/104/2014, relativa a determinate norme che regolano le azioni per il risarcimento del danno ai sensi del diritto nazionale per violazioni delle disposizioni del diritto della concorrenza degli Stati membri e dell'Unione europea. L'intervento normativo si fonda sul presupposto che solo un sistema di *antitrust private enforcement* – capace di assegnare un ruolo centrale, oltre che alle imprese, ai consumatori, quanto meno in veste collettiva – può ritenersi idoneo ad assicurare realmente il diritto al pieno risarcimento e, soprattutto, a realizzare un'efficace deterrenza, rendendo non convenienti le violazioni della normativa *antitrust* nazionale ed europea.

Il risarcimento conseguente al danno da illecito *antitrust* è soggetto a regole che non si discostano dalla disciplina civilistica del risarcimento del danno patrimoniale inteso a ripristinare "condizioni di godimento e di ricchezza statiche" (Libertini). In particolare, l'art. 14 del d.lgs. n. 3/2017, dedicato alla "Valutazione del danno", fa riferimento alle disposizioni degli artt. 1223, 1226 e 1227, riportando poi la presunzione (semplice) di esistenza del danno in caso di cartello, di cui all'art. 17, comma 2, della Direttiva. Nella quantificazione del danno un ruolo consultivo è attribuito all'autorità nazionale, che può svolgerlo su richiesta del giudice.

Si esclude una "sovracompensazione" del danno e s'indentifica il limite del danno emergente nel *sovrapprezzo* praticato per effetto della restrizione, ovvero nella differenza fra il prezzo pagato e quello ipotizzabile in caso di osservanza della disciplina *antitrust* (art. 10). Il legislatore italiano non interviene per ciò che riguarda le forme di riparazione del danno in forma specifica e la possibilità di disporre l'inibitoria come rimedio definitivo e non solo cautelare, lasciando intatto sotto questo profilo il testo dell'art. 33, comma 2, l. n. 287/1990, a mente del quale le azioni di nullità e di risarcimento del danno, nonché i ricorsi intesi ad ottenere provvedimenti di urgenza in relazione a violazioni della normativa *antitrust* nazionale sono promosse davanti alla sezione specializzata del Tribunale per le controversie in materia di impresa.

2. La disciplina della concorrenza sleale.

Libertà di concorrenza in ogni caso non può essere considerata come sinonimo di arbitrio: l'imprenditore, infatti, nel tentativo di ampliare la propria posizione e il proprio ruolo sul mercato non può tenere comportamenti sleali, ma deve necessariamente attenersi a quei principi che rientrano nell'alveo della cosiddetta "*correttezza professionale*" del ceto imprenditoriale.

Il divieto di porre in essere *atti di concorrenza sleale* – il quale è stabilito in via generale nell'art. 2598 – trova in principio la sua *ratio* non tanto nell'esigenza di tutelare la classe dei consumatori, la cui protezione si realizza solo in maniera riflessa, quanto piuttosto nella necessità di non danneggiare le reciproche attività imprenditoriali.

È proprio questo il motivo per cui i rimedi indicati nelle norme successive sono invocabili unicamente da un imprenditore nei confronti di un altro imprenditore (ancorché non esercente la medesima attività economica), la cui azione sia però rivolta ad una medesima categoria di consumatori e operi in un ambito territoriale anche solo potenzialmente comune. La stessa norma di cui all'art. 2601, che estende la legittimazione a promuovere l'azione giudiziale alle *associazioni professionali*, si riferisce chiaramente alle organizzazioni collettive esponenziali degli interessi degli *imprenditori*, quando questi risultino pregiudicati da un atto concorrenziale sleale.

Non si dubita dell'applicabilità della disciplina in esame all'attività d'impresa esercitata da *enti pubblici*, eventualmente anche in via accessoria (cfr. Capitolo II, § 5, *supra*). È invece controversa la posizione dei *liberi professionisti*, sebbene la soluzione favorevole sia coerente con la prospettiva incline a svalutare l'oggettiva diversità rispetto all'attività d'impresa (cfr. Capitolo I, § 6, *supra*).

Sotto altro aspetto, il problema della legittimazione ad agire dei consumatori o di loro associazioni – oggetto, fra l'altro, di una questione di legittimità costituzionale, poi respinta (Corte cost. 21 gennaio 1988, n. 59) – è stato largamente superato in seguito all'entrata in vigore della disciplina delle *pratiche commerciali scorrette* di cui agli artt. 20 ss. del Codice del consumo, intesa a reprimere i comportamenti concorrenziali capaci di alterare ingiustificatamente le scelte dei consumatori, concretandosi in dichiarazioni decettive in ordine alle caratteristiche del prodotto o del servizio offerto. La summenzionata disciplina è rivolta a tutelare – accanto alla correttezza dello scambio, in una dimensione prettamente interindividuale – il corretto funzionamento del mercato mediante l'imposizione a carico delle imprese di specifici *standard* di comportamento nei confronti del consumatore, il quale viene in rilievo non quale "parte debole" secondo la prospettiva propria della legislazione consumeristica, ma come *categoria*. Si giustifica in quest'ottica la predisposizione di un *potere repressivo di tipo amministrativo* delle condotte contrarie alle regole di correttezza, attribuito alla AGCM e basato sulla previsione di una sanzione pecuniaria di natura amministrativa (ammenda) e di un ordine inibitorio (art. 27 Codice del consumo), specialmente in sede di tutela collettiva.

Consegue da tale impostazione che, nel caso in cui una fattispecie astrattamente riconducibile all'art. 2598 sia realizzata da un soggetto terzo non imprenditore, si applicherà la comune disciplina privatistica della responsabilità extracontrattuale *ex* art. 2043, conseguente alla violazione del diritto soggettivo direttamente tutelato dall'art. 41 Cost.

Si considera sufficiente, ai fini della qualificazione di un atto come di concorrenza sleale, che lo stesso sia stato posto in essere nell'interesse dell'impresa concorrente da parte di chi si trovi con essa in una relazione tale da fare ritenere che il comportamento sia idoneo a procurarle un vantaggio, ai danni di un altro imprenditore (concorrenza sleale *indiretta*). Mentre è possibile e, anzi, fisiologico che gli atti di concorrenza sleale siano eseguiti da collaboratori dell'imprenditore, appare più problematico il caso in cui il terzo goda di una sfera di discrezionalità e di autonomia. Sarà dunque onere del danneggiato provare il comportamento collusivo dell'imprenditore concorrente e del terzo, affinché si possa affermare la responsabilità solidale dei medesimi a titolo di concorrenza sleale.

L'art. 2598 prevede sia atti *tipici* di concorrenza sleale (nn. 1 e 2), sia atti atipici (n. 3), per i quali si fa riferimento alla clausola generale della correttezza professionale.

Il n. 1 evidenzia la punibilità dell'utilizzazione di "nomi o segni distintivi idonei a produrre confusione con i nomi o segni distintivi legittimamente usati da altri" o, più in generale, del compimento di atti definibili come *confusori*. Tale disposizione appare fondamentale per definire presupposti e ambito di protezione dei *segni distintivi non registrati*, mentre per il *marchio registrato* la tutela da essa apprestata è tendenzialmente assorbita dalla più ampia e dettagliata disciplina contenuta all'interno del d.lgs. n. 30/2005 contenente il Codice della proprietà industriale (artt. 7 ss.; cfr. in questo Capitolo, § 4, *infra*). Nell'ambito delle fattispecie confusorie rientra peraltro anche l'ipotesi di *imitazione servile* dei prodotti di un concorrente, che sia tale da ingenerare un inganno nei terzi rispetto all'identità del produttore.

Il n. 2 dell'art. 2598 tipizza, invece, come atti di concorrenza sleale i cosiddetti *atti di denigrazione*, che si realizzano quando un imprenditore diffonda notizie o apprezzamenti sui prodotti altrui in modo da determinare il discredito dell'attività concorrente, nonché gli *atti di appropriazione dei pregi altrui*.

Sicuramente, però, la disposizione che ha generato maggiori dubbi negli interpreti, anche considerando l'evidente *deficit* in termini di determinatezza della fattispecie, è quella rappresentata dal n. 3 dell'art. 2598, che vieta di avvalersi "direttamente o indirettamente di ogni altro mezzo non conforme ai principi di correttezza professionale e idoneo a danneggiare l'altrui azienda". Come ogni clausola a contenuto indeterminato, anche la *correttezza professionale* ha la funzione di evitare l'obsolescenza normativa, consentendo all'interprete di poter valutare caso per caso, in base all'evoluzione economico-sociale, quali situazioni siano meritevoli di tutela. Importante, in questo senso, appare allora l'elaborazione pretoria sul punto, per effetto della quale sono ormai riconducibili alla fattispecie *de qua* (fra le altre) le ipotesi di *vendita sotto costo*, di *boicottaggio*, di *storno di dipendenti* e di *sviamento di clientela*.

Giova ricordare che la giurisprudenza successiva all'entrata in vigore del codice civile ha interpretato per circa un quarto di secolo il criterio della correttezza professionale come una variante linguistica degli *usages bonnêtes en matière industrielle ou commerciale* di cui all'art. 10-bis della Convenzione di Unione di Parigi del 1883 (CUP), andando però incontro alle critiche della dottrina la quale, per un verso, evidenziava come i giudici – di là dalle formule tralatizie contenute nelle sentenze – non si preoccupassero di ricercare clausole di autodisciplina o opinioni consolidate in ordine a ciò che potesse considerarsi scorretto o scorretto all'interno di ciascuna categoria; per l'altro, lamentava profondi contrasti di opinione nell'ambito delle stesse categorie, a dimostrazione di come il criterio c.d. deontologico non si discostasse marcatamente da quello c.d. fenomenologico, manifestando una debolezza non minore dello standard desunto dalla prassi. Consegue da ciò la proposta di intendere la correttezza professionale come criterio di valutazione dei comportamenti degli imprenditori secondo la "coscienza sociale", aprendo così la strada all'intervento di un parametro di valutazione "esterno". Quest'ultimo è stato poi ravvisato sempre più frequentemente nelle scelte normative dell'ordinamento, le quali – per quanto riguarda il diritto della concorrenza – trovano espressione, come si è accennato, nell'art. 41, comma 2, Cost. e nella disciplina *antitrust* (Libertini).

Peculiare è la *tutela* di cui può avvalersi l'imprenditore pregiudicato da un atto di concorrenza sleale. L'art. 2599 attribuisce rilevanza centrale all'*azione inibitoria*, consistente in un ordine del giudice di cessare la continuazione dell'illecito e nell'eventuale adozione di provvedimenti volti ad eliminarne gli effetti. Ai fini della domanda di cui all'art. 2599 non si richiede la sussistenza di dolo o colpa da parte del danneggiante né l'effettività del danno, in quanto unico presupposto è la presenza di un pericolo di continuazione o reiterazione della condotta sleale.

L'art. 2600 ammette comunque la possibilità per la parte lesa di richiedere il *risarcimento del danno* in base ai comuni principi di cui all'art. 2043, per cui è richiesto l'elemento soggettivo del dolo o della colpa: tuttavia, il legislatore prevede un'agevolazione dal punto di vista dell'onere probatorio, in quanto, "accertati gli atti di concorrenza, *la colpa si presume*" (comma 3). Trattandosi, peraltro, di una presunzione *iuris tantum*, l'autore dell'atto di concorrenza sleale potrà fornire prova contraria.

Ulteriore forma sanzionatoria è costituita dalla possibilità per il giudice di disporre la *pubblicazione della sentenza* su testate giornalistiche o anche su siti internet.

3. La nozione di proprietà industriale.

La scelta dell'ordinamento in favore di una struttura concorrenziale del mercato, caratterizzata dalla presenza (almeno potenziale) di una pluralità di imprese e di una pluralità di clienti, pone l'esigenza che le prime e i loro prodotti possano distinguersi fra loro e rispetto al pubblico dei consumatori. Tale funzione è assolta mediante l'utilizzazione dei *segni distintivi*, la cui tutela intende soddisfare l'*interesse ad evitare confusione sul mercato.*

D'altro canto, un fattore in grado di incidere sui rapporti di mercato è rappresentato dalle conoscenze (tecnologiche e non) presenti nell'organizzazione imprenditoriale, la cui disponibilità si traduce, là dove non siano condivise con altri, in un *vantaggio concorrenziale*: si pensi a conoscenze riguardanti tecnologie che consentono di produrre un bene a costi inferiori oppure beni che i concorrenti non siano in grado di produrre.

È da evidenziare che l'ordinamento, volendo offrire alle imprese un incentivo ad impegnarsi nella ricerca, predispone soluzioni dirette a tutelare l'*interesse alla remunerazione degli investimenti* nell'innovazione non solo tecnologica, le quali consistono nella predisposizione di una specifica protezione delle invenzioni e dei modelli.

Tanto i segni distintivi dell'impresa quanto i risultati dell'attività di ricerca in campo tecnico-industriale configurano *beni immateriali* oggetto di tutela da parte del già citato d.lgs. n. 30/2005, recante il Codice della proprietà industriale (c.p.i.). Questa tutela è di tipo c.d. dominicale, in quanto ricalca – pur con le peculiarità dovute al fatto che si tratta di beni immateriali – quella predisposta per il diritto di proprietà.

L'ordinamento riconosce ad uno ed un solo imprenditore – in presenza dei presupposti e nei limiti previsti per la protezione dei diritti di proprietà industriale – lo sfruttamento di segni distintivi, innovazioni tecnologiche e *design*. S'intende perseguire in tal modo un *modello di concorrenza dinamica*: da un lato, come si è detto, si vuole creare un incentivo per le imprese ad investire per accreditare la propria reputazione e realizzare nuove invenzioni; dall'altro, si vuole evitare che la capacità delle imprese medesime di porre in essere nuovi investimenti si traduca in uno strumento di emarginazione dei concorrenti.

Nell'ambito della proprietà industriale si distingue fra *diritti titolati* e *non titolati*. I primi – ai quali, a differenza del codice civile che si limita a dettare poche disposizioni (artt. 2563 ss.; 2584 ss.), il Codice della proprietà industriale dedica ampia disciplina (art. 2) – si acquistano per effetto di una complessa fattispecie costitutiva, che si perfeziona attraverso un procedimento amministrativo di *registrazione* (marchi e modelli industriali) o *brevettazione* (invenzioni e modelli di utilità) presso un ufficio pubblico denominato Ufficio Italiano Brevetti e Marchi (UIBM). I secondi – che il Codice della proprietà industriale menziona (art. 2, comma 4), ma non regola dettagliatamente – sorgono in presenza dei presupposti di volta in volta indicati: ad esempio, i diritti su *ditta*, *insegna* e *marchio non registrato* si acquistano – come si chiarirà più avanti – per effetto dell'*uso* e sono soggetti principalmente alle disposizioni del codice civile (artt. 2563 ss., nonché divieto di atti di concorrenza sleale *ex* art. 2598, n. 1).

L'espressione proprietà industriale coesiste con la locuzione "*proprietà intellettuale*", che – nel significato più restrittivo – ricomprende i *risultati creativi* conseguiti nel settore delle arti, della musica, della letteratura e dello spettacolo. Questi ultimi – definiti come "*opere dell'ingegno*" – sono tutelati attraverso il riconoscimento di diritti di sfruttamento esclusivo, di durata molto lunga, sottoposti alla disciplina dei "*diritti d'autore*" (l. n. 633/1941, nota come legge d'autore: l.a.). Tuttavia, l'utilizzazione del diritto d'autore anche per proteggere creazioni a contenuto tecnologico (quali *software* e banche dati: cfr. art. 2, comma 1, nn. 8-9, l.a.) o parzialmente sovrapponibili ai modelli o disegni (si pensi alla tutelabilità del *design* anche in base al diritto d'autore là dove presenti *valore artistico ex* art. 2, comma 1, n. 10) è alla base di una più ampia nozione di proprietà intellettuale, idonea a comprendere diritti d'autore, di marchio, di invenzione e modello e ad esprimere l'assoggettamento dei beni immateriali alla regola generale di appartenenza privata dei risultati dell'innovazione.

Un profilo di consonanza fra il "diritto comune" dei beni immateriali e la disciplina della proprietà tradizionale è rappresentato dalla previsione a livello normativo di "azioni a difesa della proprietà" incentrate sull'interesse del titolare a *prevenire* la continuazione dell'illecito, e a *rimuovere* uno stato di fatto contrario al diritto. Esse consistono nell'*inibitoria* della fabbricazione, del commercio e dell'uso di quanto costituisce violazione del diritto (art. 124, comma 1, c.p.i.), nonché negli strumenti di rimozione degli effetti del comportamento illecito, quali l'ordine di *ritiro dal commercio* (art. 124, comma 1, c.p.i.), o di *distruzione* (art. 124, comma 3, c.p.i.) dei beni realizzati in violazione del diritto, o la loro assegnazione in proprietà (art. 123, comma 4, c.p.i.). Il giudice può, inoltre, *fissare una somma* dovuta per ogni violazione o inosservanza constatata successivamente all'inibitoria e per ogni *ritardo* nell'esecuzione del provvedimento (art. 124, comma 2, c.p.i.). Ulteriore sanzione prevista dalla disciplina in esame è il *risarcimento del danno* che va liquidato anche tenendo conto degli utili realizzati in violazione del diritto e dei compensi che l'autore della violazione avrebbe dovuto pagare qualora avesse ottenuto licenza dal titolare del diritto (art. 125 c.p.i.).

4. I segni distintivi.

I segni distintivi tipizzati dal codice civile e ulteriormente disciplinati dal Codice della proprietà industriale sono: la *ditta*, che contraddistingue l'imprenditore e la sua attività (secondo la c.d. *teoria soggettiva*) o una data organizzazione imprenditoriale (in base alla c.d. *teoria oggettiva*); l'*insegna*, che individua i locali dove si svolge l'attività d'impresa; il *marchio*, che contraddistingue i prodotti e i servizi realizzati dall'impresa.

Come si è accennato, poiché l'uso dei segni distintivi costituisce oggetto di un *diritto esclusivo* dell'imprenditore, egli ha diritto di *opporsi all'uso che altri ne faccia* qualora da ciò possa derivare un rischio di confusione. Perciò, il primo requisito di tutela di ditta, insegna e marchio è la "*capacità distintiva*", ovvero la capacità del segno di identificare scelte riferibili ad un solo imprenditore, da valutarsi relativamente alla *tipologia di attività e prodotti* per cui il segno stesso viene utilizzato. D'altra parte, siccome il pubblico può non prestare attenzione a differenze di dettaglio, l'ordinamento vieta l'uso di segni anche soltanto *simili* da parte di imprenditori diversi.

Dato il rilievo centrale dell'interesse alla distinzione fra le imprese e i loro prodotti, l'ordinamento pone un divieto di utilizzazione confusoria dei segni distintivi. La protezione del segno non è tuttavia assoluta, ma è relativa al settore merceologico di utilizzazione (c.d. *principio di relatività delle tutele*). Ne discende che, in principio e salvo quanto si dirà a proposito del marchio registrato, segni simili o addirittura identici possono essere utilizzati da imprenditori diversi nell'ambito di attività a loro volta *differenti*.

Passando ad esaminare la disciplina dei singoli segni distintivi, preme evidenziare che la *ditta* – comunque sia formata – deve contenere almeno il cognome o la sigla dell'imprenditore: c.d. *ditta originaria* (art. 2563, comma 2). Peraltro, in caso di trasferimento insieme all'azienda, la ditta può essere conservata così com'è, cioè senza necessità di riferimento alcuno al nome o alla sigla del nuovo imprenditore: c.d. *ditta derivata* (art. 2565).

Qualora l'imprenditore sia una società, la ditta "originaria" dovrà contenere la *ragione sociale* della società di persone oppure la *denominazione sociale* se si tratta di società di capitali o cooperative, che costituiscono l'equivalente del nome per la persona fisica.

La ditta deve presentare il carattere della *novità*: essa non può essere uguale o simile alla ditta (o all'insegna) usata – effettivamente, non dunque quando l'impresa è rimasta inoperosa, o in passato, sicché il pubblico ne abbia perduto il ricordo – da altro imprenditore, se può creare confusione per l'oggetto dell'impresa o per il luogo in cui essa è esercitata (art. 2564, comma 1).

Il diritto all'uso esclusivo della ditta si acquista con la *priorità dell'uso* (ad esempio, negli elenchi telefonici, nella carta intestata e anche nella pubblicità), oppure, per le imprese soggette a registrazione, con la *priorità dell'iscrizione della ditta nel registro delle imprese* (art. 2564, comma 2). La medesima regola vale per la ragione sociale e la denominazione delle società (art. 2567, comma 2), che non potranno essere identiche o simili a quelle già assunte da altra società concorrente (art. 2567, comma 2), laddove, in relazione al luogo e alla natura dell'attività svolta, sussista il rischio di confusione. Qualora poi questo rischio esista, l'imprenditore che abbia acquistato il diritto all'uso esclusivo di una determinata ditta può ottenere che il concorrente *integri* o *modifichi* la propria, se uguale o simile, con indicazioni idonee a differenziarla (art. 2564, comma 1). Non può escludersi la coesistenza di ditte identiche, quando le imprese hanno oggetto diverso o sono esercitate in ambiti territoriali fra loro distanti, purché non ingannino il pubblico in ordine alla titolarità delle rispettive organizzazioni imprenditoriali.

Principi analoghi operano con riferimento all'*ambito di tutela della ditta*, che opera solo in caso di rischio concreto di confusione con chi utilizza segni analoghi.

La ditta è *trasferibile*, ma solo *unitamente all'azienda* (art. 2565, comma 1). Peraltro, il trasferimento della ditta non consegue automaticamente al trasferimento d'azienda, essendo necessario un accordo desumibile anche *ex* art. 1362. Ciò consente, da un lato, di tutelare l'interesse, di natura morale, dell'alienante a impedire che il proprio nome sia ricondotto a un'azienda non più sua, se non lo voglia; dall'altro, di salvaguardare l'interesse di natura patrimoniale a negare il consenso, qualora intenda continuare a utilizzare la ditta nella propria attività imprenditoriale. In mancanza di pattuizione la ditta può essere utilizzata solo dall'imprenditore alienante (cfr. art. 2565, comma 2), mentre, in caso di trasferimento *mortis causa* dell'azienda, la ditta si trasmette al successore, salvo diversa disposizione testamentaria (art. 2565, comma 3). Si realizza in tal modo una soluzione di compromesso fra plurime esigenze, consentendo in caso di prosecuzione dell'attività che la ditta continui a contenere il nome dell'imprenditore defunto per non disperdere l'avviamento.

L'*insegna* – che è facoltativa e può anche consistere nella ditta o in un suo elemento – è usata all'ingresso dei locali e degli stabilimenti dell'impresa ed ha la funzione di distinguere un'organizzazione aziendale *collocata fisicamente in un certo luogo*.

L'insegna può consistere altresì in un nome di fantasia (*insegna denominativa*) o in un'immagine (*insegna emblematica*); non è qui necessaria l'indicazione del nome o della sigla dell'imprenditore.

All'insegna è dedicata una sola disposizione del codice civile (art. 2568) di rinvio all'art. 2364, comma 1, in materia di ditta. Ne consegue che l'insegna deve pur essa rivestire il carattere della *novità*: non deve essere uguale o simile a quella di altro imprenditore e idonea a "creare *confusione* per l'oggetto dell'impresa e per il luogo in cui essa è esercitata".

Il diritto sull'insegna si acquista con il suo *uso* e si estingue per cessazione dell'attività o per non uso prolungato per un periodo tale da fare riacquistare al segno distintivo il carattere di novità. L'insegna può essere trasferita anche indipendentemente dall'azienda e ne è consentito il *couso* da parte di terzi (si pensi alle imprese affiliate in base a un contratto di *franchising*).

Il marchio, che è il segno distintivo di solito utilizzato *mediante apposizione sul prodotto* (sebbene esista anche la categoria dei *marchi di servizio* tipicamente utilizzati sull'abbigliamento del personale, all'ingresso dei locali o sui mezzi di produzione), si distingue in:

a) *marchio nazionale*, la cui disciplina è contenuta negli artt. 2569-2574 c.c. e negli artt. 7 ss. c.p.i.;

b) *marchio internazionale*, che presuppone una registrazione di marchio nazionale, cui segue una registrazione internazionale presso un apposito ufficio con sede a Ginevra, che è destinata a produrre *distintamente* i suoi effetti presso i Paesi aderenti alle convenzioni internazionali (Convenzione di Parigi e Accordo e Protocollo di Madrid);

c) *marchio dell'Unione Europea*, disciplinato dal Regolamento n. 207/2009, successivamente ricodificato ed ora in vigore nella versione n. 1001/2017 – la cui registrazione presso un apposito ufficio con sede ad Alicante (EUIPO) produce *effetti sovranazionali* necessariamente estesi a tutti i Paesi dell'UE.

Volendo concentrare la nostra attenzione sul primo dei suddetti marchi, giova menzionare che esso può essere *denominativo* (formato da parole), *figurativo* (formato da disegni o, in altri termini, loghi) e *misto* (composto contemporaneamente da parole e disegni). Sono comunque proteggibili segni costituiti da *lettere*, *cifre*, *suoni*, *colori* e *tonalità cromatiche*, oltre che dalla forma del prodotto o dalla sua confezione (si pensi alla bottiglia della Coca Cola). È comunque essenziale che i segni utilizzati come marchio siano *idonei a distinguere* i prodotti e i servizi immessi sul mercato da un'impresa rispetto a quelli di altre imprese e siano altresì atti "ad essere rappresentati nel registro in modo tale da consentire alle autorità competenti ed al pubblico di determinare con chiarezza e precisione l'oggetto della protezione conferita al titolare" (art. 7, comma 1, c.p.i.).

Il marchio può essere apposto dal fabbricante (c.d. *marchio di fabbrica*) o dal commerciante (c.d. *marchio di commercio*): è consentito al rivenditore apporre il proprio marchio sui prodotti messi in vendita, ma non sopprimere quello del produttore o del commerciante da cui provengano i prodotti o le merci (art. 2572; art. 20, comma 3, c.p.i.).

Esistono inoltre segni destinati all'utilizzazione parallela da parte di una pluralità di imprenditori, quali i *marchi collettivi* e *di certificazione* (art. 2570; artt. 11 e 11-bis c.p.i.). Gli uni possono essere registrati da persone giuridiche di diritto pubblico e associazioni di categoria, e sono destinati all'uso da parte di produttori e commercianti che condividano le finalità istituzionali dell'ente; gli altri sono destinati alla registrazione ad opera di "persone fisiche o giuridiche" preposte – in virtù di norme di legge o sulla base della loro autonomia statutaria – a "garantire l'origine, la natura o la qualità di determinati prodotti o servizi" (art. 11-bis c.p.i.). L'uso dei marchi di certificazione richiede, perciò, specifici impegni a rispettare *standard* qualitativi del prodotto o servizio.

La tutela del marchio registrato è subordinata alla presenza di alcuni requisiti, il cui difetto può essere fatto valere dinanzi al giudice quale *causa di nullità* della registrazione, laddove non sia stato rilevato in precedenza nell'ambito del relativo procedimento amministrativo.

Un ruolo centrale riveste il requisito della *capacità distintiva* rispetto agli altri prodotti o servizi dello stesso genere presenti sul mercato: in particolare, sono considerati privi di carattere distintivo i segni "costituiti esclusivamente dalle *denominazioni generiche* di prodotti o servizi o da *indicazioni descrittive* che ad essi si riferiscono" (art. 13, comma 1, c.p.i.). La mancanza di questo requisito può essere tuttavia sanata se prima della proposizione della domanda o dell'eccezione di nullità, il segno che ne costituisce oggetto, per effetto dell'uso che ne è stato fatto, ha acquistato carattere distintivo. Il fenomeno in esame è designato da dottrina e giurisprudenza con l'espressione "*secondary meaning*", che sta ad indicare l'acquisto da parte del segno di un significato *secondario distintivo* accanto al significato *primario descrittivo*. Esso costituisce il frutto dell'investimento pubblicitario dell'impresa che, qualora abbia capacità finanziarie adeguate, può creare da sé le condizioni di tutela del segno distintivo, di là dall'originaria sussistenza del requisito in discorso (art. 13, commi 2 e 3, c.p.i.).

Il marchio deve inoltre rispondere ai requisiti di *liceità* e non decettività, nel senso che non deve avere contenuti vietati dalla legge (non potendo costituire oggetto di registrazione i segni *contrari alla legge, all'ordine pubblico* o *al buon costume*: art. 14, comma 1, lett. *a*), c.p.i.), e non deve essere idoneo a ingannare il pubblico, in particolare sulla provenienza geografica, sulla natura o sulla qualità dei prodotti o servizi (art. 14, comma 1, lett. *b*), c.p.i.).

Infine, il marchio deve possedere il requisito della *novità*, ossia non deve essere confondibile con un marchio altrui precedentemente registrato o usato e nemmeno con segni adottati da altri come ditta, denominazione o ragione sociale, insegna e nome a dominio aziendale (art. 12, comma 1, c.p.i.).

Il diritto all'*uso esclusivo* del marchio si acquista con la sua registrazione presso l'Ufficio Italiano Brevetti e Marchi, e decorre dal giorno successivo alla data di deposito della relativa domanda (art. 15 c.p.i.), a prescindere dall'uso e dalla conoscenza del segno presso il pubblico e con effetti estesi all'intero territorio nazionale. Il titolare della registrazione ha però l'onere di utilizzare il proprio segno entro cinque anni per i prodotti o servizi per i quali è stato registrato, pena la *decadenza* del marchio (art. 24 c.p.i.).

Il marchio registrato ha una *protezione* di durata potenzialmente *perpetua*, ma la registrazione deve essere *rinnovata a scadenze decennali*, con apposita domanda all'UIBM. In mancanza di ciò, il marchio si considera scaduto quando siano decorsi dieci anni dalla registrazione o rinnovo (artt. 15, comma 4 e 16 c.p.i.).

Il titolare del marchio registrato può vietarne l'uso da parte di terzi (art. 20 c.p.i.) attraverso la c.d. *azione di contraffazione* (art. 124 ss. c.p.i.), sempre che possa determinarsi un rischio di confusione in ordine all'impresa cui l'offerta è riferibile.

Ai fini dell'estensione della tutela della registrazione, occorre distinguere fra marchi c.dd. *ordinari* e marchi c.dd. *rinomati o notori*. Con riferimento ai primi si prevede che il titolare del marchio ha il diritto di vietare l'uso di "un segno identico o simile al marchio registrato per prodotti identici o affini, se a causa dell'identità o somiglianza fra i segni e dell'identità o affinità fra i prodotti o servizi, possa determinarsi un rischio di confusione per il pubblico, che può consistere anche in un rischio di associazione fra i due segni" (art. 20, comma 1, lett. *b*), c.p.i.). Per i secondi, invece, è riconosciuto al titolare il diritto di vietare ai terzi l'uso di un segno identico o simile al marchio registrato *senza alcun limite di affinità* del prodotto o servizio, "se l'uso del segno [...] senza giusto motivo consente di trarre *indebitamente vantaggio* dal carattere distintivo o dalla rinomanza del marchio o reca *pregiudizio* agli stessi" (art. 20, comma 1, lett. *c*), c.p.i.).

La disciplina dei segni distintivi riconosce e tutela anche il marchio che non sia stato oggetto di registrazione (c.d. *marchio di fatto*). L'art. 2571 prevede, infatti, che "chi ha fatto uso di un marchio non registrato ha facoltà di continuare a usarne, nonostante la registrazione da altri ottenuta, *nei limiti in cui anteriormente se ne è valso*". Esso rientra inoltre fra "i segni distintivi diversi dal marchio registrato" ai quali il *Codice della proprietà industriale* accorda protezione "ricorrendone i presupposti di legge" (art. 2, comma 4).

Il sistema attuale accoglie il principio di *libera disponibilità* dei diritti sul marchio; sicché quest'ultimo può essere *trasferito* o *concesso in licenza* per la totalità o per una parte dei prodotti o servizi per i quali è stato registrato, "purché in ogni caso dal trasferimento o dalla licenza non derivi inganno in quei caratteri dei prodotti o servizi che sono essenziali nell'apprezzamento del pubblico" (art. 2573, comma 1; art. 23 c.p.i.). *Non è necessario che siano trasferiti* contemporaneamente *l'azienda o un suo ramo*, diversamente da quanto previsto per la *ditta*.

È ammessa anche la licenza *non esclusiva* di marchio, che consente al licenziante di sfruttare il segno in proprio o di accordarsi con altri licenziatari. In questo caso la legge richiede al licenziatario di obbligarsi "espressamente ad usare il marchio per contraddistinguere prodotti o servizi uguali o simili a quelli corrispondenti messi in commercio o prestati nel territorio dello Stato con lo stesso marchio dal titolare o da altri licenziatari" (art. 23, comma 2, c.p.i.). Si vuole evitare così la presenza sul mercato di prodotti recanti lo stesso marchio, ma dotati di caratteristiche qualitative diverse.

5. Le invenzioni industriali.

Secondo la definizione tradizionale, l'invenzione industriale consiste nella "soluzione di un problema tecnico", contrapponendosi così alla scoperta: mentre quest'ultima illustra le relazioni causali di fenomeni chimici o fisici esistenti in natura, l'invenzione applica le leggi naturali per soddisfare bisogni umani attraverso una produzione industriale serializzata. Può trattarsi, fra l'altro, dell'ideazione di una nuova macchina, di un nuovo utensile, di un nuovo dispositivo meccanico, di un nuovo processo di lavorazione industriale, di un dispositivo migliorativo di un prodotto o strumento già applicato, di un nuovo utilizzo di una sostanza già conosciuta (art. 2585, comma 1, c.c.; art. 45, comma 1, c.p.i.).

La definizione sopra riportata riceve conferma, in negativo, dall'elencazione legislativa di ciò che *non* si considera invenzione: ovvero le scoperte, le teorie scientifiche ed i metodi matematici; i piani, i principi ed i metodi per attività puramente intellettuali, per gioco (non è brevettabile il gioco del lotto) o per attività commerciale (non sono brevettabili tecniche di marketing); le presentazioni di informazioni (art. 45, comma 2, c.p.i.); i metodi di trattamento chirurgico o terapeutico del corpo umano o animale ed i metodi di diagnosi applicati al corpo umano o animale (art. 45, comma 4, lett. *a*), c.p.i.); le varietà vegetali e le razze animali ed i procedimenti puramente biologici per l'ottenimento delle stesse (art. 45, comma 4, lett. *b*), c.p.i.).

Sono invece brevettabili le novità vegetali nei limiti di cui agli artt. 100 ss. c.p.i., nonché le invenzioni biotecnologiche (artt. 81-bis-81-octies c.p.i.), con le esclusioni puntualmente previste dall'art. 81-quinquies c.p.i., quali il divieto di brevettazione del corpo umano, di procedimenti di clonazione, di sfruttamento di embrioni, di tecniche di selezione genetica o comunque contrarie alla dignità dell'uomo o all'interesse alla preservazione dell'ambiente.

Come si è accennato in precedenza, la brevettazione (art. 2584 c.c.; art. 2, comma 2, c.p.i.) consente di acquistare il diritto di esclusiva sulle invenzioni industriali, ma – allo stesso tempo – finisce con il renderle di pubblico dominio; il che è funzionale a ulteriori progressi della scienza e della tecnica.

Ai fini della valida brevettazione, un'invenzione deve soddisfare i requisiti:

a) della *novità*, nel senso che deve distaccarsi dal c.d. "stato della tecnica", inteso come "tutto ciò che è stato reso accessibile al pubblico nel territorio dello Stato o all'estero prima della data di deposito della domanda di brevetto" (art. 46 c.p.i.); non può, dunque, essere brevettata l'invenzione che sia stata oggetto di "predivulgazione", la quale non ricorre però nel caso in cui l'invenzione medesima sia stata comunicata nell'ambito di una ristretta cerchia di persone, con vincolo di riservatezza;

b) dell'*originalità*, che ricorre quando l'invenzione "per una persona esperta del ramo [...] non risulta in modo evidente dallo stato della tecnica". Può dunque essere brevettata l'invenzione che presenti rispetto allo stato della tecnica non mere differenze di dettaglio, ma una diversità qualificata dal c.d. "salto inventivo";

c) dell'*industrialità*, che si ha quando l'oggetto dell'invenzione "può essere fabbricato o utilizzato in qualsiasi genere di industria, compresa quella agricola" (art. 49 c.p.i.);

d) della *liceità*, che si ha quando l'attuazione dell'invenzione non "è contraria all'ordine pubblico o al buon costume" (art. 50 c.p.i.).

Il diritto di chiedere il brevetto appartiene all'inventore o, come spesso accade, al suo datore di lavoro. Occorre distinguere fra il c.d. *diritto morale* di essere riconosciuto autore dell'invenzione, che prescinde addirittura dal rilascio del brevetto (art. 62 c.p.i.), e i c.d. *diritti patrimoniali*, cioè il diritto allo sfruttamento economico in esclusiva del prodotto o del procedimento (art. 63, comma 1, c.p.i.).

Il diritto morale fa necessariamente capo all'inventore e, dopo la sua morte, può essere fatto valere dal coniuge e dai discendenti fino al secondo grado; i diritti patrimoniali sono invece *alienabili* e *trasmissibili*.

Nell'ipotesi assai frequente in cui l'invenzione industriale sia stata realizzata dai *dipendenti di un imprenditore*, spetta all'inventore, oltre al predetto diritto morale di essere riconosciuto autore dell'invenzione, il diritto ad un "*equo premio*" (commisurato all'importanza dell'invenzione, alle mansioni svolte e alla retribuzione percepita dall'inventore, al contributo che questi ha ricevuto dall'organizzazione aziendale), qualora il contratto non preveda una specifica retribuzione per l'attività inventiva (c.d. *invenzione d'azienda*) e il datore di lavoro ottenga il brevetto o utilizzi l'invenzione in regime di segretezza industriale (art. 64, comma 2, c.p.i.). Qualora, invece, l'attività inventiva sia prevista come oggetto del contratto o del rapporto di lavoro e, come tale, sia specificamente retribuita (c.d. *invenzione di servizio*), l'invenzione appartiene al datore di lavoro e al lavoratore nulla compete in aggiunta alla sua normale retribuzione (art. 64, comma 1, c.p.i.). Una disciplina ancora diversa è prevista per l'ipotesi in cui l'invenzione rientri nel campo di attività del datore di lavoro, ma sia del tutto indipendente dal rapporto di lavoro (c.d. *invenzione occasionale*). In tal caso i diritti patrimoniali relativi all'invenzione spettano al lavoratore, ma il datore di lavoro ha il diritto di opzione per l'uso dell'invenzione a fronte del pagamento di un corrispettivo a favore dell'inventore (art. 64, comma 3).

È prevista una disciplina sostanzialmente analoga per i diritti di utilizzazione patrimoniale dell'invenzione realizzata nell'esecuzione di un rapporto di lavoro autonomo (art. 4, l. 22 maggio 2017, n. 81).

La domanda di brevetto può concernere una sola invenzione per volta, deve essere specifica, contenere una sua descrizione (eventualmente integrata con disegni) e concludersi con una o più *rivendicazioni* indicanti ciò che si intende debba formare oggetto del brevetto (art. 52 c.p.i.). Le rivendicazioni sintetizzano l'oggetto dell'invenzione e ne circoscrivono l'ambito di protezione.

L'importanza delle rivendicazioni è connessa alla circostanza che il brevetto viene chiesto non solo per la struttura del prodotto, ma anche per la sua funzione. Il punto si coglie con chiarezza con riferimento al settore chimico e, in misura ancora maggiore, a quello biotecnologico. Deve considerarsi che è ammessa la brevettazione di qualsiasi *sostanza chimica*, a prescindere da considerazioni relative alla sua esistenza allo stato naturale, purché nella rivendicazione siano indicate le sue singole applicazioni pratiche. Si spiega in questa prospettiva perché un *elemento isolato del corpo umano* sia brevettabile solo a condizione che la sua funzione e applicazione industriale sia concretamente indicata, descritta e rivendicata (cfr. art. 81-quater, comma 1, lett. *d*), c.p.i.). E così pure è riconosciuta la brevettabilità di "*una semplice sequenza di DNA*", purché ne venga fornita l'indicazione, la descrizione e la rivendicazione di una funzione utile (cfr., a contrario, art. 81-quinquies, comma 1, lett. *c*), c.p.i.). Non è dunque possibile brevettare una sequenza di DNA umano per qualsiasi potenziale utilizzo.

Alla concessione del brevetto consegue a favore del suo titolare un *diritto di sfruttamento esclusivo* per la durata di venti anni, non rinnovabili, dalla data del deposito della domanda (art. 60 c.p.i.).

Il diritto di brevetto può essere fatto valere non solo in caso di sfruttamento di prodotti o procedimenti del tutto *identici* a quelli rivendicati nella domanda, ma anche qualora siano apportate modifiche ad alcuni elementi dell'invenzione che, per una persona esperta del ramo, non alterano in modo sostanziale il contenuto delle rivendicazioni (c.d. *contraffazione per equivalenti*).

Nel caso poi di c.d. *invenzioni di procedimento*, il diritto esclusivo si estende al commercio e all'uso di prodotti identici a quelli realizzati con il procedimento brevettato, ma non a prodotti identici realizzati con altri metodi (art. 66, comma 2, lett. *b*), c.p.i.).

Fatta eccezione per il diritto morale, il brevetto è *liberamente trasferibile*, con o senza l'azienda, sia *inter vivos* sia *mortis causa*; può essere altresì oggetto di *licenza d'uso*, mediante la quale si conferisce a un terzo, anche con *clausola di esclusiva*, il diritto di utilizzare l'invenzione, di regola a fronte del pagamento di un corrispettivo da calcolarsi secondo gli accordi intervenuti fra le parti (ad esempio, in proporzione al volume d'affari del licenziatario: c.d. *royalties*). In taluni casi la licenza d'uso senza esclusiva è prevista come *obbligatoria* dalla legge. È ciò che accade: *a*) quando siano trascorsi *tre anni* dalla data di rilascio del brevetto senza che l'invenzione sia stata attuata in proporzione ai bisogni del paese (cfr. art. 69 c.p.i.) ovvero la relativa attuazione sia stata sospesa per un periodo triennale (art. 70 c.p.i.); *b*) nel caso di *brevetto dipendente*, quando la licenza è necessaria per una nuova invenzione che rappresenti un progresso tecnico di considerevole rilevanza economica (art. 71 c.p.i.). La licenza obbligatoria è concessa dietro pagamento di un "equo compenso" determinato con decreto del Ministero dello sviluppo economico. La stessa non può essere concessa a chi abbia contraffatto il brevetto, salvo che dimostri la sua buona fede (art. 72 c.p.i.).

Il brevetto si estingue per dichiarazione di *nullità* da parte dell'autorità giudiziaria la quale abbia accertato – su iniziativa di qualsivoglia interessato (di solito, imprenditori concorrenti interessati al libero sfruttamento dell'invenzione) – l'*assenza dei requisiti di brevettabilità* (art. 76, comma 1, lett. *a*), c.p.i.), oppure l'avvenuta concessione del brevetto *al non avente diritto*, vale a dire a un soggetto diverso dall'inventore o dai suoi aventi causa, a meno che questi ultimi abbiano esercitato l'azione di rivendica prevista dall'art. 118 c.p.i. (art. 76, comma 1, lett. *d*), c.p.i.).

Sono altresì disciplinate ipotesi di *decadenza* derivanti dal *mancato pagamento delle tasse brevettuali* (art. 75 c.p.i.) e dalla *mancata o insufficiente attuazione dell'invenzione* (da parte del titolare o dei licenziatari volontari o obbligatori) nei due anni successivi al rilascio della prima licenza obbligatoria (art. 70, comma 4, c.p.i.).

I brevetti per invenzione sono assoggettati al *principio di territorialità* e sono perciò efficaci solo nello stato dell'ufficio che li ha concessi. L'estensione della protezione a diversi paesi richiederebbe in principio l'avvio di paralleli procedimenti di brevettazione secondo la legislazione dei singoli Stati. Diverse convenzioni internazionali agevolano tale estensione. In questo ambito si segnala la *Convenzione sul Brevetto europeo* (CBE) che ha istituito un'Organizzazione europea dei brevetti, estranea peraltro all'ordinamento UE e alla quale aderiscono anche paesi terzi. Al suo interno vi è un *Ufficio europeo dei brevetti* (UEB), con sede a Monaco, competente a concedere un brevetto che non ha carattere unitario, ma si fraziona in brevetti nazionali (c.d. *fascio di brevetti*), ciascuno dei quali sottoposto alla singola legislazione nazionale. Ogni frazione nazionale del brevetto europeo può essere autonomamente ceduta dal titolare ed è assoggettata ad autonome azioni di nullità: sicché può essere dichiarata nulla con effetti su un territorio, conservando validità negli altri Stati.

L'imprenditore non è obbligato a richiedere il brevetto. Se intende sfruttare in esclusiva la propria invenzione evitando che cada in pubblico dominio decorsi i vent'anni della tutela brevettuale, deve mantenerla segreta (si pensi al caso della ricetta della Coca Cola).

Rinunzia, dunque, a una tutela di diritto, ma limitata nel tempo, decidendo di affidarsi a una tutela potenzialmente perpetua, la quale deriva però dalle sole norme generali in materia di concorrenza sleale.

Ferma, peraltro, l'applicabilità della disciplina appena richiamata, una tutela ulteriore consiste nel *diritto di vietare* a terzi di acquisire, divulgare o utilizzare in modo abusivo (art. 99 c.p.i.) le *informazioni aziendali* e le esperienze tecnico-industriali, comprese quelle commerciali, soggette al legittimo controllo del loro detentore, a condizione che: a) siano *segrete*, ovvero non generalmente note o facilmente accessibili agli esperti e agli operatori del settore; b) abbiano valore economico in quanto segrete; c) siano sottoposte a misure ragionevolmente adeguate a mantenerle segrete (art. 98 c.p.i.). La stessa protezione è estesa ai dati relativi a prove o altri dati segreti, la cui elaborazione comporti un considerevole impegno e alla cui presentazione sia subordinata l'autorizzazione dell'immissione in commercio di prodotti chimici, farmaceutici o agricoli implicanti l'uso di nuove sostanze chimiche (art. 98, comma 2, c.p.i.). Il divieto in esame non opera nel caso in cui le informazioni siano state acquisite dal terzo in modo indipendente.

Una tutela basata sul diritto di utilizzazione *in esclusiva* è riservata dalla legge anche ai *modelli di utilità*, definiti come quelli "atti a conferire particolare efficacia o comodità di applicazione o di impiego a macchine, o parti di esse, strumenti, utensili o oggetti di uso in genere" (art. 82 c.p.i.). Essi, quando abbiano il requisito della *novità* e *originalità*, possono essere brevettati con gli stessi effetti del brevetto delle invenzioni industriali, ma per una durata di *dieci anni* dalla data di presentazione della domanda di brevettazione (art. 85 c.p.i.). La distinzione fra invenzioni e modelli non è agevole: di sicuro, questi ultimi sono circoscritti all'ambito della meccanica, mentre non possono aversi nel settore della chimica o della biotecnologia.

I modelli di utilità coprono la valenza tecnica del design e si contrappongono, sotto questo aspetto, ai *modelli* o *disegni industriali* che sono destinati, invece, a qualificare l'*estetica* di un determinato bene. Sono definite come tali le nuove ideazioni in grado di caratterizzare "l'aspetto dell'intero prodotto o di una sua parte quale risulta, in particolare, dalle caratteristiche delle linee, dei contorni, dei colori, della forma, della struttura superficiale ovvero dei materiali del prodotto stesso ovvero del suo ornamento" (art. 31 c.p.i.).

La tutela dei disegni o modelli si fonda sulla loro *registrazione*, che può avvenire, oltre che in sede *nazionale* davanti all'Ufficio italiano marchi e brevetti, anche in sede *europea* in base al Regolamento CE n. 6/2002 sui disegni e modelli comunitari (RDMC) davanti all'EUIPO, vale a dire lo stesso ufficio competente per la registrazione dei marchi UE, con effetti costitutivi di un diritto unitario, azionabile in tutto il territorio dell'Unione. La protezione derivante dalla disciplina nazionale ed europea ha una durata *quinquennale*, ma può essere *prorogata* per periodi di cinque anni, fino ad un massimo di *venticinque anni* (art. 37 c.p.i. e art. 12 RDMC). L'ordinamento europeo ammette la protezione dei disegni e modelli *non registrati* per il più limitato periodo di *tre anni* (art. 11 RDMC).

I disegni e i modelli devono soddisfare il requisito della *novità*, avere *carattere individuale* ed essere *leciti*: ciò significa che devono differenziarsi dai modelli o disegni già divulgati (art. 32 c.p.i. e art. 5 RDMC); devono suscitare nell'utilizzatore informato un'impressione generale differente da quella ispirata da qualsiasi disegno o modello precedentemente diffuso (art. 33 c.p.i. e art. 6 RDMC); non devono essere contrari all'ordine pubblico o al buon costume (art. 33-bis c.p.i. e art. 9 RDMC).

Anche la validità della registrazione del disegno o modello (soprattutto per mancanza dei primi due requisiti sopra enunciati) può essere contestata mediante l'esercizio dell'azione di *nullità*, che segue regole corrispondenti a quelle dei marchi europeo e nazionale.

CAPITOLO VI

LA COOPERAZIONE FRA IMPRESE

1. I consorzi.

La libera concorrenza può essere influenzata anche dalla presenza sul mercato di forme di cooperazione e integrazione tra imprese: le prime trovano la loro fonte in accordi contrattuali, con i quali gli imprenditori mantengono tendenzialmente ciascuno la propria autonomia giuridica ed economica; le seconde, invece, si caratterizzano per l'esistenza di legami partecipativi nella proprietà dell'impresa, con la conseguente formazione di un'unica entità economica: si pensi, ad esempio, al gruppo di imprese (su cui cfr. Capitolo VII, § 11, *infra*).

Nell'ambito delle forme di cooperazione possono distinguersi alcune strutturate, come i consorzi o le società consortili, e altre potenzialmente flessibili, come i contratti di rete o le associazioni temporanee di imprese.

Il *consorzio* è un contratto con il quale più imprenditori istituiscono una *organizzazione comune per la disciplina o per lo svolgimento* di determinate fasi delle rispettive imprese (art. 2602).

L'obiettivo degli imprenditori consorziati è quello di ottenere un *vantaggio economico diretto* nella propria attività (c.d. *mutualità consortile*), che normalmente consiste nel risparmio di spesa o nel maggior ricavo, realizzati grazie ad una razionalizzazione del proprio ciclo economico dovuta alla partecipazione alla suddetta organizzazione comune: potrà trattarsi, ad esempio, della gestione in comune degli acquisti di materie prime o della distribuzione dei propri prodotti, dell'erogazione di servizi quali la selezione e gestione del personale, dei dati e dei servizi informatici, nonché dello svolgimento di attività di ricerca e sviluppo a favore delle imprese aderenti.

La portata della definizione legislativa non esclude la possibilità che mediante tale figura si persegua l'interesse a regolare il rapporto concorrenziale fra più imprese e possa realizzarsi, in particolare, una limitazione del dinamismo competitivo nel mercato di riferimento. In quest'ipotesi, troverà applicazione la disciplina recata dalla l. n. 287/1990 e, segnatamente, quella dettata dall'art. 2 della medesima legge per le intese restrittive della concorrenza.

Il codice civile detta, accanto a una serie di *disposizioni generali* intese a disciplinare la costituzione del consorzio e i rapporti fra quest'ultimo e gli imprenditori consorziati (artt. 2602-2611), talune *regole specifiche* applicabili ai *consorzi con attività esterna* contenute negli artt. 2612-2615-bis, e dettate in ragione della loro destinazione ad entrare in rapporto con i terzi.

Tutti i consorzi sono costituiti mediante un *contratto tra imprenditori* (come richiesto dall'art. 2602, comma 1), che deve essere stipulato *per iscritto* a pena di nullità (art. 2603, comma 1) e contenere una serie di indicazioni, delle quali, però, soltanto alcune sono considerate essenziali dal legislatore: è il caso dell'oggetto e degli obblighi assunti dai consorziati (ad esempio, non comprare o non vendere se non per il tramite del consorzio) e dei contributi da essi dovuti, costituiti di regola da versamenti iniziali e periodici.

In mancanza di una diversa determinazione, la *durata* del consorzio è pari a dieci anni (art. 2604).

Le *modificazioni* del contratto di consorzio devono essere fatte per iscritto a pena di nullità e decise *all'unanimità*, se non è convenuto diversamente (art. 2607).

Come visto, caratteristica fondamentale del consorzio è la presenza di un'organizzazione comune per il compimento di tutti gli atti necessari per l'esecuzione del programma consortile, la cui disciplina è lasciata in larga misura all'autonomia dei privati. Il modello legale prevede la presenza di un *organo deliberativo*, retto dal principio maggioritario, e di un *organo esecutivo*, composto dai soggetti preposti alla direzione del consorzio, i quali rispondono verso i consorziati secondo le regole del mandato. L'art. 2606, comma 1, prevede che, salvo diversa disposizione, le delibere consortili sono adottate col voto favorevole della maggioranza dei consorziati.

Il *recesso* e l'*esclusione*, cui consegue il peculiare effetto dell'accrescimento della quota degli altri consorziati, sono possibili nei casi indicati nel contratto, cui va aggiunta la perdita della qualità d'imprenditore, che è elemento costitutivo della partecipazione consortile (art. 2609).

Lo *scioglimento* del contratto di consorzio avviene per il decorso del termine di durata, per il conseguimento dell'oggetto o la sopravvenuta impossibilità di conseguirlo, oppure in seguito ad una decisione unanime dei consorziati o ad una loro delibera maggioritaria se sussiste una giusta causa, nonché per le altre cause previste dal contratto (art. 2611).

Come sopra anticipato, la legge distingue tra *consorzi con attività interna* e *consorzi con attività esterna*: i primi si limitano alla regolazione dei reciproci rapporti intercorrenti tra i consorziati, senza entrare in contatto con soggetti terzi, e sono sottoposti unicamente alle disposizioni generali sopra richiamate; i secondi sono oggetto di uno specifico regime (applicabile in aggiunta a quello generale) concernente i profili della pubblicità, della contabilità e della responsabilità patrimoniale.

I consorzi con attività esterna assumono la qualifica di *imprenditori commerciali* (salvo che si tratti di consorzi tra imprenditori agricoli, nel qual caso si estende al consorzio la qualità di imprenditore agricolo), in quanto esercitano un'attività ausiliaria ai sensi dell'art. 2195, comma 1, n. 5. Sono perciò esposti al fallimento (e in futuro alla liquidazione giudiziale *ex* art. 259 del Codice della crisi).

I consorzi in discorso acquistano *soggettività giuridica* attraverso l'iscrizione di un *estratto* del contratto costitutivo nella sezione ordinaria del registro delle imprese tenuto nel luogo dove il consorzio ha la propria sede (art. 2612).

Caratteristica fondamentale dei consorzi con attività esterna è il fatto che essi godono di un regime di *autonomia patrimoniale*: i contributi dei consorziati e i beni con essi acquistati concorrono a costituire un patrimonio autonomo denominato *fondo consortile*. Quest'ultimo, per l'intera durata del consorzio, non è suscettibile di divisione su richiesta dei consorziati né può essere sottoposto ad escussione da parte dei creditori particolari degli stessi (art. 2614).

Chiaro corollario dell'autonomia patrimoniale è il particolare regime operante in tema di *responsabilità verso i terzi* per le obbligazioni assunte dal consorzio. Ai sensi dell'art. 2615, comma 1, per le obbligazioni assunte in nome e per conto del consorzio, i creditori possono rivalersi esclusivamente sul fondo consortile. Qualora, invece, l'obbligazione sia stata assunta dagli organi del consorzio *per conto del singolo consorziato* (per esempio, acquistando nel suo interesse materie prime), quest'ultimo sarà responsabile solidalmente e illimitatamente col fondo consortile. Si tratta in questo caso di operazioni giuridicamente imputabili solo al singolo consorziato, cui si aggiunge la responsabilità *sussidiaria*, a titolo di mera garanzia, del fondo consortile (art. 2615, comma 2). Poiché le operazioni medesime esulano dallo svolgimento dell'attività propria del consorzio, la responsabilità dei consorziati non costituisce perciò una deroga al regime di autonomia patrimoniale, bensì alla regola dell'art. 1705 in tema di mandato senza rappresentanza.

Infine, ai sensi dell'art. 2615-bis, le persone che hanno la direzione del consorzio devono redigere una *situazione patrimoniale* entro due mesi dalla chiusura dell'esercizio (nel rispetto delle norme sul bilancio di esercizio previste per le società per azioni) e provvedere alla relativa pubblicità mediante deposito presso l'ufficio del registro delle imprese.

Lo scopo tipico del contratto di consorzio, volto alla riduzione dei costi ovvero all'incremento dei ricavi, può costituire anche l'oggetto sociale di una *società consortile*, prevista dall'art. 2615-ter, che può assumere qualsiasi forma organizzativa societaria (come dimostrato dall'art. 2538, comma 4), ad eccezione di quella della società semplice.

In merito a tale figura le principali problematiche si appuntano sulla disciplina applicabile. Secondo un primo orientamento, infatti, dovrebbero trovare spazio esclusivamente le norme stabilite per il tipo societario prescelto; secondo un'altra impostazione, dovrebbe applicarsi, invece, una disciplina mista, trattandosi di una figura solo formalmente societaria, ma sostanzialmente di natura consortile.

2. Il contratto di rete.

Il contratto di rete rappresenta un'altra forma di cooperazione tra imprenditori, i quali perseguono lo scopo di incrementare la propria capacità innovativa e competitività sul mercato obbligandosi, sulla base di un programma comune di rete, alla collaborazione con altri imprenditori, ovvero allo scambio d'informazioni ovvero, ancora, all'esercizio in comune di un'attività economica organizzata (art. 3, comma 4-ter, d.l. n. 5/2009).

Il contratto deve contenere una serie di indicazioni, tra cui spiccano quella degli *obiettivi strategici di innovazione e di innalzamento della capacità competitiva dei partecipanti* e delle modalità fra essi concordate per verificare l'avanzamento verso tali obiettivi; nonché il *programma di rete*, contenente l'enunciazione dei diritti e degli obblighi assunti da ciascun partecipante, le modalità di realizzazione dello scopo comune e, qualora sia prevista la costituzione di un fondo patrimoniale comune, la misura e i criteri di valutazione dei conferimenti iniziali e degli eventuali contributi che ciascun partecipante si obbliga a versare successivamente al fondo e, infine, le regole di gestione del medesimo.

Giova precisare, infatti, che la rete – sebbene nasca come strumento meramente contrattuale per incrementare la competitività delle imprese sul mercato – può assumere diverse fisionomie e prevedere – ma non è obbligatorio che ciò accada – la costituzione di un patrimonio comune e di un organo comune.

Qualora siano presenti tali elementi e siano rispettate precise prescrizioni di forma e di pubblicità, le parti possono decidere di costituire un *autonomo soggetto giuridico*, definito come "*rete soggetto*".

A tali fini, l'accordo deve essere redatto per atto pubblico o scrittura privata autenticata (ovvero per atto firmato digitalmente da ciascun imprenditore o legale rappresentante delle imprese aderenti in base ad un modello standard tipizzato in conformità al d.m. n. 122/2014), da iscrivere presso la sezione ordinaria del registro delle imprese nella cui circoscrizione è stabilita la sede della rete (art. 3, comma 4-quater, d.l. n. 5/2009).

Qualora vi sia un patrimonio comune alimentato mediante i contributi dei partecipanti si applicherà, in quanto compatibile, la disciplina dei consorzi con attività esterna (artt. 2614-2615).

Per le "*reti soggetto*", entro due mesi dalla chiusura dell'esercizio annuale, l'organo comune redige una *situazione patrimoniale* osservando, in quanto compatibili, le disposizioni relative al bilancio di esercizio della società per azioni, e la deposita presso l'ufficio del registro delle imprese nella cui circoscrizione ha sede la rete.

3. Il gruppo europeo di interesse economico.

Un'evidente affinità sul piano funzionale con la figura dei consorzi presenta il *gruppo europeo di interesse economico* (GEIE), istituto di origine comunitaria nato per favorire la cooperazione tra soggetti operanti su scala europea. Le fonti della sua disciplina sono, a livello europeo, il Regolamento CEE n. 2137/1985 e, a livello di diritto interno, il d.lgs. n. 240/1991, applicabile ai gruppi europei di interesse economico aventi sede nel territorio italiano.

Il GEIE si caratterizza, sul piano della fattispecie, per essere un modello organizzativo di cui possono far parte non solo gli imprenditori (a differenza di quanto stabilito per il consorzio e il contratto di rete), ma, più in generale, operatori economici (ivi compresi i liberi professionisti) appartenenti ad almeno due diversi Stati membri dell'Unione Europea (art. 4, Reg. n. 2137/1985); e in ciò risiede l'elemento di internazionalità euro-unitaria proprio del GEIE.

Non diversamente dal consorzio, il *gruppo europeo di interesse economico* svolge una funzione ausiliaria rispetto all'attività economica degli aderenti e non ha scopo di lucro (art. 3, Reg. n. 2137/1985).

Il contratto costitutivo è sottoposto all'obbligo della forma scritta a pena di nullità (art. 2, Reg. n. 2137/1985 e art. 2, d.lgs. n. 240/1991) e deve indicare denominazione, sede, oggetto, nome dei membri e durata (che, a differenza di quanto disposto per il consorzio, può anche essere indeterminata).

Il contratto va iscritto nel registro delle imprese con efficacia costitutiva, come si evince dall'art. 1, comma 2, Reg. n. 2137/1985 a mente del quale, attuata la predetta iscrizione, il GEIE acquista la qualità di *autonomo soggetto di diritto*, essendo capace di *essere titolare di diritti e di obbligazioni di qualsiasi natura, di stipulare contratti o di compiere altri atti giuridici e di stare in giudizio*. Il contratto deve essere poi pubblicato nella Gazzetta Ufficiale della Repubblica italiana, con efficacia meramente dichiarativa (art. 4, d.lgs. n. 240/1991).

Pur essendo rimessa all'autonomia dei partecipanti, l'organizzazione interna del GEIE deve prevedere almeno due organi, l'uno con funzioni deliberative e l'altro investito delle funzioni di gestione e di rappresentanza.

L'organo assembleare, composto da tutti i partecipanti, assume le deliberazioni funzionali alla realizzazione dell'oggetto del GEIE (art. 16, Reg. n. 2137/1985) e decide a maggioranza calcolata per teste, salvi taluni casi in cui è richiesta l'unanimità, quali la proroga della durata del gruppo, la modifica del contratto (art. 17, comma 2, Reg. n. 2137/1985), nonché la cessione delle partecipazioni (art. 22, comma 1, Reg. n. 2137/1985).

L'organo amministrativo – di cui possono far parte anche persone giuridiche – è competente per la gestione del GEIE, in conformità a quanto indicato del contratto: la rappresentanza del gruppo, nel silenzio del contratto, spetta disgiuntamente a ciascun amministratore (art. 20, comma 1, Reg. n. 2137/1985).

Il GEIE deve tenere le scritture contabili e redigere il bilancio annuale, che deve essere approvato dall'organo assembleare entro quattro mesi dalla chiusura dell'esercizio (art. 7, d.lgs. n. 240/1991). Non avendo scopo di lucro i profitti eventualmente conseguiti dal GEIE spettano immediatamente ai partecipanti secondo i criteri stabiliti nel contratto; quest'ultimo prevede altresì in quale proporzione i partecipanti possono essere chiamati a coprire le eventuali perdite. In mancanza di previsioni contrattuali, i profitti e le perdite si ripartiscono in parti uguali (art. 21, Reg. n. 2137/1985).

La disciplina del GEIE non richiede la costituzione di un fondo patrimoniale comune, poiché – a differenza dei consorzi – tutti i membri del gruppo rispondono solidalmente e illimitatamente per le sue obbligazioni (art. 24, comma 1, Reg. n. 2137/1985 e art. 9, d.lgs. n. 240/1991).

Qualora, però, sia stato costituito un fondo comune, i creditori potranno agire nei confronti del singolo membro solo dopo aver chiesto il pagamento al gruppo e qualora lo stesso non sia effettuato entro un congruo termine (art. 24, comma 2, Reg. n. 2137/1985). È evidente come una disciplina così costruita renda il GEIE meno attrattivo non soltanto rispetto al consorzio, ma anche ai tipi di società di persone come quella in nome collettivo. Infatti, i membri del gruppo sono sottoposti ad un regime di responsabilità sussidiaria, che diviene operativa a seguito dell'esercizio di un onere di preventiva richiesta al gruppo e non di preventiva escussione dello stesso, come avviene nel caso della s.n.c. (quantomeno regolare).

4. Le associazioni temporanee di imprese.

La figura dell'associazione temporanea d'impresa (a.t.i.) nasce essenzialmente per far fronte ad esigenze contingenti che gli imprenditori non potrebbero soddisfare mediante la costituzione di un consorzio o di una società, essendo queste ultime forme di cooperazione dotate di un certo grado di stabilità e necessitanti di una serie di costi preventivi di notevole entità.

In occasione della partecipazione a gare per l'assegnazione di *appalti di opere pubbliche*, infatti, più imprese che non vogliono operare in regime di concorrenza o che, *uti singuli*, non avrebbero i requisiti tecnici o finanziari per partecipare al bando, possono trovare conveniente accordarsi unendo temporaneamente le proprie forze e presentando un'offerta comune, con successiva assegnazione fra esse delle singole attività relative all'esecuzione dell'opera, in caso di aggiudicazione, ed eventualmente con lo svolgimento in comune di parte della stessa. Una situazione di questo tipo garantisce maggiore soddisfazione anche alla stazione appaltante, rassicurandola sull'affidabilità dell'appaltatore, in specie nell'ipotesi in cui l'opera sia caratterizzata da un elevato grado di difficoltà.

Le esigenze così delineate hanno dato luogo alla nascita del fenomeno delle associazioni temporanee di imprese (in inglese meglio note come *joint ventures*), oggi disciplinate nei loro tratti fondamentali dal nuovo Codice dei Contratti Pubblici (d.lgs. n. 50/2016).

Si tratta di accordi aventi ad oggetto una *cooperazione contingente e occasionale* (circoscritta, quindi, ad uno specifico affare e temporalmente limitata) che non determinano di per sé la nascita di una nuova organizzazione né di una nuova impresa, ma regolano semplicemente diritti e obblighi dei partecipanti all'affare stesso. La peculiarità sta, quindi, nel fatto che l'esecuzione del contratto è effettuata congiuntamente, ma ogni impresa interna all'a.t.i. mantiene la propria autonomia operativa.

Alla presentazione dell'offerta al committente provvede l'impresa capogruppo o capofila, cui le altre partecipanti abbiano conferito – con unico atto, risultante da scrittura privata autenticata – un *mandato collettivo speciale, in rem propriam*, con rappresentanza (anche processuale), gratuito e irrevocabile (art. 48, commi 12, 13 e 15, d.lgs. n. 50/2016).

In caso di sottoposizione a procedura concorsuale della mandataria, il committente può proseguire il rapporto di appalto con le altre imprese del raggruppamento dopo che sia stata nominata una nuova capogruppo (che abbia i requisiti per svolgere tale ruolo), ovvero, laddove non ne sussistano le condizioni, può recedere dal contratto (art. 48, comma 17, d.lgs. n. 50/2016).

Qualora, invece, alla procedura sia assoggettata una delle imprese mandanti, la capogruppo potrà decidere se sostituirla con altro operatore economico che sia idoneo allo svolgimento dell'opera ovvero se eseguirla personalmente (art. 48, comma 18, d.lgs. n. 50/2016).

Ad una maggiore tutela del committente è ispirata la disciplina della *responsabilità dell'appaltatore*, che si distingue a seconda che si tratti di *raggruppamento di tipo orizzontale*, in cui l'appalto non è scorporabile, e *raggruppamenti di tipo verticale*, in cui l'appalto è scorporabile.

Nella prima ipotesi, la distribuzione del lavoro tra i vari operatori non assume alcuna rilevanza per il committente nei cui confronti vi è responsabilità solidale di tutte le partecipanti all'a.t.i. Nel secondo caso, viceversa, le mandanti risultano responsabili verso la stazione appaltante per le porzioni d'opera di loro specifica competenza, ferma restando la solidarietà in capo alla mandataria (art. 48, comma 5, d.lgs. n. 50/2016).

CAPITOLO VII
LE SOCIETÀ

SOMMARIO: 1. La nozione giuridica di società. – 2. Elementi costitutivi del contratto di società: i conferimenti. – 3. *Segue*. L'esercizio in comune di attività economica. – 4. *Segue*. La divisione degli utili. – 5. Società di fatto, occulta, apparente. – 6. I tipi di società. – 7. Personalità giuridica e autonomia patrimoniale. – 8. Società di persone. – 9. Società di capitali: costituzione e finanziamento. – 10. *Segue*. Società di capitali: la struttura organizzativa. – 11. L'attività di direzione e coordinamento di società.

1. La nozione giuridica di società.

Il sistema del codice civile inserisce la società nel contesto della più ampia fenomenologia imprenditoriale; anzi, essa ne rappresenta la manifestazione dotata di più significativa rilevanza economica.

La prospettiva dell'impresa si rivela decisiva per la comprensione del diritto societario soprattutto in un ordinamento come il nostro che, diversamente da quelli ad esso storicamente vicini, ha incentrato la società sulla dimensione dell'esercizio in comune di un'attività economica, anziché solo su quello della rilevanza contrattuale dello "scopo comune" (Angelici).

Ne è conseguito il superamento, attraverso l'unificazione legislativa del diritto delle obbligazioni, della base su cui s'imperniava la contrapposizione fra la *società civile* (contratto consensuale ad effetti obbligatori) e le *società di commercio*: solo queste ultime, a differenza della prima, avevano acquisito nella storia la condizione di *enti*, ossia di figure soggettive idonee a produrre atti ed a ricevere l'imputazione di diritti e obblighi. Tutte le società, anche se preordinate allo svolgimento di un'attività non commerciale (attività agricola, libera professione), si presentano quali "enti distinti dalle persone dei soci" (Spada).

La società è un modello organizzativo dell'esercizio dell'impresa in grado di imprimere un vincolo di destinazione giuridicamente rilevante ai beni destinati allo svolgimento dell'attività e di modificare le regole in tema di responsabilità patrimoniale fissate in via generale negli artt. 2740, comma 1, e 2741, comma 2, le quali sono destinate, invece, a trovare applicazione nel campo dell'impresa individuale. Qualora l'attività d'impresa sia imputata ad un'unica persona fisica, la distinzione fra *creditori imprenditoriali* (cioè creditori il cui titolo nasce da atti del debitore inerenti all'esercizio dell'impresa) e *creditori extra-imprenditoriali* (cioè creditori il cui titolo deriva da atti dell'imprenditore estranei all'attività d'impresa) *non* è, in linea di principio, giuridicamente rilevante. I creditori dell'impresa possono far valere la responsabilità del debitore aggredendo *indifferentemente* sia l'azienda sia gli altri beni dell'imprenditore; lo stesso è a dirsi per i creditori extra-imprenditoriali (Marasà).

Rispetto all'impostazione tradizionalmente seguita nella manualistica secondo cui la società è una figura soggettiva di esercizio dell'impresa, si pone in evidenza l'importanza dell'organizzazione di persone e di beni per il raggiungimento di uno scopo produttivo, che, anche quando non acquista la personalità giuridica, assume comunque una sua autonomia rispetto alle persone dei soci che l'hanno creata e ai loro patrimoni (Ferri *sr.*). D'altro canto, la dimensione dell'*organizzazione sociale* e il momento della *gestione dell'impresa* sono ora specificamente considerati dal legislatore già in sede di disciplina generale e con riferimento a tutti i tipi di società. Per tutti i tipi societari è richiamato il dovere di istituire un assetto organizzativo, amministrativo e contabile adeguato alla natura e alle dimensioni dell'impresa (art. 2086, comma 2); e per ciascun tipo viene dettata la regola della competenza esclusiva degli amministratori alla gestione dell'impresa (artt. 2257, 2380-bis, 2409-novies e 2475, come modificati dal Codice della crisi d'impresa e dell'insolvenza).

La nozione giuridica di società consta della presenza di due elementi: l'elemento *negoziale* e quello *organizzativo*. Sotto il primo profilo detta nozione è necessariamente unitaria, mentre sotto l'aspetto organizzativo essa varia in ragione della pluralità di *tipi* – ovvero di *codici organizzativi* – utilizzabili per lo svolgimento del programma societario (in questo Capitolo, § 6, *infra*).

Esaminando il fenomeno da un altro angolo di visuale, la distinzione fra i due elementi, negoziale e organizzativo, aiuta a comprendere perché quest'ultimo rimane sostanzialmente immutato pure a fronte dell'eventuale diverso atteggiarsi del primo, come avviene nell'ipotesi, circoscritta alle società di capitali, di società costituite mediante *atto unilaterale*, nonché in quella delle società costituite per legge o, sulla base di disposizioni legislative, mediante un provvedimento amministrativo.

Nella legislazione più recente, si consente la nascita di un ente denominato società e si prevede l'applicazione della disciplina dei tipi della società per azioni e della società a responsabilità limitata anche quando *l'iniziativa non è comune ma individuale*.

La fenomenologia delle società "unipersonali" (artt. 2325, comma 2, e 2462, comma 2) risponde all'interesse del soggetto a separare una porzione del suo patrimonio destinato ad un'attività produttiva dal residuo, a fronte dell'interesse contrario dei suoi creditori ad espropriare tutto il suo patrimonio se non pagati; ma soddisfa, nello stesso tempo, l'interesse dei finanziatori a valutare se concedere credito ad un'iniziativa senza doversi fare carico di valutare e stimare tutto ciò che di altro fa o farà chi ha adottato l'iniziativa medesima. Ed infatti, date certe condizioni, la garanzia per le obbligazioni sociali è limitata al patrimonio della società stessa. È lecito ritenere che, essendo la costituzione mediante atto unilaterale consentita (dopo la riforma organica del 2003) anche agli enti, questa tecnica sia utile – sotto l'aspetto funzionale – nell'ambito dei gruppi di società, in cui la società capogruppo (o *holding*) o le società che si trovano ai vari livelli della piramide detengono la totalità delle partecipazioni nelle controllate; del resto, la costituzione di autonome persone giuridiche permette di formalizzare le responsabilità manageriali e di evidenziare la redditività delle risorse impiegate nei singoli settori in cui si articola un'iniziativa imprenditoriale economicamente unitaria (Spada).

Rispetto, poi, all'articolata fenomenologia delle società *legali*, un valore paradigmatico riveste la vicenda italiana delle privatizzazioni di imprese pubbliche, realizzatasi mediante una "auto-trasformazione" degli enti interessati in società per azioni, a dimostrazione dell'autonoma rilevanza del momento organizzativo e degli specifici interessi ad esso riferibili.

Alla base della società vi è un *contratto* e, segnatamente, un *contratto plurilaterale con comunione di scopo*.

Come contratto, il negozio costitutivo della società è soggetto alla disciplina generale in tema di contratti per ciò che concerne la capacità delle parti (fatte salve le particolari norme dettate per la società in nome collettivo e in accomandita semplice), i requisiti, l'interpretazione e gli effetti. Come contratto plurilaterale, esso è sottoposto alla speciale disciplina dettata per la nullità, l'annullabilità, la risoluzione per inadempimento o per impossibilità sopravvenuta (artt. 1420, 1446, 1459, 1466), improntata all'obiettivo di salvaguardare la sopravvivenza del rapporto pure a fronte di eventi che, per quanto gravi, non compromettono la possibilità di realizzare la causa contrattuale.

Il fondamento contrattuale della società deve considerarsi ormai acquisito, anche alla luce dell'esplicita formulazione dell'art. 2247. Invero, i dubbi sulla natura contrattuale della società scaturivano dall'adozione di un ordine concettuale di derivazione tedesca che identificava la fattispecie contrattuale in una combinazione di dichiarazioni mosse da interessi distinti e contrapposti. A tale posizione ricostruttiva ha fatto riscontro l'accreditamento presso la cultura giuridica italiana della categoria sistematica del contratto plurilaterale, seguita dal suo recepimento nel sistema del codice civile. Per un verso, si è preso atto che comunanza di scopo non significa necessariamente coincidenza d'interessi; per l'altro, si è posta in luce la presenza di interessi antagonistici delle parti sia in sede di *conclusione* del contratto di società in ordine alla valutazione dei conferimenti, alla partecipazione ai guadagni e alle perdite (tanto da indurre il legislatore a stabilire all'art. 2265 il divieto del patto leonino per porre un limite all'autonomia delle parti), alla distribuzione del potere di amministrazione, sia nella sua *esecuzione*: si pensi al conflitto fra azionisti imprenditori e azionisti-investitori, gli uni interessati alla conservazione e al rafforzamento dell'impresa, gli altri interessati alla redditività della stessa, oppure tra socio di controllo e soci "esterni" nei gruppi di società.

La società appartiene, inoltre, al novero dei *contratti associativi* in senso stretto, la cui causa non si realizza attraverso l'attribuzione o lo spostamento di situazioni giuridiche soggettive, ma richiede – come si è detto – lo svolgimento di un'attività economica con i terzi (Ferro-Luzzi, Marasà). E ciò conduce ad espungere dalla fenomenologia societaria l'associazione in partecipazione, caratterizzata – e lo si chiarirà meglio più avanti – dalla natura non funzionale dell'attività dell'associante, nonché dall'applicazione dei principi che governano la responsabilità individuale.

La circostanza che il fenomeno societario non si esaurisce in un contratto che deve essere adempiuto, ma comporta il sorgere di una organizzazione per l'esercizio di un'attività economica destinata ad assumere rilevanza in quanto tale, conduce ad individuare un *principio di conservazione dell'attività* svolta – la cui testimonianza più significativa è data dalla disciplina dell'art. 2332 in tema di nullità della società per azioni – comune a tutti i contratti associativi in quanto caratterizzati dallo svolgimento dell'attività medesima con i terzi e perciò estensibile non solo alle società di persone, ma anche alle cooperative e ai consorzi. Del resto, il principio in esame trova positive applicazioni nell'art. 15, Reg. n. 2137/1985, sulla nullità del GEIE e nell'art. 20, d.lgs. n. 96/2001, sull'invalidità della società fra avvocati (G.F. Campobasso, Presti e M. Rescigno).

Ne discende che in caso di nullità o annullabilità della partecipazione essenziale si avrà invalidità dell'intero contratto. Tuttavia, l'autonomo rilievo giuridico dell'attività effettivamente svolta comporterà l'eliminazione della società per il futuro, facendo salvi gli effetti fra le parti e verso i terzi dell'attività medesima esercitata prima dell'accertamento giudiziale dell'invalidità, che opererà quindi quale causa di scioglimento. Quanto poi all'inadempimento o alla sopravvenuta impossibilità della partecipazione essenziale per il raggiungimento dello scopo comune, non può dubitarsi che essi conducano allo scioglimento dell'intero rapporto sociale (cfr. artt. 2272, n. 2 e 2484).

Si pone altresì un problema di compatibilità fra le cause d'invalidità e di risoluzione delle singole partecipazioni previste dal diritto comune (e la relativa disciplina, salvo per quanto attiene alla retroattività degli effetti), e i rimedi specifici del *recesso* e dell'*esclusione* del socio nelle società di persone.

A fronte delle conseguenze inaccettabili derivanti dalla trasposizione sul piano societario della "ferrea logica" del contratto (Weigmann), si propone di configurare la declaratoria di nullità o annullabilità della singola partecipazione come causa interruttiva del vincolo particolare e di parificarne la disciplina a quella prevista per l'esclusione di diritto (artt. 2288 ss.). Un diverso trattamento è da ipotizzare solo nell'ipotesi in cui le esigenze di certezza dei traffici devono cedere dinanzi a quelle di protezione di determinati soggetti, come l'incapace, dovendosi allora cancellare retroattivamente gli effetti già maturati a carico del singolo socio di cui sia stato annullato il legame. Non manca altresì di osservarsi che il recesso per giusta causa è un rimedio in grado di consentire al socio di reagire a inadempimenti o abusi degli altri soci. Similmente si afferma che il recesso del socio potrebbe ammettersi per consentire a quest'ultimo di sciogliersi da un contratto in cui la prestazione promessa come conferimento abbia carattere durevole o periodico o differito, ma, in seguito ad eventi straordinari o imprevedibili, sia divenuta eccessivamente onerosa e gli altri soci non siano disposti a modificare equamente le condizioni originariamente pattuite. In entrambi i casi, la dichiarazione del socio di voler uscire dalla società permette di conseguire, più rapidamente e senza necessità di adire l'autorità giudiziaria, gli effetti che solitamente si ottengono attraverso una domanda di risoluzione del contratto per inadempimento del contratto o per sopraggiunta eccessiva onerosità dell'obbligo assunto. Rovesciando la prospettiva e ponendosi dal punto di vista della società, viene in evidenza che essa dispone dello strumento dell'esclusione per colpire il socio che non esegue la prestazione (art. 2286, comma 1). Ne consegue che, in caso di società con più di due soci, non sarebbe necessario ricorrere al giudice per sciogliere il vincolo con il socio inadempiente, o la cui prestazione sia divenuta impossibile. Invero, dinanzi alla possibile (se pure non necessaria) coincidenza dei presupposti, si fa notare che la sostituzione, nel diritto societario, di questi atti negoziali a quelli processuali, consente un risparmio di tempo e di energie, coerentemente con la natura del contratto di società, che non è a prestazioni corrispettive.

2. Elementi costitutivi del contratto di società: i conferimenti.

Elementi costitutivi del contratto di società, come definito nell'art. 2247, sono il *conferimento*, l'*esercizio in comune di un'attività economica* e la *divisione degli utili.*

La società richiede necessariamente l'esistenza di un *fondo sociale*, dotato di una diversa situazione giuridica nei vari tipi e costituito attraverso il conferimento dei soci.

Oggetto del conferimento possono essere *beni* o *servizi*, secondo l'ampia formula utilizzata dal legislatore (art. 2247), la quale è idonea a comprendere ogni utilità suscettibile di *valutazione economica*. Non è necessario, dunque, che il conferimento sia in denaro, potendo essere conferiti crediti o altri beni (o diritti sui beni) o anche la propria attività lavorativa o il risultato della stessa. Non sembra vi siano ostacoli a ritenere conferibile il nome civile del socio come "nome sociale": si nota, infatti, che la possibilità per la società di usare il nome di un socio (magari particolarmente accreditato sul mercato) rappresenta un'entità utile e, nel contempo, non è elemento essenziale della qualità di socio. Non possono invece formare oggetto di conferimento obblighi di non fare, come, ad esempio, l'obbligo di non concorrenza sancito a carico del socio di società in nome collettivo dall'art. 2301, trattandosi di un effetto del contratto. Ugualmente non ammissibile è il conferimento della responsabilità personale per le obbligazioni sociali, non potendosi attribuire a titolo di conferimento un risultato che la società avrebbe comunque ragione di pretendere sulla base dei normali effetti legali della fattispecie (artt. 2267 e 2291), pena il disconoscimento dello stesso principio di essenzialità dell'apporto.

Limiti all'oggetto del conferimento possono poi derivare dal tipo di società prescelto, come accade nel caso delle società di capitali per ragioni di tutela dell'integrità del capitale sociale (in particolare, nella s.p.a. è vietato il conferimento d'opera o di servizi, salvo che esso costituisca oggetto di prestazioni accessorie: artt. 2342, ultimo comma, e 2345).

Il principio secondo cui il conferimento è elemento essenziale del contratto di società implica, per un verso, l'inesistenza della società medesima in assenza di una *dotazione iniziale di risorse*, per l'altro, la *necessità per ciascun fondatore di conferire qualcosa*. Invero, la partecipazione all'iniziativa economica presuppone l'*assunzione del relativo rischio* in funzione del perseguimento di uno scopo egoistico: ciò si ricava dal già menzionato divieto del patto leonino di cui all'art. 2265, che sancisce la nullità di ogni accordo che escluda un socio da qualsiasi partecipazione agli utili o alle perdite. Il conferimento, in quanto costituisce l'entità economica che ciascun socio destina in via definitiva all'attività sociale, rappresenta il *valore del rischio* che egli si assume. Nelle società che prevedono la responsabilità limitata dei soci, il rischio assunto da ciascun socio corrisponde esclusivamente al valore del conferimento; in caso contrario, esso si estende all'intero patrimonio personale del socio a dimostrazione del fatto che, sebbene in tali società non siano fissate soglie minime di valore dei conferimenti, vi è comunque una componente di rischio ineliminabile a carico del socio medesimo. Una dotazione iniziale *minima* di risorse è invece prevista nelle società di capitali (10.000 euro nelle s.r.l. "a capitale ordinario", 50.000 euro nelle s.p.a. e s.a.p.a.: artt. 2463 e 2327), talora più elevata in relazione all'oggetto sociale (ad esempio, per le società di intermediazione finanziaria).

Una deviazione dal principio dell'essenzialità dei conferimenti è tuttavia introdotta dagli artt. 2463, comma 4, e 2463-bis, là dove prevedono la possibilità di costituire una s.r.l., sia pure soggetta a norme speciali, con un capitale (e quindi con conferimenti) inferiore a 10.000 euro, pari a almeno 1 euro. Si tratta sostanzialmente di "*società senza conferimenti*" (ovvero senza assunzione iniziale di rischio da parte dei soci), progettate per svolgere la propria attività grazie a forme di finanziamento reperite all'esterno (si pensi al credito bancario) ed idonee perciò a porsi quali centri di raccolta di risorse finanziarie e di imputazione dell'attività (M. Cian).

Nel silenzio del contratto i conferimenti devono essere fatti in denaro: la regola – espressamente prevista per la società per azioni (art. 2342, comma 1) e per la società a responsabilità limitata (art. 2464, comma 3) – è da ritenere applicabile anche alle società di persone poiché, dato il carattere strumentale dei conferimenti, il denaro è il bene dotato di più alta "esitabilità" allo scopo di ottenere in cambio beni o servizi. Se i conferimenti non sono determinati nel contratto, si presume che i soci siano tenuti a conferire in parti uguali quanto è necessario per la realizzazione dello scopo comune (art. 2253, comma 2).

In mancanza di una volontà espressa, la legge attribuisce rilevanza – ai fini della determinazione dei conferimenti – all'oggetto della società, presumendosi che, se le parti hanno inteso perseguire congiuntamente un determinato scopo, abbiano voluto apprestare anche i mezzi necessari per il suo raggiungimento. La valutazione dei mezzi necessari al conseguimento dello scopo sociale deve essere condotta con riferimento al momento del contratto, prescindendosi dalle successive vicende sociali (Ferri *sr.*). La tesi meno "restrittiva" (Galgano) secondo la quale l'oggetto della società può essere di natura tale da non richiedere l'iniziale costituzione di un fondo comune, oltre a porsi in contrasto con il principio della necessaria determinatezza o determinabilità dell'oggetto di cui all'art. 1346, appare inaccettabile sul piano logico, poiché – rimettendo l'accertamento delle esigenze *durante societate* ai soci, i quali sarebbero poi tenuti ad effettuare i conferimenti relativi – finisce per configurare un obbligo la cui determinazione dipenderebbe dalla volontà degli stessi obbligati. Essa finisce col tradurre in termini di qualificazione giuridica ciò che normalmente accade nella realtà, laddove le parti versano di fatto (volontariamente e in assenza di un apposito patto) nel corso della vita della società quanto si rende necessario per l'esercizio dell'attività sociale.

Può porsi il problema di stabilire se gli ulteriori versamenti dei soci siano stati effettuati a titolo di conferimento, con la conseguente impossibilità (come si dirà più avanti) di ottenerne il rimborso se non in sede e nei limiti della liquidazione della società, ovvero soltanto a titolo di finanziamento alla stregua di qualsiasi terzo (ad esempio, una banca). Il tema acquista specifica rilevanza nell'ambito della disciplina delle società di capitali, in correlazione con la previsione della limitazione di responsabilità dei soci e con il possibile determinarsi di situazioni di *sottocapitalizzazione nominale*: questa ricorre quando i soci forniscono alla società i mezzi necessari per lo svolgimento dell'attività sociale, ma a titolo diverso dal conferimento, sottraendosi ai vincoli per esso stabiliti e ponendosi per questo aspetto in un rapporto di parità con i creditori. Come si è anticipato, il regime giuridico di tali versamenti dei soci a favore della società dipende dalle previsioni stabilite per lo specifico rapporto contrattuale che si pone in essere. Sul piano del diritto societario, sebbene non manchino autorevoli posizioni di dissenso (Angelici, Libonati), non è priva di seguito l'idea che i crediti derivanti dai prestiti erogati dai soci alla società debbano essere sottoposti – sia pure con taluni limiti e adattamenti – ad una regola di postergazione rispetto al pagamento degli altri creditori sociali, in analogia a quanto stabilito per le s.r.l. nell'art. 2467 e per i gruppi nell'art. 2497-quinquies.

In mancanza di espressa disposizione, data la diversità del possibile oggetto di conferimento, la relativa disciplina giuridica va desunta dalle *norme del tipo contrattuale* di cui il conferimento medesimo richiama la prestazione.

Applicazioni particolari di tali principi generali sono gli artt. 2254, che richiama le norme sulla vendita (più esattamente, sui contratti traslativi) e quelle sulla locazione, per quanto riguarda l'incidenza dei rischi nel caso di conferimento dei beni in proprietà e, rispettivamente, a titolo di godimento; e l'art. 2255, che prevede la responsabilità del socio che ha conferito un credito per l'insolvenza del debitore, nei limiti indicati dall'art. 1267 per il caso di assunzione convenzionale della garanzia.

Tuttavia, gli effetti della sopportazione del rischio sulla partecipazione sociale, così come le conseguenze dell'inadempimento da parte del socio, sono oggetto di specifica disciplina ad opera delle disposizioni dettate in relazione alle diverse categorie di società e precisamente dagli artt. 2286 e 2533 (espressamente richiamato nell'art. 2331) che stabiliscono, rispettivamente, i casi di esclusione del socio di società di persone e del socio di società cooperativa; e dagli artt. 2344 e 2466, che disciplinano la vendita delle azioni o delle quote del socio moroso.

Il valore attribuito ai conferimenti in natura e il modo di valutazione sono normalmente indicati nel contratto sociale; anzi, nel caso della società per azioni, i caratteri generali del tipo considerato (limitazione di responsabilità dei soci e possibilità di fare ricorso al mercato dei capitali di rischio) incidono non soltanto sulla tipologia delle entità conferibili e sulle modalità ed i tempi di esecuzione del conferimento (art. 2342), ma anche sulla valutazione dei beni e dei crediti conferiti. Invero, fatte salve le ipotesi di esenzione previste dall'art. 2343-ter, si richiede una perizia giurata di stima di un esperto designato dal tribunale che attesti l'effettività del valore attribuito al bene e si dispone altresì un controllo da parte degli amministratori (art. 2343). Un procedimento di valutazione è previsto, sia pure in forma semplificata, per i conferimenti in natura in società a responsabilità limitata: la relazione giurata è effettuata da un esperto o da una società di revisione scelti dallo stesso socio e non è assoggettata ad ulteriori controlli (art. 2465). Negli altri tipi di società, la valutazione dei conferimenti in natura è invece rimessa ai soci, posto che essa interessa solo i rapporti patrimoniali fra i medesimi.

Nella società semplice, non essendo espressamente richiesta una valutazione dei conferimenti, è prevista una disciplina integrativa diretta a consentire di ricostruire il contenuto del contratto sociale: in caso di mancata determinazione dell'importo di ciascun conferimento, le parti spettanti ai soci nei guadagni e nelle perdite si presumono uguali (art. 2263); mentre, ai fini del rimborso del conferimento in sede di liquidazione, la relativa valutazione deve avvenire con riferimento al valore che esso aveva nel momento in cui fu eseguito (art. 2282).

Il valore dei conferimenti effettuati dai soci è pari al *capitale sociale* c.d. *nominale*, che rappresenta ciò che è stabilmente destinato all'esercizio dell'attività fino all'estinzione della società o finché non intervenga una formale riduzione del capitale medesimo attraverso una modifica contrattuale. Il capitale sociale – essendo un *valore astratto*, una *posta ideale e numerica* – si distingue dal patrimonio della società, che è l'insieme dei concreti elementi dell'attivo e del passivo che, in un dato momento, fanno capo all'ente. La composizione del patrimonio varia perciò continuamente dal punto di vista sia qualitativo sia quantitativo: ad esempio, un prodotto esce dal patrimonio della società per effetto di una vendita e nello stesso entra denaro o il credito al prezzo.

Il capitale sociale svolge una *funzione produttiva*, concettualmente connessa al *vincolo di indisponibilità* che lo riguarda: i soci possono prelevare dal patrimonio della società, per distribuirsele, solo le somme eccedenti il valore del capitale. Il punto si comprende agevolmente se si confronta il capitale sociale con il concetto di *patrimonio netto*, che è pari alla differenza fra attività e passività: soltanto se il valore di quest'ultimo è superiore al capitale sociale, la società ha prodotto un *utile* che può essere ordinariamente distribuito fra i soci; se invece il valore del patrimonio netto coincide con il valore del capitale, o è addirittura inferiore ad esso, i risultati dell'attività sociale sono nulli o, rispettivamente, negativi, e l'attivo residuo non può essere distribuito fra i soci a causa del predetto vincolo di indisponibilità, se non sciogliendo l'ente (e provvedendo in via prioritaria al soddisfacimento dei creditori sociali), oppure ponendo in essere un'operazione di riduzione del capitale, che è peraltro corredata da una serie di cautele a tutela del mercato (principalmente, il diritto di opposizione dei creditori sociali).

Il capitale sociale ha inoltre una *funzione organizzativa*, dato che rappresenta l'entità numerica complessiva sulla quale si calcolano le situazioni soggettive del socio quantitativamente misurabili (ad esempio, diritto al voto, agli utili, alla quota di liquidazione). Si tratta, tuttavia, di una funzione non assoluta, poiché la regola di proporzionalità può, in ciascun tipo sociale, essere derogata nel contratto, così come è derogabile quella di proporzionalità fra misura della partecipazione e spettanza dei diritti sociali.

3. *Segue.* L'esercizio in comune di attività economica.

La società è una forma di *esercizio collettivo di un'attività economica*. Deve trattarsi di società di esercizio, non di semplice godimento; l'*esercizio in comune* deve riguardare un'*attività economica*, ossia capace di generare *nuovi valori economici*, attraverso la produzione di beni o servizi (inclusa l'intermediazione nella loro circolazione).

La nozione giuridica di società, richiedendo un'attività produttiva, richiama quella d'impresa (art. 2082), sebbene non sia con essa del tutto coincidente, atteso che manca qualsiasi richiamo ai requisiti della professionalità e dell'organizzazione. Peraltro, mentre quest'ultimo si ritiene di per sé integrato nell'attività sociale, che esige il coordinamento dei beni o servizi conferiti dai soci o acquistati per mezzo dei medesimi, non può escludersi la mancanza della professionalità: si ha in questo caso l'ipotesi della *società occasionale*, vista quale esempio di *società senza impresa*, astrattamente ammissibile sebbene confinata a realtà marginali (si pensi all'acquisto "in pianta" di una partita di prodotti agricoli, per la successiva raccolta e rivendita al dettaglio).

Il già accennato tema dei rapporti fra le professioni liberali e la nozione d'impresa (Capitolo I, § 6, *supra*), che si pone dunque alla base di quella di società, viene in evidenza, insieme alla questione della compatibilità fra le caratteristiche proprie dell'attività professionale e gli elementi connotanti dell'attività sociale, nell'analisi del problema dell'ammissibilità e della disciplina delle *società tra professionisti*.

La predetta materia è regolata, con riguardo all'esercizio di attività professionali che richiedono l'*iscrizione in un ordine* (c.d. *professioni protette*), dall'art. 10 della l. n. 183/2011, nonché dal Regolamento di attuazione emanato con d.m. n. 34/2013.

La disciplina in parola espressamente consente l'utilizzazione di tutti i tipi di società (società di persone, società di capitali e cooperative) anche al fine di esercitare siffatte professioni (art. 10, comma 3, l. n. 183/2011), purché siano rispettate due condizioni: a) la società deve essere composta (anche se non esclusivamente) da soci abilitati; b) la prestazione deve essere eseguita da uno dei soci iscritti all'albo, scelto dal cliente o a costui preventivamente indicato per iscritto (art. 10, comma 4, lett. *b*) e *c*), l. n. 183/2011, e artt. 3-5, d.m. n. 34/2013). Qualora ciò sia garantito, si ritiene che non vi siano ostacoli all'ammissibilità sia di società c.d. *multidisciplinari*, sia della partecipazione alla società tra professionisti di soci con finalità di investimento (c.d. *soci di capitali*).

La società tra professionisti deve essere iscritta in una sezione speciale dell'albo o del registro tenuto presso l'ordine di appartenenza, nonché in una sezione speciale del registro delle imprese ai fini di pubblicità notizia e di controllo dei requisiti di onorabilità dei soci (artt. 7 e 8, d.m. n. 34/2013).

Si richiede che la denominazione sociale contenga la dizione società tra professionisti (art. 10, comma 5, l. n. 183/2011) e che l'oggetto sociale sia costituito in via esclusiva dall'esercizio da parte dei soci di una o più attività professionali (art. 10, comma 4, lett. *a*) e comma 8, l. n.

183/2011, e art. 1, lett. *b*), d.m. n. 34/2013). Si prevede altresì, a pena di scioglimento della società, che il numero e la partecipazione al capitale dei soci professionisti siano tali da determinare la maggioranza, ai fini dell'adozione delle deliberazioni o delle decisioni dei soci, di almeno i *due terzi* (art. 10, comma 4, lett. *b*), stabilendosi così il principio che il controllo della società debba fare capo ai soggetti abilitati.

Quanto alla prestazione professionale, obbligata alla sua esecuzione è *la società* che è parte formale e sostanziale del rapporto d'opera, e non il socio, il quale è tenuto solo nei confronti della prima, ad esempio a titolo di conferimento. Non si può tuttavia escludere che, nello svolgimento dell'incarico, egli goda di piena autonomia ed assuma perciò (sia pure in assenza di una specifica previsione normativa sul punto) una *responsabilità diretta* per i danni arrecati nell'esecuzione dell'incarico, in solido con la società.

Soluzioni differenziate si hanno per alcune professioni in ragione delle loro peculiarità, ponendosi così il delicato problema della coesistenza della società fra professionisti disciplinata in via generale dalla l. n. 183/2011, con i modelli societari già in precedenza oggetto di regolazione da parte del legislatore. Fra questi l'esempio più rilevante è rappresentato dalla *società tra avvocati* di cui agli artt. 16 ss. del d.lgs. n. 96/2001 (di attuazione della Direttiva 98/5/CE).

Merita segnalare che, dopo l'emanazione della l. n. 183/2011, in occasione della riforma della professione forense, l'art. 5 della l. n. 247/2012 aveva delegato il Governo ad emanare una disciplina specifica, ponendo principi maggiormente restrittivi di quelli contenuti nella stessa l. n. 183/2011. Essendo scaduto il termine per l'emanazione del decreto delegato, si è determinata una situazione di grande incertezza in ordine al rapporto fra quest'ultima legge e la società tra avvocati prevista nel succitato d.lgs. n. 96/2001, finché non è intervenuto l'art. 4-bis della l. n. 247/2012 (inserito ad opera della l. n. 124/2017 e successivamente modificato ad opera della l. n. 205/2017): questa disposizione, senza abrogare espressamente la disciplina della società tra avvocati, regola compiutamente l'esercizio in forma societaria della professione forense. Si consente di avvalersi di tutti i tipi di società (di persone, di capitali e cooperative). Si richiede altresì che la denominazione sociale contenga l'indicazione di società tra avvocati e che la società medesima sia iscritta in una sezione speciale dell'albo professionale. Possono essere soci anche soggetti diversi dagli avvocati iscritti all'albo, ma questi ultimi devono raggiungere, a pena di scioglimento, la soglia di almeno i due terzi del capitale sociale e dei diritti di voto esercitabili. L'intero organo amministrativo deve essere composto da soci, la maggioranza dei quali deve essere rappresentata da avvocati. Infine, nel ribadire il principio della personalità della prestazione professionale previsto, in generale per le prestazioni d'opera intellettuale, dall'art. 2232 e, in particolare per la professione forense, dall'art. 4, l. n. 247/2012, si chiarisce, a conferma della suaccennata distinzione fra il profilo del rapporto e quello della sua esecuzione, che alla responsabilità della società nei confronti del cliente si affianca necessariamente quella del socio professionista incaricato della prestazione.

È da ricordare che già prima dei ricordati interventi normativi il legislatore aveva ammesso la possibilità dell'esercizio in forma societaria di attività riconducibili al paradigma delle professioni intellettuali, come è accaduto per le *società di revisione* nonché per quelle *di ingegneria* nell'ambito della disciplina dei contratti pubblici relativi a lavori, servizi e forniture (v. ora art. 46, comma 1, lett. *c*), d.lgs. n. 50/2016, emanato in attuazione delle Direttive 2014/23/UE e 2014/25/UE).

L'attività sociale, in quanto *creatrice di nuova ricchezza*, è nettamente distinta dall'*attività di mero godimento*, che si esaurisce nella semplice fruizione delle utilità (frutti civili o naturali) generate da uno o più beni.

Ne consegue l'*inammissibilità di società di mero godimento*, ovvero costituite esclusivamente allo scopo di godere (direttamente o indirettamente) di dati beni senza che ciò risulti funzionale all'esercizio di un'attività produttiva.

Ciò è confermato dalla norma dell'art. 2248, secondo cui la "comunione costituita o mantenuta al solo scopo del godimento di uno o più beni" è regolata dalle norme degli artt. 1100 ss., che disciplinano la comunione della proprietà e dei diritti reali.

L'impossibilità giuridica di indicare quale oggetto sociale il mero godimento riguarda il *momento genetico dell'ente ed il relativo programma negoziale*, ma non conduce ad escludere che una società, originariamente costituita per lo svolgimento di un'attività economica, ne cessa l'esercizio e si limita a godere del patrimonio (ad esempio, cedendo in affitto l'azienda), ponendosi allora il problema se e a quali condizioni possa ravvisarsi una volontà dei soci di scioglierla e di liquidarne il patrimonio mediante una distribuzione in natura (M. Cian).

Una fattispecie particolare è poi quella delle c.d. *società immobiliari di comodo*, ossia le società costituite al fine dell'intestazione di beni immobili che vengono goduti direttamente dai soci oppure locati a questi ultimi o a terzi, limitandosi i soci a percepirne l'affitto per il tramite delle società. Nonostante un siffatto uso dello strumento societario dovrebbe ritenersi illecito, la giurisprudenza tende ad assumere un atteggiamento più cauto per esigenze di tutela dell'affidamento dei terzi, ora considerando sufficiente la previsione statutaria come oggetto sociale dello svolgimento di un'attività di *trading* immobiliare, ancorché la stessa non sia concretamente svolta; ora affermando che pure là dove la finalità di mero godimento sia "confessata", debba procedersi allo scioglimento e alla liquidazione del patrimonio sociale secondo la disciplina societaria (Presti e M. Rescigno). È da segnalare altresì che la fattispecie è stata oggetto di numerosi interventi legislativi intesi a fare emergere valori tassabili mediante la concessione di agevolazioni (cfr., da ultimo, art. 1, commi 115-120, l. n. 208/2015 che ha previsto un regime fiscale agevolato alle società commerciali che avessero assegnato o ceduto ai propri soci, entro il 30 settembre 2016, beni immobili e beni mobili registrati, nonché alle sole società immobiliari di gestione che si fossero trasformate in società semplici).

Il principio della separazione fra società e mero godimento dei beni e le ragioni che vi sono alla base risiedono nella diversa funzione assolta in concreto dai beni medesimi, come si comprende ponendo a confronto le due situazioni in esame.

La comunione è una *situazione giuridica statica*, in cui rileva solo l'appartenenza comune del bene; ciascun contitolare ha diritto di usare individualmente la cosa, sia pure nel rispetto del coesistente diritto degli altri (art. 1102) e può chiedere in ogni momento la divisione (art. 1111). Per contro, la società è una *situazione giuridica dinamica*, in cui il conferimento dei beni in comune è strumentale all'esercizio di un'attività produttiva. Ne discende che i soci non possono utilizzare i beni sociali per i propri scopi personali, essendo questi ultimi vincolati all'esercizio dell'iniziativa economica (art. 2256). Inoltre la società si scioglie solo quando l'iniziativa stessa si sia realizzata o ne sia divenuta impossibile l'attuazione, o quando lo scioglimento sia deciso dai soci all'unanimità (art. 2272) o, nel caso delle società di capitali, a maggioranza (art. 2484).

Attesa l'esigenza di salvaguardare l'attività, che nell'istituto societario ha un rilievo centrale, la legge assegna al patrimonio sociale un'autonomia più o meno ampia rispetto ai patrimoni dei soci: i beni sociali sono riservati al soddisfacimento dei creditori della società e nessun creditore personale del socio può compiere azioni esecutive su di essi. Nella comunione, invece, ciascun creditore di uno dei comproprietari può aggredire il bene comune, sia pure nei limiti della quota di sua pertinenza.

Nonostante la distinzione testé tracciata sia, in linea teorica, sufficientemente chiara, ci si chiede se, in ipotesi di contitolarità dell'azienda per effetto di successione ereditaria o di acquisto in comune, la fattispecie debba essere qualificata come società o come comunione. È decisiva, al riguardo, la considerazione dei caratteri oggettivi dei comportamenti tenuti dai comproprietari. Se costoro non si limitano al godimento dell'azienda o dei beni produttivi, ma esercitano in comune l'attività imprenditoriale, sorge fra loro, anche in mancanza di un accordo espresso, una società c.d. di fatto. Qualora, invece, i comproprietari non esercitino direttamente l'attività d'impresa, ma godano indirettamente del complesso dei beni comuni, per esempio dando in affitto l'azienda, non vi è società. Il legislatore attribuisce rilevanza normativa alla comunione d'azienda e prevede la trasformazione (c.d. eterogenea) di società di capitali in comunione d'azienda e viceversa (artt. 2500-septies e 2500-octies).

Distinta dal fenomeno societario è l'*impresa coniugale* di cui all'art. 177, comma 1, lett. *d*) e comma 2: questa disposizione comprende fra i beni che formano oggetto della comunione legale fra i coniugi "le aziende gestite da entrambi i coniugi e costituite dopo il matrimonio", nonché gli utili e gli incrementi di aziende gestite da entrambi i coniugi se l'azienda apparteneva ad uno di essi anteriormente al matrimonio. Si tratta di un fenomeno di fonte legale che si pone in posizione intermedia fra società e comunione di godimento ed è retto da una propria disciplina contenuta, per quanto riguarda l'aspetto gestorio, negli artt. 180-183 e, per ciò che attiene alla responsabilità patrimoniale, nell'art. 186. L'impresa coniugale sorge in conseguenza dell'esercizio dell'attività economica da parte di entrambi i coniugi là dove detto esercizio non sia già stato regolato pattiziamente. Non è possibile tuttavia considerare l'impresa coniugale come un "fenomeno misto", ascrivibile alla società con riferimento all'esercizio in comune dell'impresa e alla comunione per gli aspetti concernenti l'azienda. L'impossibilità di innestare la disciplina della società su quella della comunione legale fra i coniugi può trarsi dalla circostanza che la disciplina sopra menzionata prevede l'intervento del giudice in relazione a diverse situazioni inerenti alla gestione dell'impresa coniugale ed ammette che sui beni della comunione possano soddisfarsi anche i creditori che siano tali in virtù di obbligazioni assunte nell'interesse della famiglia o contratte congiuntamente dai coniugi. Si è dunque al cospetto di un istituto di *diritto familiare*, come tale improntato al principio di *parità tra coniugi* anche in ordine ai risultati economici derivanti dall'attività di entrambi, e alla tutela dell'*interesse della famiglia* (Ferri *sr.*).

Si è già detto che la nozione di società si puntualizza sull'*esercizio in comune* dell'attività e che ciò comporta il distacco da altri istituti come l'*associazione in partecipazione*, che è il contratto con il quale una parte, l'*associante*, attribuisce all'altra, l'*associato*, una *partecipazione agli utili* della sua *impresa* o di *uno o più affar*i verso il corrispettivo di un determinato *apporto* (art. 2549).

L'associazione in partecipazione – pur appartenendo al novero dei *contratti associativi* in quanto risponde all'esigenza pratica di attuare una collaborazione patrimoniale di due o più persone per il conseguimento di un lucro derivante da una medesima iniziativa produttiva – non realizza la *partecipazione ai risultati* mediante un'attività e un'organizzazione comune. L'attività imprenditoriale è di pertinenza *esclusiva* dell'associante, mentre all'associato possono spettare solo *poteri di controllo* a tutela della sua partecipazione (art. 2552).

L'apporto dell'associato entra nel patrimonio dell'associante, senza costituire un fondo comune, e i terzi acquistano diritti e assumono obbligazioni esclusivamente nei confronti del secondo.

Si osserva che, sebbene la gestione dell'impresa spetti all'associante, essa è attuata *anche per conto dell'associato* (Ferri *sr.*). Ne consegue che l'associante dovrà osservare la normale diligenza del mandatario (art. 1710); non potrà distrarre i beni aziendali dalla loro destinazione senza il consenso dell'associato (art. 2256); dovrà consentire i controlli e fornire le informazioni previste dal contratto (art. 2552, comma 2).

La legge riconosce all'associato solo il *diritto al rendiconto* dell'affare o della gestione dell'impresa. Il rendiconto deve essere dato ad affare compiuto o annualmente se la gestione dell'affare si protrae per più di un anno; il rendiconto annuale coincide con la chiusura dell'esercizio se l'associazione in partecipazione riguarda un'impresa (art. 2552, comma 3).

Atteso che la parte dell'associato negli utili e nelle perdite è stabilita nel contratto, la legge dispone che la misura della partecipazione alle perdite corrisponda alla misura della partecipazione agli utili. La stessa legge stabilisce altresì, con norma ritenuta non derogabile dalle parti, che la partecipazione alle perdite non può superare l'apporto (art. 2553).

4. *Segue*. La divisione degli utili.

Il terzo requisito del contratto di società è la *divisione degli utili*. Lo scopo negoziale perseguito dai soci risiede nell'esercizio dell'attività per realizzare un guadagno (*lucro oggettivo*) da ripartirsi (*lucro soggettivo*).

Nell'ambito dei negozi associativi a rilevanza esterna la società si caratterizza sul piano funzionale per il perseguimento di uno *scopo egoistico*; in ciò si differenzia dagli enti disciplinati dal Libro I del codice (associazioni e fondazioni), che, pur potendo svolgere – come si è detto (Capitolo II, § 6, *supra*) – un'attività d'impresa anche di natura e dimensioni analoghe a quelle di una società, sono privi di qualsiasi scopo di lucro soggettivo, dal momento che i proventi derivanti dall'esercizio dell'attività medesima sono destinati a un fine *ideale* o *altruistico*.

In realtà la divisione degli utili cui fa riferimento l'art. 2247 indica ciò che normalmente accade quando, in assenza di altri rapporti fra la società e il socio, l'attribuzione degli utili derivanti dall'esercizio dell'impresa non può avvenire se non sulla base della partecipazione sociale. Laddove però, accanto al rapporto sociale sussiste un rapporto di tipo diverso, la partecipazione ai vantaggi può avvenire, almeno astrattamente, sulla base dell'uno o dell'altro. È questo il caso delle società cooperative, che perseguono uno *scopo mutualistico*. L'obiettivo di tali enti risiede nel far conseguire *direttamente* ai soci beni, servizi o occasioni di lavoro a condizioni più favorevoli di quelle che otterrebbero sul mercato. Le società cooperative esercitano l'attività rinunciando al profitto d'impresa (inteso come differenza positiva fra ricavi e costi), ma tendendo esclusivamente al pareggio tra costi e ricavi (Capitolo I, § 4, *supra*), al fine di poter erogare ai soci che intendono avvalersene beni e servizi a prezzo "di costo" (nelle cooperative di consumo), o un salario maggiore (in quelle di produzione e lavoro). La differenza fra tali società e quelle lucrative va ricercata nel fatto che in esse il socio ottiene il proprio guadagno (sotto forma di risparmio di spesa o di salario più elevato) se ed in quanto acquisti beni o servizi per il tramite della società o lavori per essa.

L'essenzialità dello scopo di lucro dev'essere altresì confrontata con la legislazione speciale che ha introdotto sempre più diffusamente figure qualificate come societarie, ma caratterizzate dall'*as-*

senza di scopi egoistici. Tali erano le società sportive fino alla l. n. 586/1986, che ha abrogato l'art. 10 della l. n. 91/1981, il quale imponeva loro di reinvestire tutti gli utili nell'attività sportiva, senza poterli distribuire fra i soci. Possono appartenere a tale categoria le società di gestione dei mercati regolamentati che devono essere costituite in forma di s.p.a., ma possono non perseguire scopi di lucro (art. 64 TUF). Ed un ambito molto più ampio sotto il profilo dell'attività economica esercitata può essere coperto dalla già ricordata *impresa sociale* (Capitolo II, § 6, *supra*) suscettibile di rivestire anche la forma societaria, in forza di una precisa opzione che non solo deve essere già segnalata nel nome (art. 6, d.lgs. n. 112/2017), ma è definitiva, poiché non è possibile cambiare lo scopo della società né trasferirne l'azienda se non preservando le finalità d'interesse generale. Inoltre, l'autorità governativa ha il potere, qualora i requisiti per il riconoscimento dell'impresa sociale vengano meno, di sciogliere l'ente devolvendone il patrimonio (dedotto il capitale) ai fondi per la promozione delle imprese sociali (artt. 12 e 15).

A fronte dell'incremento di esemplari di società speciali ci si torna ad interrogare sulla perdurante essenzialità dello scopo egoistico nella fenomenologia societaria, argomentando sia dall'ampliamento a tutte le iniziative produttive del perseguimento di finalità altruistiche o ideali per il tramite dell'impresa sociale, sia dalla considerazione che la mancata menzione dello scopo di lucro nel contratto sociale non è causa di nullità delle società di capitali (art. 2332).

È da ricordare che già nel secolo scorso era stata formulata in dottrina la tesi del *tramonto dello scopo lucrativo* (Santini), affermando la neutralità del modello societario, visto quale schema organizzativo utilizzabile per qualsiasi finalità. Prevale, tuttavia, l'opinione secondo cui i casi di società senza scopo di lucro sarebbero *eccezionali*; sicché, al di fuori delle ipotesi normativamente previste, una società costituita dichiaratamente senza scopi egoistici non potrebbe essere iscritta nel registro delle imprese.

L'essenzialità del requisito in esame non esclude che la gestione dell'impresa possa essere orientata al perseguimento di esigenze diverse e/o ulteriori rispetto al principio di redditività, purché si rimanga nell'ambito di quello di economicità.

Viene in evidenza, al riguardo, la figura della c.d. *società benefit*, ispirata al modello americano della *Benefit corporation* ed introdotta nel nostro ordinamento dall'art. 1, comma 376 ss. della l. n. 208/2015 (legge di stabilità 2016): si tratta di una società caratterizzata dall'affiancamento, accanto al tradizionale scopo di divisione degli utili, di "una o più finalità di beneficio comune" nei confronti di persone, comunità, territori e ambiente, beni e attività culturali e sociali, enti e associazioni e ogni altro portatore di interesse. La "qualifica" di società benefit può essere evidenziata nella denominazione sociale mediante l'inserimento delle parole "società benefit" dell'abbreviazione SB; inoltre, le finalità di beneficio comune devono essere specificate nell'oggetto sociale.

La legge prevede, quindi, che le società in esame devono (e possono) perseguire – all'interno della loro attività principale, che è quella economica – uno o più effetti positivi, o la riduzione di uno o più effetti negativi, su una o alcune delle categorie sopra menzionate. Occorre chiarire che gli amministratori devono gestire la società *bilanciando* gli interessi dei soci e quelli dei soggetti sui quali l'attività sociale possa avere un impatto (vale a dire gli *stakeholders*, definiti come i soggetti o i gruppi di soggetti direttamente o indirettamente coinvolti dall'attività medesima, quali lavoratori, clienti, fornitori, finanziatori, creditori, pubblica amministrazione e società civile: art. 1, commi 377 e 380, l. n. 208/2015). Preme aggiungere che il mancato perseguimento delle finalità di beneficio comune può costituire violazione dei doveri imposti agli stessi amministratori dalla legge e dall'atto costitutivo e può esporli a responsabilità verso la società, nonché verso i terzi potenziali beneficiari delle finalità medesime, il cui legittimo affidamento sia stato leso. Inoltre, il legislatore espressamente assoggetta la società benefit "che non persegua le finalità di beneficio comune" alle disposizioni in materia di pubblicità ingannevole e del Codice del consumo (art. 1, comma 384, l. n. 208/2015), individuando nell'Autorità garante della concorrenza e del mercato (AGCM), l'ente preposto a vigilare sulle condotte e ad irrogare le sanzioni amministrative in presenza di comportamenti illeciti.

5. Società di fatto, occulta, apparente.

Si è già illustrato che, fatti salvi i casi di costituzione unipersonale, la società trova la propria fonte in un contratto, il quale si può perfezionare anche per fatti concludenti: è sufficiente un comportamento dei soci che integri gli elementi essenziali di cui all'art. 2247.

È questa la figura della *società di fatto*, cui si applicano le norme sulla società semplice o quelle sulla collettiva irregolare, a seconda che l'attività esercitata sia rispettivamente non commerciale o commerciale (in questo Capitolo, § 6, *infra*). La giurisprudenza ha individuato una serie di comportamenti valutati come indici probatori dell'esistenza di una società di fatto, quale il sistematico sostegno finanziario attuato anche attraverso il rilascio di garanzie, l'intervento in trattative d'affari con i terzi, la percezione di somme di denaro pertinenti all'esercizio dell'impresa. Si afferma l'esistenza di un rapporto sociale anche quando tali comportamenti siano posti in essere da soggetti legati da vincoli familiari, purché si raggiunga la prova che essi eccedono l'*affectio familiae*, dando così luogo ad *affectio societatis*.

Ai fini dell'esistenza della società non si ritiene necessaria l'esteriorizzazione dell'azione sociale. Può quindi verificarsi il fenomeno della *società occulta*, ovvero costituita con l'espressa e concorde volontà di non rivelarne l'esistenza all'esterno. In quest'ipotesi, l'attività è svolta per conto della società, ma sotto il nome di un socio o di un estraneo: l'impresa, in realtà, è sociale, ma si presenta all'esterno come individuale.

Lo scopo perseguito dalle parti con il *patto di occultamento* (ossia di non esteriorizzazione della società) risiede di solito nell'intento di limitare la responsabilità nei confronti dei terzi al patrimonio (di regola modesto) del solo prestanome, evitando così che la società e gli altri soci rispondano delle obbligazioni derivanti dall'attività d'impresa.

I problemi sollevati dal fenomeno della società occulta attengono, in primo luogo, alla validità stessa del patto di occultamento; in secondo luogo, alla possibilità di considerare la società occulta come una *società atipica*, la cui legittimità andrebbe verificata alla luce dell'art. 2249 che – come si chiarirà più avanti (in questo Capitolo, § 6, *infra*) – impedirebbe la costituzione di società non riconducibili ai tipi societari ivi previsti.

La soluzione della prima questione appare controversa: da un lato, ci si richiama alla disciplina dell'art. 2552, comma 1, in tema di associazione in partecipazione, per sostenere come l'ordinamento ammetta la compartecipazione al rischio di un'iniziativa giuridicamente imputabile al terzo, solo se costui detiene in modo esclusivo il potere di gestione, mentre, qualora esista un potere gestorio collettivo, l'attività non può che essere riferita al gruppo (M. Cian); dall'altro, si afferma la validità del patto di occultamento in omaggio alla regola dell'autonomia negoziale (Ferri *sr.*, Di Sabato), a meno che esso non sia ispirato da un motivo illecito determinante e comune (art. 1345). In tal caso, l'invalidità della clausola di occultamento, se ritenuta essenziale dalle parti, determinerebbe l'invalidità dell'intero contratto di società (art. 1420).

Quanto al secondo problema sopra prospettato, giova evidenziare come anche i sostenitori della tesi dell'atipicità della società occulta finiscono per ammettere che quest'ultima andrebbe regolata *in via di analogia*, ricorrendo ai principi generali. Ad essa non potrebbero applicarsi taluni aspetti della disciplina delle società, in particolare le norme sulla rappresentanza e sulla responsabilità. A ben riflettere, tuttavia, la disapplicazione della disciplina dei rapporti esterni risponde alla volontà dei soci cristallizzata nel patto di occultamento. Ciò non toglie che, nel momento in cui la società divenga palese, il regime societario verrà a dispiegarsi nella sua interezza: alla società potranno direttamente imputarsi gli effetti attivi e passivi dell'esercizio dell'attività; i soci saranno solidalmente responsabili per le obbligazioni sociali; sarà anche possibile dichiarare il fallimento della società e di conseguenza quello dei soci in base all'art. 147, comma 5, l. fall. (Capitolo I, § 8, *supra*).

Invero, il tema centrale del fenomeno in discorso risiede, dal punto di vista pratico, nel determinare se alla società possano essere imputati gli atti compiuti per suo conto, ma senza spenderne il nome; e se la stessa possa essere chiamata a rispondere anche in sede fallimentare delle obbligazioni contratte per suo conto dal prestanome. Come si è anticipato, il problema è ora risolto dall'art. 147, comma 5, l. fall. (riproposto in termini largamente coincidenti dal nuovo art. 256, comma 5, Codice della crisi d'impresa e dell'insolvenza), che sancisce la fallibilità della società occulta e degli (altri) soci illimitatamente responsabili.

Dopo l'emanazione del codice civile e della coeva legge fallimentare la giurisprudenza e parte della dottrina sono giunte ad affermare la responsabilità della società occulta e dei soci diversi dal prestanome, ove l'esistenza della stessa venisse successivamente scoperta. A sostegno di tale esito applicativo si adduce l'esigenza che l'imputazione dei debiti d'impresa avvenga non solo sulla base del criterio formale della spendita del nome, ma anche di quello sostanziale dell'interesse curato

(Abbadessa, Spada); ovvero che, laddove viene in considerazione il piano dell'attività, tanto la scelta quanto l'utilizzazione del nome sotto cui svolgere quest'ultima rispondono a regole particolari: in questa prospettiva, se si sceglie il nome collettivo della società per una decisione riferibile a tutti i soci, costoro – ed anche il socio occulto di cui all'art. 147, comma 4, l. fall. – saranno esposti alla responsabilità per le obbligazioni sociali e al fallimento. Ad analoghi esiti applicativi si giunge quando l'attività sociale sia esercitata sotto il nome di un socio o di un terzo: la società occulta che sceglie di esercitare l'attività d'impresa sotto nome altrui non potrà poi escluderne l'imputazione a proprio carico (Angelici).

Altra dottrina (G.F. Campobasso) non manca, peraltro, di sostenere che la norma sulla fallibilità della società occulta sia *eccezionale* e non comporti che l'attività d'impresa sia imputata alla stessa con tutti i suoi effetti attivi e passivi. La responsabilità verso i terzi dovrebbe gravare solo sul prestanome, che agisce per conto del gruppo quale *mandatario senza rappresentanza* (art. 1705); ciò non toglie che i creditori dell'imprenditore individuale (finché quest'ultimo non sia dichiarato fallito) potranno esercitare in via surrogatoria l'*actio mandati contraria* nei confronti della società e dei soci occulti facendosi somministrare "i mezzi necessari per l'esecuzione del mandato e per l'adempimento delle obbligazioni che a tal fine il mandatario ha contratto in proprio nome" (art. 1719).

La giurisprudenza, nel tentativo di coinvolgere il maggior numero possibile di soggetti nel dissesto dell'imprenditore individuale, ha poi elaborato la figura della *società apparente*, ispirata dalla volontà di tutelare l'interesse dei terzi nell'ipotesi in cui due o più soggetti, pur non essendo legati da alcun contratto sociale, operino in modo da ingenerare in costoro la ragionevole opinione che essi agiscano come soci, e quindi da determinare il loro incolpevole affidamento sull'effettiva esistenza della società. Ritenendo l'apparenza equivalente all'esistenza nei rapporti con i terzi, la giurisprudenza giunge ad affermare la responsabilità della società apparente, nonché dei pretesi soci, e la loro assoggettabilità a fallimento.

Fondamento teorico di questa elaborazione giurisprudenziale è l'affermazione – tutt'altro che dimostrata – dell'esistenza nel nostro ordinamento di un principio generale dell'apparenza di matrice civilistica, in virtù del quale un soggetto, che col suo comportamento doloso o colposo abbia ingenerato nei terzi di buona fede il convincimento dell'esistenza di una situazione in realtà non esistente, deve risponderne nei loro confronti. In senso contrario all'esistenza di un siffatto principio generale si fa notare che l'affidamento dei terzi è oggetto di tutela in singole ipotesi per lo più corrispondenti ad altrettanti doveri di comportamento, specificamente imposti a soggetti determinati.

Del resto, anche a voler considerare la tutela dell'affidamento incolpevole in una situazione apparente come un principio generale dell'ordinamento, la sua applicazione nel campo delle società conduce a risultati insoddisfacenti sul piano degli interessi in gioco, dato che per tutelare i terzi di buona fede si tutelano anche quelli di malafede: la società apparente infatti risponde – almeno in linea di principio – verso tutti i creditori, anche verso coloro il cui affidamento non sia ragionevole o che conoscevano esattamente l'inesistenza del rapporto sociale. Inoltre, sarebbero pregiudicati i creditori personali dei soci apparenti, ai quali sarebbero preferiti i pretesi creditori sociali nel concorso sui beni comuni.

Non sono mancati tentativi compiuti da una parte della dottrina (Denozza), di giustificare e delimitare questa creazione giurisprudenziale, come, ad esempio, la spiegazione del principio dell'apparenza in termini di *rischio d'impresa*. Esso andrebbe accollato, con le relative conseguenze sul terreno della responsabilità, a chi abbia tenuto verso i terzi un comportamento tale da arrecare loro danno in riferimento all'attività svolta. Si è obiettato, però, che si tratterebbe di una visuale meramente descrittiva non sostenuta da basi normative più solide della teoria dell'apparenza giuridica. Altra impostazione conduce a negare la stessa contrapposizione fra società di fatto e società apparente, sostenendo che – a tutela del legittimo affidamento – debba attribuirsi valore negoziale a comportamenti conformi a quelli propri di una figura contrattuale riconoscibile come tale dai terzi; con la conseguenza che, se due o più soggetti tengono un comportamento identificabile all'esterno come quello di soci, si avrebbe perciò stesso società, e non mera apparenza di società. Invero, la necessità di tenere adeguatamente conto della rilevanza esterna del comportamento del soggetto corrispondente a quello del socio conduce a ritenere che quando tale comportamento – considerato singolarmente o insieme ad altri – sia qualificabile come proprio del rapporto sociale, si ha una società che non solo appare ai terzi, ma *esiste di fatto* fra le parti; quest'ultime potranno dimostrare in senso contrario solo la mancanza della volontà empirica del comportamento, essendo invece irrilevante l'esistenza o meno dell'intento giuridico di costituire la società. In conclusione, non vi sarebbe spazio per la società apparente, sul presupposto di una difformità dell'apparenza dalla realtà; la società, quando si rivela con tutti i requisiti della società apparente, sarebbe società di fatto (Di Sabato). Tuttavia, se è vero che l'esteriorizzazione obiettiva del rapporto sociale può essere ritenuta sufficiente anche in mancanza di un atto formale che ne consacri la costituzione, non si può privare di ogni significato la volontà dei soggetti agenti e sostituirvi l'opinione che un terzo si faccia in base ad una propria valutazione delle modalità di attuazione all'esterno dell'iniziativa imprenditoriale (Ferri *sr.*).

6. I tipi di società.

Come evidenziato, nel vigente sistema normativo la società è un *tipo contrattuale funzionalmente espressivo* (Spada), sicché il primo livello del procedimento di qualificazione in ambito societario consiste nella riconduzione della fattispecie concreta al tipo descritto nell'art. 2247: di là dal moltiplicarsi di esemplari di società di "fonte" non contrattuale, occorre, in altri termini, verificare se ci si trovi al cospetto dell'esercizio in comune di un'attività economica a scopo di lucro. La causa consente di cogliere la distinzione fra la società lucrativa e gli altri contratti associativi, sebbene si debba aggiungere che, laddove il legislatore ammette la costituzione di società senza finalità egoistiche, lo scopo comune perde la sua valenza distintiva ed emerge in pieno il significato della società come "forma di organizzazione dell'impresa" (Angelici).

Il secondo livello consecutivo del procedimento di tipizzazione riguarda l'aspetto organizzativo, atteso che il sistema normativo prevede una pluralità di modelli chiamati a regolare l'attuazione della funzione societaria sotto il profilo della ripartizione dei poteri decisionali e dichiarativi, dell'accesso ai proventi dell'attività e della distribuzione fra i soci dei "carichi" della stessa. Occorre quindi stabilire quale fra i vari tipi di società predisposti dall'ordinamento è stato scelto dalle parti, poiché a ciascuno di essi si ricollega una disciplina specifica.

La legge predispone strutture organizzative di tipo chiuso e di tipo aperto destinate rispettivamente ad imprese che operino sul mercato o si propongano uno scopo mutualistico. Le società a struttura chiusa comprendono, oltre ai tipi della società in nome collettivo, della società in accomandita semplice, della società per azioni e in accomandita per azioni, già note al codice di commercio del 1882, la società semplice e la società a responsabilità limitata introdotte dalla codificazione del 1942. L'associazione mutualistica – per poter accedere a varie provvidenze di ordine fiscale, previdenziale o creditizio – deve organizzarsi come società a struttura aperta, ossia come società cooperativa; quest'ultima è una compagine associativa variabile (grazie all'ammissione ed al recesso degli associati), diretta da un organo amministrativo i cui preposti sono reclutati dai soci rispettando una procedura assembleare che si caratterizza per il fatto che la decisione è votata dai più (voto capitario, temperato per le cooperative che realizzano, come i consorzi, integrazioni interaziendali dall'art. 2538, comma 4). Nel diritto novellato del 2003, per poter profittare delle agevolazioni fiscali (ma solo di queste) occorre rispettare determinati parametri quantitativi (art. 2513) e statutari (art. 2514) che consentano di acquisire la qualifica di *cooperativa a mutualità prevalente* (art. 2512).

L'autonomia privata incontra, nell'eleggere il tipo di società, un limite di carattere generale imposto in relazione all'oggetto sociale, ossia al genere di attività economica che i soci intendono svolgere per realizzare lo scopo comune. Se l'attività è *commerciale*, è necessario che la società si costituisca secondo uno dei tipi regolati nei capi III e seguenti – ovvero società in nome collettivo o in accomandita semplice o in accomandita per azioni, oppure società per azioni o a responsabilità limitata –, con esclusione quindi della società semplice (art. 2249, comma 1); per contro, le parti hanno un'assoluta libertà di scelta per lo svolgimento in forma societaria di attività *non commerciale* (art. 2249, comma 2). L'adozione del tipo della società semplice non è, tuttavia, imposta, ma condizionata alla mancanza di una scelta esplicita in favore di uno degli altri tipi di società.

Limiti di carattere settoriale derivano poi dallo svolgimento di attività imprenditoriali di particolare rilevanza: ad esempio, l'attività bancaria è riservata alle società per azioni e alle cooperative per azioni (art. 14 TUB); la forma della società per azioni deve essere pure adottata dalle imprese che prestano i servizi e le attività di investimento (art. 19 TUF), dalle società di gestione del risparmio (art. 34 TUF), da quelle per la gestione di mercati regolamentati (art. 64 TUF).

I tipi di società costituiscono un numero chiuso, sicché sarebbe impedito ai privati costituire società atipiche. La predeterminazione in via tassativa dei tipi societari non si pone in contrasto con il principio costituzionale di libertà dell'iniziativa economica (art. 41 Cost.), dal momento che risponde ad esigenze di tutela dei terzi e di ordinato svolgimento dei rapporti nel mercato.

I tipi di società si distinguono fondamentalmente in funzione del diverso modo in cui si vuole organizzare l'attività sociale. La legge ricollega all'adozione di ciascun tipo un diverso regime di responsabilità dei soci per le obbligazioni sociali. Questo elemento rappresenta, dunque, un aspetto – fra i più importanti – della disciplina, ma non vale a caratterizzare i tipi di società sotto l'aspetto organizzativo. Ed è tutt'altro che priva di significato la circostanza che, a seguito della riforma delle società di capitali e cooperative, operata con il d.lgs. n. 6/2003, la rubrica degli articoli che disciplinano la responsabilità per le obbligazioni sociali (artt. 2325, 2462 e 2518) non contenga più alcun riferimento alla nozione del tipo considerato.

È altresì da notare che il sistema del codice, piuttosto che enunciare esplicitamente i caratteri che la fattispecie concreta deve possedere per essere ricondotta ad un tipo piuttosto che a un altro, si basa sulla contrapposizione fra *tipi rigidi* o *superiori*, che sono la società in accomandita semplice e per azioni, la società per azioni e a responsabilità limitata, e *tipi elastici* o *inferiori*, quali la società semplice e in nome collettivo. I primi sono modelli legali di organizzazione dell'attività, con cui occorre confrontare gli accordi dei soci per decidere se da tale confronto scaturisca un giudizio di conformità o di difformità. I secondi sono regimi residuali dell'iniziativa societaria, destinati a trovare applicazione a seconda che l'attività sia non commerciale (società semplice) o commerciale (società in nome collettivo). Si tratta d'insiemi di regole organizzative che, quando le parti non abbiano diversamente convenuto, si applicano per stabilire: a) chi e come decide (art. 2257); b) chi e come dichiara in nome della società quel che è stato deciso (art. 2266); c) che uso i soci possono fare dei beni della società (art. 2256); d) quando ed in che misura i soci abbiano accesso agli utili e sopportino le perdite (art. 2263).

Posto che gli effetti legali di ciascun tipo si determinano quando si realizzano i presupposti legali dello stesso, non è precluso all'autonomia negoziale – entro margini variabili e tradizionalmente più circoscritti nei modelli organizzativi destinati, come la società per azioni, alle iniziative economiche più rilevanti – modificare la disciplina legale purché non si vadano ad alterare i connotati caratterizzanti del tipo. In caso di incompatibilità fra regole legali e regole introdotte dall'autonomia privata, queste ultime devono essere sostituite con le prime in applicazione dell'art. 1419. La nullità delle clausole atipiche potrà estendersi all'intero contratto solo nelle società di persone, data l'operatività rispetto ad esse delle cause di invalidità di diritto comune fissate per i contratti; non nelle società di capitali, poiché l'art. 2332 limita a casi tassativi la nullità della società.

Non sono mancate in giurisprudenza posizioni inclini a sostenere che, in presenza di clausole atipiche incompatibili con la disciplina del tipo di società prescelto, la conseguenza dovrebbe essere la "riqualificazione" del tipo stesso: ad esempio, se l'atto costitutivo di una s.r.l., il cui regolamento legale stabilisce la responsabilità limitata dei soci, prevede che costoro siano illimitatamente e solidalmente responsabili per i debiti sociali, si dovrebbe riqualificarla come società in nome collettivo. Si può tuttavia osservare che, laddove la costituzione della società si perfeziona con l'iscrizione della stessa nel registro delle imprese come società di un certo tipo (per esempio, società per azioni, secondo quanto previsto dall'art. 2331, la cui disciplina è richiamata per la s.r.l. dall'art. 2463, comma 3), bisogna privilegiare un'istanza di certezza piuttosto che di congruità della regola rispetto alla situazione da regolare. L'iscrizione di un atto costitutivo come s.p.a. (o come s.r.l.) determina comunque un affidamento, sia nei contraenti sia nei terzi, in ordine all'applicazione della relativa disciplina; tanto da impedire una qualificazione dei relativi contenuti difforme dal nome del tipo risultante dal registro delle imprese.

7. Personalità giuridica e autonomia patrimoniale.

Il codice civile, pur avendo seguito la via dell'entificazione delle società di tutti i tipi, ha attribuito espressamente la personalità giuridica soltanto alle società di capitali (artt. 2331, comma 1, 2454, 2463, comma 3) e alle società cooperative e di mutua assicurazione (artt. 2523, comma 3 e 2547), mentre non l'ha attribuita alle società di persone.

In assenza di una definizione normativa di persona giuridica come fattispecie cui ricollegare una specifica disciplina, gli interpreti si sono confrontati sul significato, sul piano degli effetti, dell'attribuzione o non attribuzione della personalità giuridica. In tale ricerca si è affermato che la persona giuridica non sia altro che l'espressione riassuntiva della disciplina dell'autonomia patrimoniale dell'ente, ossia delle regole che stabiliscono la separazione tra il patrimonio della società e quello dei soci e la destinazione del primo all'esclusivo adempimento delle obbligazioni sociali (Galgano, d'Alessandro).

L'autonomia patrimoniale perfetta, unitamente al riconoscimento della personalità giuridica dell'ente, permette di conseguire in modo diretto e lineare il duplice obiettivo, funzionale alla diffusione e allo sviluppo delle iniziative imprenditoriali organizzate in forma societaria, di: *a*) prevedere un'adeguata tutela dei creditori sociali, la cui garanzia patrimoniale è localizzata sui beni della società, i quali sono a loro volta insensibili alle pretese esecutive dei creditori dei soci o delle persone preposte all'esercizio dell'attività sociale (c.d. *affirmative asset partitioning*); *b*) di consentire a quanti costituiscono la società di limitare la responsabilità ad una frazione del proprio patrimonio e di sottrarre i beni residui all'aggressione dei creditori sociali, a vantaggio di quelli personali (c.d. *defensive asset partitioning*).

D'altro canto, se è vero che la concentrazione della garanzia dei creditori sociali sui beni della società e il vincolo gravante sui beni dei soci per il soddisfacimento dei creditori personali accrescono il valore della garanzia rappresentata da ciascun patrimonio per le relative obbligazioni, non può negarsi che la responsabilità limitata non è priva di rischi per i creditori presenti e futuri. Anzitutto, i soci potrebbero dotare la società dei mezzi necessari per lo svolgimento dell'attività solo in parte attraverso il capitale di rischio (ovviamente nel rispetto dei minimi previsti dalla legge) e per il resto a titolo diverso dal conferimento, sottraendosi ai vincoli per esso stabiliti e ponendosi potenzialmente in conflitto con i terzi: è questo il già richiamato problema della sottocapitalizzazione nominale, a fronte del quale possibili rimedi possono essere offerti dall'art. 2484, comma 1, n. 2, che prevede quale causa di scioglimento della società l'impossibilità di conseguire l'oggetto sociale, oppure dalla repressione dell'abuso della personalità giuridica (Portale).

Il rischio di c.d. azzardo morale può manifestarsi anche attraverso l'aumento del livello di indebitamento della società, nonostante le sue attività patrimoniali siano divenute insufficienti a soddisfare i creditori. Parallelamente all'assunzione di nuovi debiti, può acuirsi la tendenza dei soci a preferire progetti imprenditoriali altamente rischiosi nei quali alla speranza di ingenti profitti – di cui i soci stessi, dedotte le spese, potranno appropriarsi integralmente – si contrappone il pericolo di perdite altrettanto elevate, le quali oltre una certa misura graveranno sui creditori. A temperare questo rischio interviene, nel diritto delle società a responsabilità limitata, il sistema del capitale sociale, che – grazie alle regole in materia di formazione e conservazione (cfr., fra l'altro, art. 2484, n. 4) e alla sottoposizione di una data aliquota del patrimonio ad un regime di indisponibilità mediante distribuzione ai soci – crea un'aspettativa giuridicamente garantita sull'effettiva esistenza in capo ai società dei mezzi necessari per fare fronte alle pretese dei creditori.

Le esigenze testé menzionate trovano peraltro attuazione, sia pure in forma attenuata, nelle società di persone, nonostante la mancata attribuzione da parte del legislatore della personalità giuridica.

In esse i creditori personali dei soci non possono aggredire il patrimonio della società per soddisfarsi, ma possono solo, in casi specifici, ottenere la liquidazione della quota del proprio debitore (artt. 2270, comma 2, e 2307), a condizione che la società non sia in stato di liquidazione e che gli altri beni di cui dispone il socio non siano sufficienti a soddisfare i crediti. Inoltre, il creditore particolare del socio, finché dura la società, può far valere i suoi diritti sugli utili spettanti al proprio debitore mediante pignoramento del relativo credito e chiedere il sequestro conservativo sulla quota che gli spetterà in sede di liquidazione (art. 2270, comma 1).

I creditori sociali, inoltre, non possono aggredire direttamente il patrimonio personale dei soci illimitatamente responsabili, essendo la responsabilità di costoro *sussidiaria* rispetto a quella della società. I soci fruiscono, infatti, del beneficio della preventiva escussione del patrimonio sociale, che è pieno nella società in nome collettivo (art. 2304), mentre è attenuato nella società semplice (art. 2268).

Giova precisare che nella società semplice il contratto sociale può limitare al conferimento effettuato la responsabilità dei soci non amministratori (art. 2267); mentre gli altri soci, che sono illimitatamente e solidalmente responsabili per i debiti sociali, possono evitare l'espropriazione dei propri beni indicando quelli della società su cui il creditore possa agevolmente soddisfarsi (art. 2268).

Nella società in nome collettivo, nonostante tutti i soci siano illimitatamente responsabili per le obbligazioni sociali (art. 2291), i creditori della società possono aggredire i beni individuali dei primi solo dopo avere inutilmente escusso il patrimonio sociale (art. 2304), che – distaccando si dai patrimoni personali dei soci medesimi – costituisce, quindi, l'*asset* primario mediante il quale l'attività si sostiene.

L'intensità della localizzazione della garanzia per le obbligazioni sociali nel patrimonio della società e l'insensibilità di quest'ultimo alle pretese dei creditori personali dei soci dipendono, nel diritto delle società di persone, dalla situazione di "regolarità" dell'ente, ovvero dal fatto che sia rispettata la formalità dell'iscrizione nel registro delle imprese. Qualora tale formalità non sia compiuta, la società in nome collettivo viene comunque ad esistenza, ma gode della minore autonomia propria della società semplice, essendo, per un verso, meno intensa la predetta localizzazione sul patrimonio sociale della responsabilità per i debiti della società, per l'altro, più agevole per il creditore particolare del socio accedere al cespite rappresentato dalla quota del proprio debitore (art. 2297, comma 1).

La riflessione giuridica si è soffermata sulla questione se il profilo oggettivo dell'autonomia patrimoniale esaurisca la distinzione formale fra soci e formazione associativa, oppure se debba ritenersi che anche le società di persone siano soggetti di diritto, ossia centri di imputazione di rapporti giuridici, autonomi e distinti dalle persone dei soci.

Del resto, diversi dati normativi testimoniano con chiarezza la presenza di un fenomeno di unificazione soggettiva nelle società di persone: l'art. 2266, in base al quale la società acquista diritti e assume obblighi in proprio; l'attribuzione ad essa di un nome e di una sede (artt. 2292, 2295); la trascrivibilità di atti a suo favore o contro nei registri immobiliari (artt. 2659, 2839). La soggettività delle società in discorso emerge poi, in modo ancora più marcato, dalla insensibilità dei rapporti giuridici instaurati con i terzi al variare della compagine sociale.

Dall'unificazione soggettiva delle società di persone discende che esse – non diversamente dalle società dotate di personalità giuridica – sono titolari dei beni e dei rapporti sociali, sicché la responsabilità dei soci per le obbligazioni della società è sempre una responsabilità per obbligazioni altrui: da qui derivano ulteriori corollari quali la validità della fideiussione prestata dal socio a favore della società, o l'imputazione alla società medesima del debito per la quota di liquidazione dovuta al socio escluso o receduto. Ed un altro aspetto idoneo ad integrare la soggettivizzazione anche delle società di persone è l'imputazione ad esse dell'attività d'impresa, con conseguente assunzione della qualifica di imprenditori.

8. Società di persone.

Il lessico giuridico e, a seguito della riforma del 2003, anche quello legislativo classificano come *società di persone* la società semplice, la società in nome collettivo e la società in accomandita semplice e come *società di capitali* la società per azioni, la società in accomandita per azioni e la società a responsabilità limitata.

Questi termini presentano un'utilità "semantica" in quanto consentono di applicare direttamente a tutte le società della prima o della seconda classe non solo talune regole (ad esempio, in tema di trasformazione omogenea: artt. 2500-ter e 2500-sexies), ma anche interi istituti (si pensi allo scioglimento e liquidazione, di cui agli artt. 2484 ss., nonché alla trasformazione eterogenea).

La contrapposizione fra la classe delle società di persone e la classe delle società di capitali si basa fondamentalmente sulla diversa rilevanza che rivestono, nell'organizzazione giuridica della formazione sociale, il profilo personale o quello patrimoniale. Sebbene non sia da escludere che anche nelle società capitalistiche vi possa essere un rafforzamento dell'*intuitus personae* e, viceversa, in quelle di persone rilevi comunque l'entità dell'apporto, appare legittimo ritenere che la società può essere organizzata giuridicamente in funzione delle persone dei soci o in funzione della quota di partecipazione di ciascuno (Ferri *sr.*): il che significa che, con riferimento al primo modello, la posizione del socio all'interno della società, così come i poteri e gli obblighi ad esso spettanti, possono essere uguali, pur essendo diversa la partecipazione o, viceversa, possono essere diversi, nonostante l'uguaglianza della partecipazione medesima; nel secondo modello, invece, vi è una tendenziale corrispondenza fra quote di partecipazione, da una parte, e poteri ed obblighi che ad esse si riconnettono, dall'altra, con la conseguenza che diritti e poteri circolano unitamente alla quota di partecipazione.

A questo diverso grado di personalizzazione delle vicende nei tipi appartenenti alla prima classe rispetto a quelli ricompresi nella seconda, fa riscontro – sul piano della caratterizzazione giuridica – una *diversa modalità di provvista del capitale di rischio* (Spada).

Nelle società di persone, in base al regime legale (che pure ammette di essere derogato) la composizione della compagine sociale può essere modificata solo con il consenso di tutti i soci (art. 2252). Ne discende che si tratta di formazioni sociali caratterizzate – almeno normalmente – da una cerchia di soci numericamente ristretta e tendenzialmente stabile, in cui ciascuno si ripromette di partecipare alla divisione degli utili se e quando matureranno (art. 2262). Si può dunque affermare che nelle società di persone la provvista di capitale di rischio si avvale di risor*se nominate*, apportate da soci individuati.

Invero, in mancanza di un'espressa previsione normativa per l'ipotesi di cessione *inter vivos* della quota, è opinione pacifica che essa, nel silenzio del contratto sociale, deve essere accettata da tutti i soci; tale consenso può risultare anche da comportamenti concludenti come avviene quando gli altri soci consentono, senza contestazioni, all'acquirente della quota di esercitare i diritti del suo dante causa. Una conferma indiretta di questa tesi si desume dalla disciplina del trasferimento *mortis causa* contenuta nell'art. 2284, in base alla quale la successione dell'erede nella qualità di socio può avvenire solo con il consenso di tutti i soci superstiti. In assenza del consenso dei consoci, l'alienazione della quota, pur essendo inefficace nei confronti della società e dei soci medesimi, può nondimeno avere effetti fra le parti.

Le caratteristiche sopra evidenziate agevolano l'inquadramento sistematico delle norme di cui si compone la disciplina dei tipi delle società di persone e aiutano a comprendere la razionalità delle regole legali dispositive per esse dettate, in specie di quelle riguardanti i rapporti interni fra soci e gli aspetti organizzativi.

Prima di esaminare il predetto regime legale e lasciando in disparte le possibili deviazioni convenzionali, giova tratteggiare gli elementi distintivi dei vari tipi racchiusi nella classe delle società di persone.

Fra questi il tipo più elementare e – nello stesso tempo – il modello-base di regolamentazione per tutte le società di persone, salvo le deroghe di volta in volta apportate dalle singole norme in relazione ai diversi tipi della s.n.c. e della s.a.s., è rappresentato dalla società semplice, destinata all'esercizio di un'attività economica che non sia qualificata dalla legge come commerciale ai sensi dell'art. 2195 (cfr. Capitolo II, § 2, *supra*). Essa è caratterizzata dall'assenza di un regime di pubblicità dichiarativa, essendo sottoposta soltanto a quella forma di pubblicità notizia che si realizza attraverso l'iscrizione nella sezione speciale del registro delle imprese (art. 2, D.P.R., n.

558/1999 e art. 8, comma 5, l. n. 580/1993). Sennonché, come si è anticipato (Capitolo III, § 3, *supra*), il d.lgs. n. 228/2001 ha attribuito efficacia dichiarativa all'iscrizione nella sezione speciale delle società semplici esercenti attività agricola. L'art. 2251 esige, peraltro, che siano rispettate le forme richieste dalla natura dei beni conferiti. Ne discende che in caso di conferimento in proprietà di beni immobili, sarà necessaria la forma scritta (art. 1350, n. 9), ma solo per la validità del conferimento e non anche per la validità dell'intero contratto, rispetto al quale opera il principio dell'art. 1420.

Quanto alla responsabilità per le obbligazioni sociali, la legge consente di limitare la responsabilità dei soci che non agiscono, i quali – in mancanza di deroga – rispondono illimitatamente e solidalmente alla stessa stregua dei soci muniti del potere di rappresentanza. Il patto limitativo della responsabilità deve essere portato a conoscenza dei terzi con mezzi idonei (e nel caso delle società semplici esercenti attività agricola mediante iscrizione nel registro delle imprese), pena l'inopponibilità dello stesso ai terzi che non ne hanno avuto conoscenza (art. 2267).

La società in nome collettivo è il tipo societario che si presume adottato per l'esercizio collettivo di attività commerciali, salvo che sia stato espressamente scelto dalle parti uno dei tipi superiori, e si caratterizza in funzione della responsabilità illimitata e solidale di tutti i soci per le obbligazioni sociali. La legge stabilisce che un eventuale patto contrario non ha effetto nei confronti dei terzi (art. 2291), ma – essendo quella del socio una responsabilità per debito altrui – egli conserverà, una volta che abbia pagato un'obbligazione sociale, il diritto di rivalersi per l'intero nei confronti della società. Inoltre, il socio che abbia limitato pattiziamente la propria responsabilità, nei limiti imposti dal rispetto del divieto del patto leonino (art. 2265), potrà rivalersi nei confronti degli altri soci *ex* art. 1299.

La società in accomandita semplice è contraddistinta dalla presenza di due categorie di soci: quelli che amministrano (ma non necessariamente tutti e, in caso di pluralità, disgiuntamente salvo diversa delibera) e rispondono solidalmente e illimitatamente per le obbligazioni sociali, peraltro con beneficio di escussione (soci accomandatari); quelli che invece rispondono limitatamente alla quota conferita, non possono amministrare la società, né trattare o concludere affari in nome della stessa se non forza di procura speciale (soci accomandanti). Nel caso di violazione di tale divieto (c.d. divieto di immistione) questi ultimi rispondono illimitatamente e solidalmente verso i terzi (sia pure senza assumere la veste di accomandatari e di amministratori), possono essere dichiarati falliti per estensione dell'eventuale fallimento della società, e possono altresì essere esclusi dalla società (art. 2320).

Anche per le società in nome collettivo e in accomandita semplice, pur essendo prevista la redazione di un atto scritto, vale a dire l'atto costitutivo, la forma scritta non è richiesta per esigenze di forma o di prova, ma solo ai fini della pubblicità legale.

Per le suddette società la legge fissa un contenuto piuttosto ampio dell'atto costitutivo: da esso devono risultare (art. 2295): a) il nome dei soci e la loro responsabilità, con l'indicazione, nella società in accomandita semplice, dei soci accomandatari e dei soci accomandanti (art. 2316); b) la ragione sociale, ovvero il nome sotto il quale la società agisce, che può contenere anche il nome del socio receduto, che vi consenta, ovvero quello del socio defunto, se vi consentono i suoi eredi (art. 2292); c) le persone degli amministratori e di coloro che hanno la rappresentanza della società; d) la sede, l'oggetto e la durata della società, potendo però quest'ultima essere costituita anche a tempo indeterminato; e) i conferimenti di ciascun socio; f) le prestazioni a cui sono obbligati i soci d'opera; g) le norme sulla ripartizione degli utili e la quota di ciascuno negli utili e nelle perdite.

L'incompletezza dovuta all'omissione di talune indicazioni richieste dalla legge non comporta l'invalidità del contratto, ma giustifica il rifiuto di iscrizione nel registro delle imprese da parte del relativo ufficio. D'altro canto, la mancanza di indicazioni riguardanti i soci investiti dell'amministrazione e della rappresentanza, la ripartizione degli utili o la partecipazione agli utili e alle perdite, può essere supplita dalle regole legali dispositive di cui agli artt. 2257, 2253, 2263.

La pubblicità del contratto sociale si attua mediante il deposito per l'iscrizione presso l'ufficio del registro delle imprese dell'atto costitutivo con sottoscrizione autenticata dei contraenti o di una copia autentica dello stesso, se la stipulazione è avvenuta per atto pubblico (art. 2296).

Come si è accennato (in questo Capitolo, § 7, *supra*), l'iscrizione nel registro delle imprese non è condizione di esistenza della società, ma di regolarità della stessa; il che rappresenta una netta differenza rispetto alle società di capitali, in cui la mancanza della forma prescritta comporta la nullità della società, anche dopo l'iscrizione e ne preclude, anzi, la stessa venuta ad esistenza. La società irregolare è disciplinata, limitatamente ai rapporti con i terzi, dalle norme dettate per la società semplice, ferma la responsabilità illimitata e solidale di tutti i soci (art. 2297), con conseguente inapplicabilità dell'art. 2267, comma 2, per quanto riguarda l'eventuale limitazione di responsabilità.

Inoltre, in tale caso si presume che ciascun socio che agisce abbia la rappresentanza sociale anche in giudizio, mentre i patti che limitano la rappresentanza medesima o la attribuiscono soltanto ad alcuni soci non sono opponibili ai terzi, salvo che si provi che questi ne erano a conoscenza (art. 2297, comma 2). Tale disciplina, che risponde ai principi conseguenti alla mancata osservanza della pubblicità legale (art. 2193), costituisce altresì una deroga alla disciplina dettata per la società semplice (art. 2266, comma 2), che prevede l'inopponibilità delle limitazioni della rappresentanza a prescindere dalla conoscenza che i terzi ne abbiano.

Nella società in accomandita semplice irregolare la limitazione di responsabilità dei soci accomandanti permane ed è opponibile ai creditori, purché l'accomandante non partecipi in alcun modo (neppure in forza di procura speciale per singoli affari) alle operazioni sociali (art. 2317, comma 2).

Come si è anticipato, rientrano nella categoria delle società irregolari, quando l'attività svolta sia commerciale, sia le società di fatto vere e proprie, operanti come tali nei confronti dei terzi (in questo Capitolo, § 5, *supra*), sia le società occulte. Emerge, dunque, un tratto comune della classe delle società di persone, ravvisabile nell'applicazione della disciplina propria del tipo secondo un "principio di effettività": ne deriva non solo che la disciplina legale si applicherà quando, anche in mancanza di accordi espressi, l'attività effettivamente compiuta sia conforme a quella tipizzata, ma anche che l'interprete potrà pervenire ad una "riqualificazione" del *nomen iuris* assegnato all'iniziativa nell'atto costitutivo, qualora l'attività (o l'inattività) effettivamente riscontrata sia riconducibile ad un tipo diverso (Sciuto).

L'art. 2252 riconosce piena tutela – in mancanza di diversa pattuizione – all'interesse del singolo socio a che siano mantenute inalterate le basi organizzative originariamente convenute. La regola dell'immodificabilità del contratto sociale senza il consenso dei contraenti originari è espressione di un principio generale del diritto dei contratti, che trova applicazione per tutte le società di persone, ma non per quelle di capitali, nelle quali la regola è la modificabilità dell'atto costitutivo a maggioranza.

Una significativa eccezione alla regola dell'unanimità per le decisioni modificative del contratto sociale è prevista per la trasformazione in società di capitali, la fusione e la scissione di società di persone, che possono essere decise con il consenso della maggioranza dei soci determinata secondo la parte attribuita a ciascuno negli utili, salvo che il contratto non disponga diversamente e salvo il diritto di recesso del socio che non abbia concorso o consentito alla decisione (artt. 2500-ter, 2502 e 2506-ter).

Le modificazioni del contratto sociale sono sottoposte al regime di pubblicità previsto per il tipo sociale in questione: esse sono in ogni caso efficaci nei rapporti fra i soci e opponibili ai terzi che ne abbiano avuto conoscenza.

In talune ipotesi, data l'incidenza della modificazione sulla posizione dei terzi, l'iscrizione nel registro delle imprese svolge un ruolo ulteriore rispetto a quello che di regola si riconnette alla pubblicità dichiarativa. L'iscrizione assume talvolta efficacia costitutiva, come avviene per la decisione di trasformazione (art. 2500, comma 3); talaltra, ossia nelle ipotesi di riduzioni di capitale con riduzione del patrimonio (attuate mediante restituzione integrale o parziale degli apporti ai soci o esonero dai versamenti ancora dovuti) opera come condizione per l'eseguibilità della modificazione, nonché come momento iniziale del termine di tre mesi entro il quale i creditori sociali possono proporre opposizione, atteso che attraverso la modificazione si riduce il complesso dei beni sui quali essi possono soddisfarsi con preferenza rispetto ai creditori particolari del socio (art. 2306). Analoga disciplina opera con riferimento alle decisioni di fusione o di scissione (artt. 2503 e 2506-ter). Nell'ipotesi di proroga della società oltre il termine di durata inizialmente previsto, l'iscrizione opera soltanto ai fini della decorrenza del termine di tre mesi concesso ai creditori particolari del socio per proporre opposizione (art. 2307). In caso di omissione della formalità pubblicitaria, la modifica è immediatamente operativa, ma il creditore particolare potrà richiedere, anche successivamente, la liquidazione della quota del socio debitore.

Il consenso alla modifica può manifestarsi anche tacitamente, come avviene nell'ipotesi di continuazione delle operazioni sociali dopo la scadenza della società, dovendosi ravvisare in ciò una proroga della sua durata a tempo indeterminato (art. 2273). Ne consegue che il socio può esercitare diritto di recesso a norma dell'art. 2285, comma 1, e il creditore particolare del socio di società in nome collettivo o in accomandita semplice può chiedere la liquidazione della quota, esercitando il diritto riconosciuto in via generale al creditore particolare del socio di società semplice (art. 2307, comma 3, che richiama l'art. 2270).

Nei tipi elementari di società di persone esiste – nonostante la mancanza di personalità giuridica – un principio di organizzazione, desumibile dalle norme in tema di amministrazione della società semplice (applicabili anche nelle società in nome collettivo) e inteso ad assicurare l'ordinato svolgimento di un'attività economica da parte dei soci in vista del raggiungimento dello scopo sociale. L'organizzazione della società non è, dunque, rigidamente determinata negli organi e nelle competenze, ma è sostanzialmente affidata alla libera determinazione dei soci. Non esistono organi societari, né deliberativi (assemblea), né amministrativi (amministratore unico o consiglio di amministrazione), ma vi sono persone dotate del potere di amministrazione, ovvero soggetti titolari della funzione di compiere – singolarmente, congiuntamente o anche collegialmente – tutti gli atti inerenti alla gestione dell'impresa sociale.

Da quanto appena detto discendono due ordini di considerazioni: da una parte, si tende ad escludere – ma non senza voci contrarie in dottrina – sia l'esistenza di delibere intese come atti collegiali, essendo esse la risultante della somma delle dichiarazioni dei soci del tutto svincolate dal rispetto di regole formali, sia la necessità di rispettare le rigide cadenze procedimentali della convocazione, riunione, votazione; dall'altra, si segnala che il rapporto di amministrazione è distinto e diverso dal rapporto sociale, anche laddove, come è normale nelle società di persone, vi sia coincidenza fra la qualità di socio e la veste di amministratore. Questo secondo aspetto è ora accentuato dal comma 1 dell'art. 2257, come modificato dal Codice della crisi d'impresa e dell'insolvenza, a mente del quale la gestione dell'impresa spetta esclusivamente agli amministratori e costoro compiono le operazioni necessarie per l'attuazione dell'oggetto sociale.

Il paradigma normativo scelto dal legislatore è quello dell'*am-*

ministrazione disgiuntiva affidata a tutti i soci (art. 2257). Si tratta di una regola dispositiva – secondo taluni (Ferri *sr.*) suppletiva –, destinata a trovare applicazione se i soci non hanno diversamente disposto nell'atto costitutivo e derogabile anche mediante una successiva modifica dello stesso. Secondo tale modello ciascun socio amministratore può compiere da solo tutte le operazioni rientranti nell'oggetto sociale, senza necessità di informare preventivamente gli altri soci o di chiedere il consenso o il parere degli altri soci amministratori. Siffatto potere d'iniziativa individuale incontra un temperamento nel diritto di ciascun socio amministratore di opporsi all'operazione che un altro socio voglia compiere prima che essa sia completata (art. 2557, comma 2). Sull'opposizione decide la maggioranza dei soci computata per quote d'interesse, cioè secondo la parte attribuita a ciascun socio negli utili (art. 2257, comma 3).

L'atto costitutivo può attribuire l'amministrazione solo a taluni soci disgiuntamente, o a tutti i soci o ad alcuni fra essi congiuntamente oppure prevedere che l'amministrazione congiuntiva sia combinata con quella disgiuntiva, così come può stabilire che gli atti di amministrazione siano decisi all'unanimità o a maggioranza. Nell'ipotesi di amministrazione congiuntiva maggioritaria, la legge precisa che la volontà della maggioranza vada determinata per quote di interesse e non per capi (art. 2558, comma 2). In caso di urgenza è riconosciuto ai singoli amministratori il potere di agire individualmente al fine di evitare un danno alla società (art. 2558, comma 3).

La legge disciplina solo la cessazione delle funzioni di amministratore a seguito di revoca: dall'art. 2259 si ricava che l'amministratore nominato nell'atto costitutivo può essere revocato solo per giusta causa e, in difetto di quest'ultima, la revoca non ha effetto; qualora, invece, la nomina sia avvenuta con atto separato, l'amministratore potrà essere revocato secondo le norme sul mandato, ma, se la revoca avviene senza giusta causa (e, nell'ipotesi di nomina a tempo indeterminato, senza congruo preavviso), egli avrà diritto al risarcimento del danno (art. 1725).

Sebbene il rinvio alla disciplina del mandato operato dall'art. 2262, comma 1, non sia da sopravvalutare, gli amministratori hanno i diritti e gli obblighi del mandatario. Essi sono solidalmente responsabili verso la società per l'adempimento degli obblighi ad essi imposti dalla legge e dal contratto, salvo che dimostrino di essere esenti da colpa (art. 2260). La funzione della norma si coglie nelle ipotesi in cui l'amministrazione sia conferita a più soci, ma non a tutti, e, laddove operi il regime legale, quando si tratti di escludere la responsabilità di alcuno dei soci, in quanto esente da colpa. Coerentemente con l'organizzazione propria delle società di persone, è da ritenere che l'azione di responsabilità spetti al socio *non uti singulus*, ma come membro della collettività sociale. Ciascun socio sarà dunque legittimato a proporre l'azione per ottenere la reintegrazione del patrimonio sociale, il quale sia rimasto danneggiato in conseguenza della *mala gestio* dell'amministratore.

I soci esclusi dall'amministrazione hanno nei confronti degli amministratori incisivi poteri di informazione e di controllo, che trovano il proprio fondamento nell'organizzazione della società su base personale e nella mancanza in essa di un organo di controllo. Essi si manifestano nel diritto di avere notizie sullo svolgimento degli affari sociali; di consultare i documenti relativi all'amministrazione e quindi, per le società soggette all'obbligo di tenuta della contabilità, i libri e le scritture contabili; di ottenere il rendiconto periodico alla fine di ogni esercizio sociale e il rendiconto finale (art. 2261).

Un analogo potere di controllo continuo va riconosciuto anche agli accomandatari non amministratori nella società in accomandita semplice, mentre agli accomandanti spetta solo un controllo del bilancio e del conto dei profitti e delle perdite da esercitare alla fine dell'esercizio: essi possono consultare i libri e i documenti della società (art. 2320, comma 3), al solo fine di controllare l'esattezza dei dati esposti nel bilancio (Ferri *sr.*).

Alle norme finora illustrate che stabiliscono il regime legale dispositivo o suppletivo inteso a governare i procedimenti decisionali interni alla società e improntato alla diretta rilevanza dei soci nel prodursi dell'attività sociale, si affianca la disciplina delle condizioni di efficacia dei poteri rappresentativi e di opponibilità dei relativi limiti. La legge stabilisce che la società acquista diritti, assume obbligazioni e sta in giudizio per mezzo dei soci che ne hanno la rappresentanza, vale a dire, salvo diversa disposizione dell'atto costitutivo, per mezzo dei suoi amministratori, che dunque avranno sia il potere di decidere le operazioni sociali sia di impegnare la società (artt. 2266 e 2298). Il potere di rappresentanza si commisura a quello di amministrazione e spetterà disgiuntamente o congiuntamente a seconda che l'amministrazione sia disgiuntiva o congiuntiva. Le modificazioni e l'estinzione dei poteri rappresentativi devono essere portati a conoscenza dei terzi secondo la disposizione dell'art. 1396. Se si tratta di società in nome collettivo o in accomandita semplice (così come di società semplici esercenti attività agricola), i patti limitativi della rappresentanza (sia che riguardino le persone dei soci, sia il contenuto del relativo potere) non sono opponibili se non sono pubblicati (artt. 2298 e 2300) o, nel caso di società irregolare, se non si prova che i terzi li conoscevano (art. 2297).

9. Società di capitali: costituzione e finanziamento.

Le società di capitali, il cui "prototipo" è rappresentato dalla società per azioni, sono capaci, e normalmente destinate, a coinvolgere un numero anche rilevante di soci, rivolti al perseguimento di uno scopo di lucro.

Diversamente dalle società di persone, esse nascono necessariamente – come si ricava da dati normativi specifici e inderogabili, in primo luogo dagli artt. 2331, 2332 e 2436 – per effetto di un'attività di documentazione, consistente nell'indicazione dei fondamentali elementi formali e sostanziali della società nell'atto costitutivo, e nella sua successiva iscrizione nel registro delle imprese (pubblicità costitutiva). Il testo documentato è destinato a prevalere su quanto eventualmente convenuto (espressamente o in conformità di una prassi consolidata), ma non formalizzato nel documento iscritto nel registro delle imprese.

Ai fini dell'esistenza di ciascuna società di capitali non è sufficiente la costituzione, ma è necessaria la successiva iscrizione nel registro delle imprese, che concorre a perfezionare la fattispecie, la quale si presenta, dunque, a formazione successiva o, secondo una diversa visuale, come procedimento. Soltanto con l'iscrizione la società esiste come persona giuridica; soltanto in questo momento si producono nei confronti dei soci e dei terzi gli effetti propri del tipo di società prescelto. D'altro canto, una volta iscritte, le società di capitali vengono ad esistenza ed operano efficacemente a prescindere dalla validità dell'atto costitutivo (art. 2332). E si è già chiarito come il *nomen iuris* della società, quale indicato nell'atto costitutivo e iscritto nel registro delle imprese, sia destinato a prevalere sulle clausole "atipiche", le quali saranno giudicate nulle e sostituite imperativamente dalla disciplina legale propria del tipo indicato. Ancora, la prevalenza della componente documentale sul materiale extrastatutario impedisce di riconoscere efficacia reale a quelle regole che non risultino formalmente dedotte nello statuto (inteso come insieme di regole poste dai privati) iscritto nel registro delle imprese, restando confinate nell'area del "parasociale" (Angelici, Sciuto). D'altro canto, prima dell'iscrizione vi saranno degli effetti preliminari, come tipicamente avviene in ogni fattispecie complessa in corso di formazione, ma non gli effetti legali del tipo di società prescelto (Ferri *sr.*).

La struttura capitalistica della società si riflette sul procedimento di costituzione, la cui disciplina s'incentra sulla formazione del capitale sociale e sulle regole intese a garantirne l'effettività. Da ciò discendono talune condizioni o oneri che devono essere adempiuti da coloro che partecipano alla stipula del contratto sociale (art. 2329), quali: a) la dimostrazione che sia stato sottoscritto per intero il capitale sociale; b) il versamento del venticinque per cento dei conferimenti in denaro, nel caso della società per azioni presso una banca (art. 2342, comma 2), alla quale è vietato consegnare le somme depositate agli amministratori se costoro non provano l'avvenuta iscrizione della società nel registro delle imprese (art. 2331, comma 4); in quello della società a responsabilità limitata all'organo amministrativo nominato nell'atto costitutivo, che deve inoltre indicare i mezzi di pagamento (art. 2464, comma 4); c) l'integrale esecuzione dei conferimenti in natura; d) la sussistenza delle autorizzazioni e delle altre condizioni richieste dalle leggi speciali per la costituzione della società, in considerazione della rilevanza dell'attività da essa esercitata.

Nelle società appartenenti alla classe delle società di capitali, stando al regime legale (derogabile ma non senza limiti), per modificare la composizione personale della compagine sociale non è necessario il consenso né di tutti né della maggioranza dei soci. La vicenda traslativa della partecipazione si perfeziona con il consenso di chi aliena e chi acquista; non rientra fra le modificazioni dell'atto costitutivo e non richiede, pertanto, l'osservanza del relativo procedimento. D'altronde, la vendita della partecipazione può essere per il socio più conveniente dell'accesso all'utile. Ne discende che le società di capitali attingono, potenzialmente, a *risorse anonime*; l'anonimato delle risorse è tanto più accentuato quanto più la partecipazione si atteggia come merce – può dirsi come "merce finanziaria" –, suscettibile di formare oggetto di contrattazione continua nel mercato dei capitali.

Il principio di (tendenziale) libera trasferibilità delle partecipazioni comporta l'irrazionalità di regole che coinvolgessero i soci nell'amministrazione e nella responsabilità per le obbligazioni sociali. Di qui il processo di specializzazione della funzione amministrativa in un ufficio i cui preposti sono reclutati da una compagine sociale potenzialmente crescente e mai uguale a se stessa. Ma di qui anche la concentrazione della garanzia delle obbligazioni sociali sul patrimonio della società e la limitazione del rischio, da parte di ciascun socio (fatta eccezione per gli accomandatari di s.a.p.a.), nei limiti di quanto conferito; anzi, ricorrendo le condizioni previste dalla legge, persino da parte dell'unico socio, sia esso persona fisica o giuridica.

In generale, perché si acquisti la qualità di socio è necessario che i primi assegnatari delle partecipazioni effettuino un conferimento, inteso come contributo alla formazione del capitale sociale secondo le regole di un procedimento formale oggetto di specifica disciplina (Ferri *jr*., Angelici).

La limitazione di responsabilità dei soci e l'adozione nelle società di capitali di soluzioni plutocratiche – per cui potere e profitto sono, in via di principio, "funzioni dirette" del rischio (Spada), ossia sono proporzionali alla ricchezza investita e "capitalizzata" (Ginevra) – giustificano la previsione di norme in materia di conferimenti in via di principio più rigorose di quelle previste per le società di persone sia sotto il profilo delle tipologie di entità conferibili, sia sotto quello delle modalità e dei tempi di esecuzione del conferimento, nonché della valutazione dei beni e dei crediti conferiti. A livello sistematico, si osserva come la funzione giuridica del conferimento nelle società di capitali si comprende considerando non tanto il contributo con esso arrecato allo svolgimento dell'attività sociale, quanto il suo significato di investimento (ossia di affidamento di valori all'altrui gestione) e la connessa esigenza che si realizzi in forme coerenti con tale significato.

Sotto altro aspetto, bisogna segnalare che la riforma del 2003 ha introdotto differenze non trascurabili per quanto concerne la disciplina dei conferimenti nella società per azioni e in quella a responsabilità limitata. La distinzione appena richiamata emerge con particolare chiarezza laddove si consideri il diverso trattamento del conferimento d'opera o di servizi. Nella società per azioni esso è vietato dall'ultimo comma dell'art. 2342 (sulla scorta dell'obbligo comunitario imposto dall'art. 7 della seconda direttiva in materia di società per azioni); sicché l'apporto di tali utilità non può contribuire alla formazione del capitale sociale e può dare luogo soltanto all'emissione di strumenti finanziari diversi dalle azioni, sia pure forniti di alcuni dei diritti patrimoniali e anche amministrativi tradizionalmente spettanti al socio (art. 2346, comma 6). L'emissione di strumenti finanziari a fronte dell'apporto d'opera o di servizi si può avere, a norma dell'art. 2349, anche a favore dei dipendenti della società.

Nella società a responsabilità limitata oggetto del conferimento può essere la prestazione d'opera o di servizi da parte del socio. In tal caso, l'art. 2464, comma 6, richiede – coerentemente con la limitazione di responsabilità – la prestazione di idonea garanzia per il tramite di una polizza di assicurazione o di una fideiussione bancaria, la quale assume il ruolo di condizione esterna di ammissibilità. Se ne deduce che il valore del conferimento può consistere in un'attività del socio, la cui partecipazione all'attività comune può così realizzarsi – oltre che sul piano di una condivisione dei rischi – anche cooperando direttamente al suo svolgimento con il proprio personale contributo. Tale prospettiva è invece incompatibile con il possibile "anonimato" della partecipazione nella società per azioni, posto che l'apporto d'opera o di servizi non soltanto non consente alla società stessa di acquisire definitivamente il valore di tale apporto – in contrasto con il principio dell'integrale liberazione della partecipazione corrispondente ai conferimenti non in denaro (art. 2342, comma 3, riprodotto per la s.r.l., ma con significato non del tutto coincidente, nell'art. 2464, comma 5) –, ma soprattutto non le permette di avvalersene in via autonoma e a prescindere dalla cooperazione personale del socio.

La "legittimità conoscitiva" della classe delle società di capitali risiede, dunque, nel legame fra variazione della compagine sociale senza modificazione dell'atto costitutivo e formazione del capitale di rischio. Tale legame, sebbene costituisca presupposto imprescindibile affinché l'attuazione del programma imprenditoriale avvenga mediante il reperimento e l'utilizzo di risorse finanziarie "anonime", non basta di per sé a convogliare l'investimento da parte di grandi masse di risparmiatori (per l'appunto, "anonimi", poiché ciò che conta è solo l'apporto effettuato), dovendo ricorrere le condizioni giuridiche per l'instaurazione in concreto di un mercato delle partecipazioni medesime. Acquistano rilevanza, in tale prospettiva, le regole legali dettate per il tipo della società per azioni e idonee a differenziarlo rispetto alla società a responsabilità limitata, pure appartenente alla classe delle società di capitali.

La legge prevede, con esclusivo riferimento alla società per azioni, la bipartizione fra società che fanno e società che non fanno ricorso al mercato del capitale di rischio (art. 2325-bis). Le prime (s.p.a. aperte), a loro volta, sono individuate nelle società con azioni quotate in mercati regolamentati e in quelle con azioni diffuse fra il pubblico in misura rilevante (attualmente sono società ad azionariato diffuso le società con più di cinquecento azionisti non di controllo che detengano complessivamente almeno il cinque per cento del capitale sociale, purché sussistano le altre condizioni previste dall'art. 2-bis del Regolamento emittenti emanato dalla Consob, in relazione agli artt. 111-bis disp. att. e 116 TUF); le seconde sono le s.p.a. di base o chiuse. A queste ultime si applica la generalità delle norme che costituiscono la disciplina della società per azioni. Alle società ad azionariato diffuso si applicano, oltre a tali disposizioni o in deroga ad esse, le norme genericamente dettate per le "società che fanno ricorso al mercato del capitale di rischio" (ad esempio, in tema di pubblicità dei patti parasociali ai sensi dell'art. 2341-bis). Infine, alle società con azioni quotate si applicano – oltre alla disciplina generale e alle norme dedicate alle "società che fanno ricorso al mercato del capitale di rischio" – le disposizioni che lo stesso codice civile (ad esempio, artt. 2412, comma 5, art. 2441, comma 4, art. 2437-quinquies) o leggi speciali dedicano espressamente ad esse. Fra le leggi speciali riveste un'importanza primaria il TUF, emanato con d.lgs. n. 58/1998, nella parte dedicata alla disciplina degli emittenti. È soprattutto con riferimento ad esso che l'art. 2325-bis, ha cura di precisare che le norme dettate dal codice civile per le s.p.a. "si applicano alle società quotate in mercati regolamentati in quanto non sia diversamente disposto dalle norme di questo codice o di leggi speciali".

La società per azioni si caratterizza per la divisione del capitale sociale in un numero di partecipazioni arbitrariamente fissato nell'atto costitutivo, rappresentate dalle azioni (art. 2346).

In quanto frazione del capitale dotata di valore unitario, l'azione serve a misurare le partecipazioni al rapporto sociale di questo o quel socio: essa consente, cioè, di risolvere il problema della misurazione di quelle situazioni soggettive del socio che richiedono una determinazione quantitativa (potere di voto, diritto agli utili, diritto di opzione, diritto al saldo attivo di liquidazione).

Può dunque dirsi che le azioni sono partecipazioni-tipo omogenee e standardizzate, dotate di uguale valore e che conferiscono ai loro possessori uguali diritti (art. 2348, comma 1).

Il secondo comma dell'art. 2346 dispone che "se determinato nello statuto, il *valore nominale* di ciascuna azione corrisponde ad una frazione del capitale sociale; tale determinazione deve riferirsi senza eccezione a tutte le azioni emesse dalla società". Il terzo comma del medesimo articolo aggiunge che "in mancanza di indicazione del valore nominale delle azioni, le disposizioni che ad esso si riferiscono si applicano con riguardo al loro numero in rapporto al totale delle azioni emesse". Ne deriva la possibilità di attribuire alle azioni un valore assoluto, il valore nominale (in modo che la moltiplicazione di tale valore per il numero delle azioni sia eguale alla cifra stabilita come capitale sociale), oppure – in alternativa – di limitarsi a definire la proporzione da esse rappresentata del capitale sociale.

Si tratta, a ben vedere, di una mera variante tecnica mediante la quale predeterminare in via statutaria un'unità di conto utilizzabile per la misurazione dei diritti spettanti a ciascun socio. L'adozione della seconda soluzione consente di risolvere alcuni problemi che si presentano, in particolare, in caso di modificazione del capitale sociale: infatti, l'indicazione del valore nominale delle azioni richiederebbe di procedere a una modifica dello stesso, con la necessità di determinare il rapporto di cambio fra azioni di vecchio e nuovo taglio, comportando un'alterazione in concreto delle posizioni dei soci.

Dalla prospettiva che vede nell'azione una partecipazione-tipo astrattamente predisposta e considerata discende una serie di conseguenze di rilievo. Una di queste è l'autonomia, la quale si traduce in un atteggiamento normativo per cui il socio partecipa alla società ed esercita i diritti che ne derivano tante volte quante sono le azioni di cui è titolare, potendosi anche ammettere un esercizio limitato ad una parte soltanto delle azioni medesime e, nel caso del diritto di voto e del recesso, un esercizio addirittura "divergente".

Ulteriore connotato dell'azione, derivante dal suo significato di unità di misura, è l'indivisibilità, espressamente affermata nell'art. 2347 che, mentre prevede in caso di comproprietà dell'azione la nomina di un rappresentante comune per l'esercizio dei diritti dei comproprietari secondo i principi sanciti in materia di comunione dagli artt. 1105-1106, non consente però – in termini diversi dalle situazioni considerate dall'art. 1112 – una divisione della stessa ad opera dei soci.

Dall'attribuzione a tutte le azioni di un identico valore derivano soprattutto la loro fungibilità, che propizia la formazione di un mercato che le abbia ad oggetto; ed una loro oggettivizzazione – si discorre altresì di una "reificazione" – legata alla possibilità di intenderne le vicende prescindendo da quelle personali del socio che ne sia in un dato momento titolare. Quel che si realizza è, in altri termini, una spersonalizzazione della partecipazione, per effetto della quale la persona del socio degrada a una "variabile giuridicamente indipendente" (Spada); il che agevola la raccolta di capitale detto perciò "anonimo" (Sciuto).

A tali caratteristiche si riconnette la possibilità di una "incorporazione" in documenti cartacei la cui trasmissione è governata dalle regole sui titoli di credito, o con altre tecniche di legittimazione e circolazione (artt. 2346, comma 1, 2354 e 2355; 83-bis TUF). La possibilità di smobilizzo del capitale investito è poi accentuata quando le azioni sono quotate, atteggiandosi allora come titoli di massa o valori mobiliari in un contesto di appello al risparmio diffuso (Libonati).

Possono quindi enuclearsi diversi possibili significati del termine azione: 1) parte del capitale sociale; 2) insieme di situazioni giuridiche soggettive (o bene immateriale collettore delle stesse); 3) documenti (o documentazione) destinati all'esercizio di tali posizioni. Questi ultimi potranno essere nominativi o al portatore, a scelta del socio, salvo diversa disposizione di legge o statutaria (art. 2354, comma 1). Occorre soggiungere che, a fronte della previsione normativa di un possibile duplice regime di circolazione delle azioni, è tuttora vigente la scelta legislativa – pressoché coeva all'emanazione del codice civile – della generale obbligatorietà delle azioni nominative, cui fanno eccezione i rari casi in cui la legge ha espressamente autorizzato l'emissione di azioni al portatore (azioni di risparmio, delle Sicav e delle Sicaf: artt. 145, comma 3, 35-quater, comma 4, 35-quinquies, comma 2, TUF).

Lo statuto può peraltro escludere l'emissione dei titoli, in tal caso impedendo il trasferimento della partecipazione secondo le regole summenzionate, ferma restando la cedibilità ai sensi degli artt. 1406 ss., con successiva iscrizione nel libro dei soci.

Giova rimarcare poi che lo statuto può sottoporre il trasferimento delle azioni a particolari condizioni, che devono risultare dal titolo, con la limitazione a cinque anni dell'intrasferibilità eventuale (art. 2555-bis).

Regole legali diverse sono dettate per la società a responsabilità limitata, data la mancata predisposizione di un'unità di misura oggettiva e la conseguente necessità di misurare i diritti del socio sulla base della proporzione con cui egli partecipa alla società. Il punto può essere sintetizzato affermando che nella s.r.l. la quota è un *posterius* rispetto alla posizione personale del socio, nel senso che la prima è nozione derivata (e non pensabile a prescindere) dalla seconda (Bione); sicché la misurazione delle prerogative sociali avviene, con risultati diversi, accertando il *quantum* specifico della partecipazione (Angelici).

Il regime legale predisposto con riferimento al "modello-base" di società a responsabilità limitata vieta, in linea di principio, di documentare le partecipazioni ricorrendo a modalità che ne consentano la circolazione secondo il regime dei titoli di credito, nonché di farne oggetto di operazioni di offerta al pubblico (art. 2468, comma 1). Lo statuto può, inoltre, con il solo limite del recesso, impedire o condizionare fortemente la trasferibilità delle partecipazioni sociali (art. 2469).

Deve tuttavia segnalarsi che, per effetto di recenti innovazioni legislative, è ora possibile per le piccole e medie imprese (PMI) costituite in forma di società a responsabilità limitata, in deroga all'art. 2468, sia prevedere statutariamente categorie di quote fornite di diritti diversi, sia fare delle loro quote l'oggetto di un'offerta al pubblico. È altresì consentito disapplicare il divieto di operazioni sulle proprie partecipazioni (stabilito dall'art. 2474), qualora l'operazione sia compiuta in attuazione di piani di incentivazione. L'attuale disciplina – originariamente dettata, per un periodo di tempo limitato, per le sole *start-up* innovative (artt. 25 ss. del d.l. n. 179/2012, poi convertito nella l. n. 221/2012), a conferma del suo carattere singolare – è stata genericamente estesa alle PMI all'esito delle modifiche apportate dal d.l. n. 50/2017, convertito nella l. n. 96/2017. Essa vale per tutte le PMI organizzate in forma di società a responsabilità limitata, e quindi per le s.r.l. che occupano meno di 250 persone, il cui fatturato annuo non supera i 50 milioni di euro, oppure il cui totale di bilancio annuo non eccede i 43 milioni di euro.

Le ricadute operative di questa diversa prospettiva si colgono con evidenza non appena si volga l'attenzione all'esigenza di modulare, anche qualitativamente, le prerogative sociali per rispondere alla varietà di interessi e di motivazioni economiche sottesi all'investimento.

Tale modulazione può essere operata nella società per azioni emettendo categorie di azioni "speciali" (differenti rispetto a quelle c.d. ordinarie), in quanto "fornite di diritti diversi" (art. 2348, comma 2); nella società a responsabilità limitata, invece, con "l'attribuzione a singoli soci particolari diritti" (art. 2348, comma 3). Ne consegue che la circolazione dei "diritti diversi" consentiti dall'art. 2348 avviene necessariamente in connessione con quella delle unità azionarie da cui essi derivano; mentre i "particolari diritti" di cui all'art. 2468 spettano individualmente a ciascun socio e non si trasferiscono a chi ne acquista la partecipazione (Angelici).

Le succitate disposizioni legislative sollevano, peraltro, il problema di definire i limiti entro i quali possono essere configurati sia i "diritti diversi" sia i "particolari diritti"; e ciò si risolve nel tema della compatibilità delle scelte di autonomia statutaria, per un verso, con le caratteristiche generali della fenomenologia societaria, per l'altro, con i connotati tipologici essenziali del singolo modello organizzativo. Che siano soprattutto questi ultimi a venire in rilievo appare testimoniato dalla stessa formulazione letterale delle norme che, in un caso, là dove discorre di "diritti diversi", pare riferirsi ad una graduazione delle situazioni giuridiche tipiche del socio, aventi contenuto patrimoniale o amministrativo; nell'altro, consente che i "particolari diritti" del socio possono riguardare, più ampiamente, l'amministrazione della società o la distribuzione degli utili.

Merita evidenziare, dunque, che quando si voglia graduare la posizione del socio riguardo ai poteri ad esso spettanti nella società, ciò è possibile nel tipo azionario incidendo sulla titolarità e sull'esercizio del diritto di voto, ossia creando diverse categorie di azioni con riferimento ad esso. La posizione del socio potrà essere tanto potenziata, quanto – al contrario – compressa: nel primo senso depone l'art. 2351, comma 3, ai sensi del quale "salvo quanto previsto dalle leggi speciali, lo statuto può prevedere la creazione di azioni con diritto di voto plurimo anche per particolari argomenti o subordinato al verificarsi di particolari condizioni non meramente potestative", avendo altresì cura di precisare che "ciascuna azione a voto plurimo può avere fino a un massimo di tre voti"; la seconda situazione troverà attuazione laddove lo statuto preveda la creazione di azioni senza diritto di voto, con diritto di voto limitato a particolari argomenti, con diritto di voto subordinato al verificarsi di particolari condizioni non meramente potestative, purché il valore di tali azioni non superi la metà del capitale sociale (art. 2351, comma 2). Se ne deduce che il potere di creare convenzionalmente categorie di azioni con diritto di voto escluso o limitato non è assoluto, poiché una percentuale minima di controllo dei soci non è eliminabile ed essa corrisponde, in coerenza con il principio della correlazione fra potere e rischio, alla metà del capitale investito nella società per azioni.

Sono tipicamente prive del diritto di voto, salva diversa disposizione dello statuto, le c.d. *azioni di godimento*, attribuite ai soggetti cui sia stato rimborsato, secondo un piano di ammortamento previsto nell'atto costitutivo, il valore nominale delle azioni in precedenza possedute. Queste azioni concorrono alla ripartizione degli utili che residuano dopo il pagamento ai possessori delle azioni non rimborsate di un dividendo pari all'interesse legale (art. 2353).

Nelle società quotate è consentito emettere (sempre che, sommate alle azioni a voto limitato, non superino la metà del capitale sociale) *azioni di risparmio* prive di voto, ma dotate di particolari privilegi di natura patrimoniale, aventi una propria organizzazione incentrata su un'assemblea e su un rappresentante comune (artt. 145-147 TUF).

Sotto altro aspetto, è da notare come siano la rigidità della struttura organizzativa del tipo azionario e la considerazione dell'azionista come persona di per sé estranea all'amministrazione a giustificare che la graduazione delle posizioni del socio relativamente alla conduzione dell'impresa sociale sia limitata alla previsione di categorie azionarie caratterizzate per quanto concerne la spettanza e il peso del diritto di voto. La società può tuttavia emettere – a seguito dell'apporto da parte dei soci o di terzi, come si è detto, anche di opere o di servizi (artt. 2346, comma 6 e 2349, comma 2) – strumenti finanziari diversi dalle azioni forniti di diritti patrimoniali o di diritti amministrativi, e disciplinati dallo statuto, ai quali sia riservata eventualmente la nomina di un componente indipendente del consiglio di amministrazione o del consiglio di sorveglianza o di un sindaco e con esclusione del diritto di voto nell'assemblea generale degli azionisti.

Nella società a responsabilità limitata, anche dopo l'entrata in vigore della norma che rimette esclusivamente agli amministratori la gestione dell'impresa sociale (art. 2475, comma 1), è possibile attribuire statutariamente al socio in quanto tale "particolari diritti" riguardanti la gestione medesima, ad esempio riconoscendogli nell'atto costitutivo il potere di partecipare all'amministrazione o di indicare il titolare di tale potere.

La possibilità di prevedere statutariamente un diritto particolare del socio di assumere direttamente determinate decisioni gestorie – verso la cui ammissibilità orienta anche la previsione di una responsabilità del socio "cogestore" *ex* art. 2476, comma 7 – non è però priva di limitazioni. È da ritenere che il socio titolare di un siffatto diritto particolare non possa assumere di propria iniziativa decisioni riservate all'organo amministrativo dall'art. 2475, comma 5 (progetto di bilancio, fusione, scissione, aumenti di capitale), o che richiedono una decisione dei soci ai sensi dell'art. 2479, comma 2, quali, in particolare, l'approvazione del bilancio, la nomina degli amministratori ove rimessa ad una decisione dei soci medesimi, la nomina dei componenti degli organi di controllo, le modificazioni dell'atto costitutivo, nonché le operazioni comportanti una sostanziale modifica dell'oggetto sociale determinato nell'atto costitutivo o una rilevante modificazione dei diritti dei soci. Si osserva altresì che l'attribuzione al socio di tale prerogativa – che, secondo una parte della dottrina (Di Cataldo e S. Rossi), si risolverebbe nella facoltà di dare autorizzazioni o pareri allo stesso livello dell'art. 2364, n. 5 – non può spingersi sino ad eliminare la funzione di "filtro" spettante agli amministratori rispetto all'esecuzione delle decisioni gestorie; con la conseguenza che costoro, venuti a conoscenza di un'operazione pregiudizievole per la società, potranno (e dovranno) impedirne l'esecuzione (Sacchi; cfr. inoltre in questo Capitolo, § 10, *infra*).

Nella società per azioni la possibilità di ampliare ed articolare le tecniche utilizzabili per il finanziamento dell'attività imprenditoriale si traduce nella libertà di creare non solo categorie di azioni le quali attribuiscano ai relativi possessori un privilegio patrimoniale, consistente nel diritto a un utile maggiorato o maggiormente garantito rispetto agli altri azionisti, ma anche una categoria di azioni caratterizzata "anche per quanto concerne l'incidenza delle perdite" (art. 2348, comma 2), che assegni cioè all'azionista speciale (ancorché quale unico vantaggio riconosciutogli) il diritto di subire l'imputazione di determinate perdite (in sede di riduzione del capitale) solo dopo che esse abbiano colpito la partecipazione degli altri soci.

Azioni rappresentative di una posizione particolare sotto il profilo delle prerogative di carattere patrimoniale sono poi le c.d. *azioni correlate*, di cui al secondo comma dell'art. 2350, le quali si caratterizzano in quanto "fornite di diritti patrimoniali correlati ai risultati dell'attività sociale in un determinato settore".

Le azioni correlate rappresentano una tecnica per partecipare economicamente ai rischi connessi all'andamento di uno specifico segmento dell'attività sociale, fuori dei patrimoni destinati previsti dagli artt. 2447-bis ss. Tuttavia, in quanto partecipazioni conseguenti ad un investimento nel capitale sociale, esse sono soggette ai meccanismi predisposti per la tutela del capitale stesso. Ne consegue che la distribuzione di utili può avvenire solo quando vi siano fondi sufficienti a coprire le passività della società e il capitale sociale. Si comprende così il significato della norma secondo cui non possono essere pagati dividendi ai titolari delle azioni correlate "se non nei limiti degli utili risultanti dal bilancio della società" (art. 2350, comma 3); e si coglie anche la diversità di situazione rispetto agli "strumenti finanziari di partecipazione all'affare" di cui all'art. 2447-ter, con i quali la partecipazione ai risultati economici del patrimonio destinato richiede soltanto uno specifico accertamento dei risultati medesimi (artt. 2447-sexies e 2447-novies), a prescindere dai risultati generali della società e dal suo bilancio.

Con specifico riferimento al finanziamento della società per azioni (o della società in accomandita per azioni), deve darsi atto dell'esistenza di un altro canale di sollecitazione del risparmio diffuso, rappresentato dall'emissione di *obbligazioni* e di altri strumenti finanziari "forniti di diritti patrimoniali o anche di diritti amministrativi" (art. 2346, comma 6), i quali in principio sono accomunati, sul piano del rapporto fondamentale cui si riferiscono, dal fatto di essere rappresentativi di capitale di credito, ovvero di consentire alla società di acquisire fondi con obbligo di rimborso.

Secondo l'impostazione prevalente, l'emissione di obbligazioni è da ricondursi al contratto di mutuo, sicché all'obbligazionista spetta il diritto alla restituzione del capitale investito (art. 1813, comma 1), nonché quello alla remunerazione periodica dello stesso (art. 1815, comma 1).

La legge consente, peraltro, l'emissione di obbligazioni *subordinate*, che assegnano ai loro possessori un diritto alla restituzione del capitale e al pagamento degli interessi subordinato, in tutto o in parte, alla soddisfazione di altri creditori della società (art. 2411, comma 1).

È possibile anche l'emissione di obbligazioni *a premio*, che attribuiscono ai portatori, oltre al normale rendimento, un vantaggio patrimoniale ulteriore di carattere aleatorio.

Il diritto alla corresponsione periodica degli interessi può essere correlato a parametri oggettivi anche relativi all'andamento economico della società (art. 2411, comma 2): è questo il caso delle c.d. obbligazioni *parametrate*, che possono a loro volta distinguersi in indicizzate, se il parametro è esterno, e partecipative, se il parametro è costituito dall'andamento economico della società.

Giova evidenziare che mentre il diritto alla restituzione del capitale è caratteristica imprescindibile della fattispecie obbligazionaria (Bartalena, Ferri *jr*., Ferro-Luzzi), sicché deve escludersi la liceità di obbligazioni in cui sia questo stesso diritto ad essere parametrato (Presti e M. Rescigno), è consentita, tuttavia, l'emissione di "strumenti finanziari, comunque denominati, che condizionano i tempi e l'entità del rimborso del capitale all'andamento economico della società" (art. 2411, comma 3), i quali sono assoggettati alla disciplina delle obbligazioni.

Particolarmente importante è la categoria delle obbligazioni *convertibili* in azioni (art. 2420-bis), che danno facoltà all'obbligazionista, con i tempi, nei modi e secondo il rapporto di cambio predeterminati dall'assemblea straordinaria che è competente per l'emissione, di convertire il proprio credito in azioni della società che ha emesso l'obbligazione (c.d. metodo diretto) o di altra società (c.d. metodo indiretto). Contestualmente all'emissione deve essere deliberato anche l'aumento del capitale per un ammontare corrispondente alle azioni da attribuire in conversione (c.d. aumento di capitale a servizio). Proprio la facoltà di sottoscrivere azioni di compendio della società emittente distingue le obbligazioni convertibili da quelle con *warrants* (o con diritto di opzione), il cui possessore ha il diritto – conservando le obbligazioni medesime – di sottoscrivere o di acquistare azioni di nuova emissione o già emesse della stessa società emittente o di altra società.

L'emissione di obbligazioni rientra nella competenza degli amministratori, se la legge o lo statuto non dispongono diversamente. La delibera deve constare da verbale notarile ed essere iscritta nel registro delle imprese *ex* art. 2436.

Data la natura collettiva dell'operazione, l'emissione di obbligazioni si traduce nell'emissione in serie di titoli di credito, nominativi o al portatore, che possono incorporati in documenti (e devono contenere, allora, le indicazioni previste nell'art. 2414), oppure essere dematerializzati.

In riferimento al prestito obbligazionario, la legge, per un verso, tende in linea di principio ad assicurare un equilibrato rapporto con le dimensioni dell'investimento azionario, stabilendo come regola generale che le obbligazioni possono emettersi per una somma non eccedente il doppio del capitale sociale, della riserva legale e delle riserve disponibili risultanti dall'ultimo bilancio approvato (art. 2412, comma 1); per l'altro, in ragione delle caratteristiche di massa dell'operazione, prevede obbligatoriamente uno specifico assetto organizzativo dei partecipanti all'operazione, basato sulla presenza di un'assemblea e di un rappresentante comune (artt. 2415-2420) ed inteso a perseguire la duplice finalità di apprestare uno strumento di tutela dei medesimi e di consentire alla società emittente di ottenere una modificazione delle condizioni del prestito senza necessità di acquisire il consenso di ciascuno di essi.

Il predetto limite non si applica in una serie di ipotesi in cui è superato o reso inutile per lo specifico contesto in cui l'emissione avviene. Ciò accade: a) se le obbligazioni in eccedenza rispetto al limite stesso siano destinate alla sottoscrizione da parte di investitori professionali soggetti a vigilanza prudenziale a norma delle leggi speciali; peraltro, in caso di successiva circolazione, essi rispondono della solvenza della società nei confronti degli acquirenti che non siano investitori professionali (art. 2412, comma 2); b) per l'emissione di obbligazioni "destinate a essere quotate in mercati regolamentati" (art. 2412, comma 5); c) per l'emissione di obbligazioni "che danno diritto di acquisire ovvero di sottoscrivere azioni" (art. 2412, comma 5, ult. frase); d) qualora ricorrano "particolari ragioni che interessano l'economia nazionale" (art. 2412, comma 6). La legge precisa poi che ai fini della verifica del superamento della soglia sopra menzionata non deve tenersi conto delle obbligazioni "garantite da ipoteca di primo grado su immobili di proprietà della società, sino a due terzi del valore degli immobili medesimi" (art. 2412, comma 3). D'altro canto, per evitare aggiramenti del limite di legge con l'aiuto di altre società "compiacenti", ai fini del computo del limite medesimo si tiene conto degli "importi relativi a garanzie comunque prestate dalla società per obbligazioni emesse da altre società, anche estere" (art. 2412, comma 4).

Per contro, manca nella disciplina della società a responsabilità limitata un limite legale all'emissione dei titoli di debito, la cui sottoscrizione è peraltro riservata ad investitori professionali soggetti a vigilanza prudenziale, i quali – analogamente a quanto richiesto dall'art. 2412, comma 2 – sono tenuti a garantire la solvenza della società nei confronti dei successivi acquirenti che non possano così qualificarsi o non siano soci della medesima (art. 2483, comma 2); così come manca un'organizzazione comune del tipo di quella adottata per i prestiti obbligazionari della società per azioni. Da ciò può trarsi un'ulteriore conferma della centralità del momento finanziario nella società per azioni – pensata in definitiva come tecnica per la raccolta di mezzi finanziari da destinare all'esercizio dell'impresa –, mentre nella società a responsabilità limitata la disciplina testé menzionata è diretta ad evitare l'assunzione di rischi eccessivi in capo ai finanziatori della società (Angelici, Stella Richter *jr.*, Ferro-Luzzi).

10. *Segue*. Società di capitali: la struttura organizzativa.

Le società di capitali hanno una struttura organizzativa di tipo "corporativo", basata cioè sulla presenza di distinti organi sociali ai quali la legge assegna specifiche funzioni. L'organizzazione corporativa è tuttavia residuale nella società a responsabilità limitata e modificata nella società in accomandita per azioni dalla posizione assunta da taluni azionisti rispetto agli altri.

Nelle società per azioni, anche non quotate, il modello organizzativo è caratterizzato da una notevole rigidità e si articola per il tramite di organi specializzati, la cui tipologia e le cui competenze variano a seconda del sistema di amministrazione e controllo adottato dalla società.

Nel sistema tradizionale – che è l'unico originariamente contemplato dal codice civile del 1942 e dichiarato applicabile salvo diversa disposizione dello statuto (art. 2380) – è possibile distinguere: l'assemblea, formata dagli azionisti che hanno apportato il capitale di rischio della società, cui spettano le decisioni di tipo organizzativo relative al complessivo assetto di quest'ultima e al controllo degli esiti della gestione (nomina delle cariche sociali, approvazione del bilancio, modificazioni statutarie); l'organo amministrativo, di nomina assembleare (fatta eccezione per i primi amministratori, nominati nello statuto, per gli amministratori cooptati fino alla successiva assemblea *ex* art. 2386, e per l'amministratore indipendente eventualmente nominato dai possessori di strumenti finanziari partecipativi), formato anche da persone diverse dai soci, che si occupa in modo permanente – potrebbe dirsi professionalmente – della gestione dell'attività d'impresa entro il perimetro dell'oggetto sociale; il collegio sindacale, anch'esso di elezione assembleare (salvo che per i primi sindaci, nominati nello statuto, e per il sindaco eventualmente nominato dai possessori di strumenti finanziari partecipativi), con compiti di controllo sulla legalità, sulla correttezza della gestione imprenditoriale e sull'adeguatezza dell'assetto aziendale.

La società può peraltro adottare, previa apposita scelta statutaria (art. 2380, comma 1), uno dei due sistemi alternativi, vale a dire quello dualistico (di derivazione tedesca) e quello monistico (di derivazione anglosassone), ancora scarsamente utilizzati nella prassi.

Il sistema *dualistico*, come si evince dalla sua stessa denominazione, è basato su una duplicità di organi: al consiglio di gestione è assegnato un ruolo largamente corrispondente a quello degli amministratori nel sistema tradizionale (v., in particolare, artt. 2409-novies e 2409-undecies), mentre al consiglio di sorveglianza, organo collegiale di elezione assembleare, compete, fra l'altro, la vigilanza sull'osservanza della legge e dello statuto, sul rispetto dei principi di corretta amministrazione, nonché sull'adeguatezza dell'assetto organizzativo, amministrativo e contabile e sul suo concreto funzionamento. Accanto ai predetti compiti – che riproducono quelli attribuiti ai sindaci (art. 2409-terdecies, comma 1, lett. *e*), dove il rinvio all'art. 2403) –, al consiglio di sorveglianza spettano altresì alcune competenze che nel sistema tradizionale sarebbero dell'assemblea ordinaria: nomina e revoca dei componenti del consiglio di gestione, deliberazione dell'azione sociale di responsabilità nei loro confronti, approvazione del bilancio di esercizio e di quello consolidato (art. 2409-terdecies, comma 1, lett. *a*), *b*), e *d*). Lo statuto può altresì prevedere che il consiglio di sorveglianza deliberi in ordine alle operazioni strategiche e ai piani industriali e finanziari della società predisposti dal consiglio di gestione, ferma la responsabilità di quest'ultimo per gli atti compiuti (art. 2409-terdecies, comma 1, lett. *f*-bis).

Nel sistema *monistico*, non vi è distinzione fra organo amministrativo e organo di controllo. La legge prevede che il consiglio di amministrazione, cui è demandata la competenza esclusiva per la gestione dell'impresa sociale (art. 2409-septiesdecies, comma 1), nomini esso stesso, fra i propri componenti che non svolgano neppure di fatto funzioni gestionali e siano in possesso di idonei requisiti soggettivi, i membri del comitato per il controllo sulla gestione (art. 2409-octiesdecies, commi 1, 2 e 3): ad esso sono attribuite la vigilanza sull'adeguatezza della struttura organizzativa, del sistema di controllo interno e di quello amministrativo e contabile, nonché sulla sua idoneità a rappresentare correttamente i fatti di gestione.

Sia pure in assenza di un'espressa previsione, si ritiene che sia devoluto al suddetto comitato anche il controllo di legalità, come si desume dalla circostanza che esso cura i rapporti con i soggetti incaricati del controllo contabile ed è altresì legittimato a denunziare al tribunale le gravi irregolarità nella gestione (art. 2409).

Giova aggiungere che nella società per azioni è prevista un'autonoma funzione di controllo sulla regolarità dei bilanci e delle scritture contabili, anche nell'interesse dei soci di minoranza e dei terzi, che è affidata ad un revisore esterno, ossia un professionista o ente legato alla società da un rapporto non organico, bensì professionale. Soltanto nelle società "chiuse" che non siano tenute alla redazione del bilancio consolidato (art. 2409-bis, comma 2), che non controllino comunque società "aperte" o che non siano da queste controllate (art. 19-bis, d.lgs. n. 39/2019), è consentito attribuire statutariamente anche la funzione di controllo contabile al collegio sindacale; in tal caso tutti i sindaci devono possedere la qualifica di revisori legali dei conti.

La legge detta, invece, per la società a responsabilità limitata una disciplina ampiamente dispositiva, che consente di abbandonare per via *statutaria* l'organizzazione corporativa e di optare per una struttura organizzativa di stampo personalistico, con conseguente applicazione dell'art. 2257, espressamente richiamato dall'art. 2475, comma 3. A favore dei soci della società a responsabilità limitata sono riservate le *decisioni* concernenti l'assetto fondamentale dell'ente (modifiche dell'atto costitutivo, operazioni gestorie riguardanti una sostanziale modifica dell'oggetto statutario o una rilevante modifica dei diritti dei soci), oppure l'equilibrata ripartizione di funzioni fra i suoi organi (approvazione del bilancio e distribuzione degli utili, nomina e, deve ritenersi, revoca degli amministratori, del titolare dell'organo di controllo o del revisore); e anche decisioni *di natura amministrativa* se ne facciano richiesta tanti soci che rappresentano almeno un terzo del capitale (art. 2479, comma 1), ferma la necessità di un atto esecutivo delle decisioni medesime da parte degli amministratori.

La stessa funzione di controllo – nel modello legale "residuale" della s.r.l. – è per così "*internalizzata*", nel senso che viene a radicarsi nella dialettica interna alla compagine dei soci ed è lasciata all'iniziativa di ciascuno di essi. Più esattamente, i soci che non partecipano all'amministrazione "hanno diritto di avere dagli amministratori notizie sullo svolgimento degli affari sociali e di consultare, anche tramite professionisti di loro fiducia, i libri sociali e i documenti relativi all'amministrazione" (art. 2476, comma 2). L'attivazione di una funzione di controllo svolta da un soggetto indipendente e professionalmente qualificato è meramente eventuale e diviene obbligatoria soltanto al verificarsi di determinate condizioni fissate dall'art. 2477.

Le condizioni al ricorrere delle quali la nomina dell'organo di controllo o del revisore è obbligatoria sono: a) l'essere la società tenuta a redigere il bilancio consolidato e dunque, sostanzialmente, l'essere al vertice di un gruppo ai sensi del d.lgs. n. 127/1991; b) l'essere controllante di altra società obbligata alla revisione legale dei conti; d) il superare, anche per due esercizi consecutivi, uno o più dei seguenti limiti: 4 milioni di euro di attivo dello stato patrimoniale; 4 milioni di euro di ricavi; 20 dipendenti (art. 2477, comma 2, come modificato da ultimo dal d.lgs. n. 32/2019). È evidente che, ricorrendo dette condizioni, l'interesse alla corretta gestione dell'impresa assume una rilevanza esterna e va attribuito a un apposito ufficio o a un professionista indipendente come avviene nella società per azioni.

La spettanza a ciascun socio di un potere individuale di ispezione e controllo è strettamente connessa all'attribuzione in capo al socio medesimo della legittimazione (ugualmente individuale) a promuovere, qualunque sia l'entità della sua partecipazione, l'azione di responsabilità nei confronti degli amministratori, nonché a domandarne la revoca nel caso di gravi irregolarità nella gestione (art. 2476, comma 3). Bisogna poi tenere presente quanto previsto dall'art. 2476, comma 8, con una regola non a caso assente nella disciplina della società per azioni, per cui rispondono in solido con gli amministratori i soci che abbiano intenzionalmente deciso o autorizzato il compimento di atti (anche gestionali) dannosi.

Va rimarcato come nella società per azioni il contributo dei soci all'attività sociale trova espressione, invece, solo attraverso la partecipazione all'*assemblea* che è un organo collegiale. Perciò, conformemente alle regole proprie di questo tipo di organi, la posizione della maggioranza assembleare – che si calcola in base ai diritti di voto spettanti alle azioni possedute dai soci – vincola tutti costoro ancorché non intervenuti o dissenzienti (art. 2377, comma 1). La predetta regola maggioritaria è, nella società per azioni, inderogabile.

L'assemblea delibera in sede ordinaria o straordinaria, nel senso che – ferma restando l'unicità dell'organo – essa si riunisce e delibera con maggioranze e in conformità di regole diverse, più snelle nel primo caso, intese invece ad assicurare una maggiore partecipazione dei soci mediante *quorum* più elevati e certezza di regolarità della decisione, per la presenza del notaio con funzione di segretario verbalizzante, nel secondo.

Preme segnalare come fra le competenze fondamentali e indisponibili dell'assemblea *ordinaria* – che deve riunirsi almeno una volta l'anno, entro il termine stabilito dallo statuto, di regola non superiore a centoventi giorni dalla chiusura dell'esercizio sociale (art. 2364, comma 2) – rientra, fra l'altro, la distribuzione degli utili, anche quando, adottandosi il sistema dualistico, l'approvazione del bilancio spetta in via di principio al consiglio di sorveglianza (art. 2464-bis).

Si tratta di un profilo che consente di evidenziare le specificità dell'investimento azionario, nel senso che dall'andamento positivo della società non consegue una pretesa del socio ad appropriarsi pro quota dei risultati, ma il potere di partecipare al procedimento deliberativo avente ad oggetto la loro destinazione. Ne discende che, affinché quella pretesa sorga e la posizione del socio possa qualificarsi sotto questo aspetto come quella di un creditore, occorre l'adozione della deliberazione sulla distribuzione degli utili ai sensi dell'art. 2433 (Angelici, Spada).

Data la necessaria estraneità dei soci rispetto all'amministrazione sociale (art. 2380-bis), all'assemblea ordinaria possono essere soltanto richieste dallo statuto autorizzazioni per il compimento di atti degli amministratori, di cui questi rimangono comunque responsabili e che restano nella loro competenza (art. 2364, n. 5).

Le competenze fondamentali dell'assemblea *straordinaria* sono limitate alle modificazioni statutarie, alla nomina, sostituzione e ai poteri dei liquidatori, nonché alle altre materie ad essa attribuite dalla legge (ad esempio, la deliberazione di non emissione delle azioni di cui all'art. 2346, comma 1). Più in generale, spetta all'assemblea in sede straordinaria decidere in merito all'assetto statutario della società; ciò non esclude che, in presenza di apposita clausola dello statuto, può prevedersi una delega agli amministratori per le deliberazioni di modificazioni statutarie che presentino carattere minore o che risultino strettamente collegate con l'ambito della gestione, quali, ad esempio, il trasferimento della sede legale nell'ambito del territorio nazionale, la scelta degli amministratori dotati del potere di rappresentanza, l'adeguamento dello statuto a disposizioni normative (art. 2365, comma 2).

Per quanto concerne i modi in cui l'assemblea opera, occorre evidenziare come la relativa disciplina sia tradizionalmente caratterizzata dalla ricerca di un contemperamento delle esigenze di certezza e stabilità dell'azione societaria, da un lato, e di adeguata tutela degli interessi coinvolti nel corso del procedimento assembleare, dall'altro (Angelici). È da notare che l'adozione del principio maggioritario nella disciplina delle società di capitali innesca una dialettica fra maggioranza e minoranza che può risultare virtuosa, quando la prima sia in grado di esprimere efficacemente l'interesse di tutti alla massimizzazione del profitto oppure quando, mediante la formazione di maggioranze variabili intorno alla proposta migliore, si riesca a raggiungere la composizione dei diversi orientamenti e l'adozione di strategie ottimali; ma può generare situazioni di pregiudizio per la minoranza, laddove una maggioranza stabile e consolidata utilizzi il proprio potere per il perseguimento di interessi lesivi di quelli degli altri soci (M. Cian).

L'obiettivo di realizzare un giusto equilibrio fra le esigenze testé menzionate non soltanto è alla base della predisposizione nel codice civile (agli artt. 2360-2369) di regole procedimentali, connotate da uno spiccato tecnicismo, per quanto concerne le maggioranze richieste per la costituzione dell'assemblea (c.d. *quorum* costitutivo) e per l'approvazione delle relative deliberazioni (c.d. *quorum* deliberativo); ma riguarda soprattutto la possibilità e i limiti di avvalersi – a tutela delle minoranze – di tecniche invalidanti che incidono sulla stabilità della deliberazione.

Contribuisce alla caratterizzazione dei rapporti fra maggioranza e minoranza la considerazione che l'invalidità delle singole dichiarazioni di voto conduce a quella dell'intera deliberazione solo quando esse siano state "determinanti ai fini del raggiungimento della maggioranza richiesta" (art. 2377, comma 4, n. 2). La legge assoggetta alla stessa disciplina l'errore di conteggio dei voti, che è riconosciuto rilevante solo quando decisivo per il raggiungimento del richiesto *quorum* deliberativo (c.d. prova di resistenza). Analogamente la "partecipazione all'assemblea da parte di persone non legittimate" (cui si riferisce l'art. 2377, comma 4, n. 1) rileva solo se determinante, questa volta, ai fini del *quorum* (non già deliberativo, bensì) costitutivo.

Le esigenze di certezza e stabilità delle operazioni societarie spiegano, del resto, perché il problema della validità delle deliberazioni assembleari sia affrontato dal legislatore in termini ben diversi rispetto a quanto avviene in base alla disciplina generale dei contratti.

Il sistema prevede che la suddetta invalidità può manifestarsi nelle due forme dell'annullabilità (artt. 2377 e 2378) o della nullità (artt. 2379, 2379-bis e 2379-ter). La prima colpisce le deliberazioni prese non in conformità della legge o dello statuto (art. 2377, comma 2), ovvero – ma solo se possano arrecare danno alla società – le deliberazioni approvate con il voto determinante di coloro che abbiano, per conto proprio o di terzi, un interesse in conflitto con quello della stessa società (art. 2373, comma 1). La seconda ricorre – con le precisazioni di cui al comma 3 dell'art. 2379 – solo nei casi di mancata convocazione dell'assemblea, di mancanza del verbale, di impossibilità od illiceità dell'oggetto della deliberazione (art. 2379, comma 1).

Ma soprattutto è importante richiamarsi al fatto che la nullità e l'annullabilità non si distinguono – come avviene nel sistema negoziale – per una situazione d'inefficacia e, rispettivamente, di efficacia precaria ed eliminabile, ma fondamentalmente per la legittimazione a farle valere e per il termine a tal fine previsto. Nel caso di annullabilità la legittimazione spetta – oltre che agli amministratori e al collegio sindacale (art. 2377, comma 2) – ai soci che – assenti, dissenzienti o astenuti – rappresentano, anche congiuntamente, il cinque per cento del capitale sociale, ovvero, nelle società "aperte" l'uno per mille del capitale medesimo (art. 2377, comma 3); mentre la nullità, oltre ad essere rilevabile d'ufficio dal giudice, può essere fatta valere da chiunque vi abbia interesse (art. 2379, commi 1 e 2). L'azione di annullamento può essere proposta entro novanta giorni dalla data della deliberazione oppure, se questa è soggetta ad iscrizione o deposito nel registro delle imprese, entro novanta giorni dall'iscrizione o deposito medesimi (art. 2377, comma 6). L'azione di nullità può essere proposta entro tre anni dall'iscrizione o deposito della delibera stessa nel registro delle imprese, se vi è soggetta, o dalla sua trascrizione nel libro delle adunanze dell'assemblea, se non sono richiesti né l'iscrizione né il deposito, salvo che la delibera abbia modificato l'oggetto sociale prevedendo attività illecite o impossibili, nel qual caso può essere impugnata senza limiti di tempo (art. 2379, comma 1). Deve constatarsi che, in entrambi i casi, il rimedio si configura nei termini di un'impugnativa, trattandosi di uno strumento per rimuovere la deliberazione, ovvero per eliminare l'efficacia "precaria" che essa, in quanto "fatto", riveste rispetto all'organizzazione sociale e allo svolgimento della sua attività (Angelici). Ne consegue che la rimozione della delibera invalida può essere preclusa dal decorso del tempo o dal verificarsi di fatti successivi e ulteriori (si pensi alle molteplici ipotesi di "sanatoria" previste dalla disciplina della nullità e dell'annullabilità). Perciò l'annullamento della deliberazione, così come la sua dichiarazione di nullità, non può avere luogo se la deliberazione stessa è stata sostituita, nel frattempo, con altra presa in conformità della legge e dello statuto (artt. 2377, comma 8, e 2379, comma 4).

È anche da notare che risultato principale dell'annullamento o della dichiarazione di nullità è quello di obbligare l'organo amministrativo "a prendere i conseguenti provvedimenti sotto la propria responsabilità". Non sono pregiudicati, inoltre, i diritti acquistati in buona fede da terzi in base ad atti compiuti in esecuzione della deliberazione invalida (art. 2377, comma 7, richiamato, per l'ipotesi della nullità, dall'art. 2379, comma 4).

Occorre aggiungere che i soci che hanno partecipazioni inferiori ai limiti quantitativi sopra ricordati (o che, in quanto privi del diritto di voto, non siano legittimati a proporre l'impugnazione) hanno diritto solo al risarcimento del danno loro eventualmente cagionato dalla deliberazione annullabile (art. 2377, comma 4). Ed infatti, trattandosi di azionisti sostanzialmente esclusi dal governo della società, essi saranno interessati ad ottenere una tutela dei loro interessi economici in concreto pregiudicati, mentre sarebbe eccessivo riconoscere loro la legittimazione all'impugnativa che, potendo condurre alla rimozione della delibera, avrebbe effetti sull'intera attività sociale.

Le regole previste per le deliberazioni assembleari di società per azioni sono largamente riprodotte, con specifici adattamenti tecnici, nell'art. 2479-ter in materia di società a responsabilità limitata, che detta una disciplina sostanzialmente unitaria dei mezzi di impugnativa contro le decisioni dei soci "viziate". Merita tuttavia segnalare che questa disciplina si distingue da quella in tema di società per azioni in quanto riconosce al socio un potere di impugnativa a prescindere dalla misura della sua partecipazione e fa decorrere il termine per il suo esercizio da quando la decisione sia stata trascritta nel libro delle decisioni dei soci (art. 2379-ter, comma 1). Ne risultano soluzioni coerenti, anche dal punto di vista tecnico, con un modello di socio caratterizzato da un interesse di tipo "imprenditoriale" e che segue attivamente l'andamento dell'attività sociale.

Sotto altro aspetto, il riferimento alla trascrizione nel libro dei soci – se si vuole a un sistema di pubblicità "interna" alla società (Angelici) – può spiegarsi con l'esigenza di disporre di un dato formale utilizzabile ai fini dell'individuazione del momento in cui la decisione sia adottata.

Del resto, il voto in assemblea, e quindi il metodo collegiale, rappresentano solo una delle possibili tecniche mediante le quali i soci della società a responsabilità limitata possono esercitare le proprie competenze sulle materie loro riservate (art. 2479, comma 4). È possibile, infatti, con scelta statutaria prevedere che le decisioni – ad eccezione di quelle relative alle modifiche statutarie, alle operazioni che comportino una sostanziale modificazione dell'oggetto sociale o dei diritti dei soci, alla riduzione del capitale sociale per perdite (art. 2479, comma 4) – siano adottate mediante consultazione scritta o sulla base del consenso espresso per iscritto (art. 2479, comma 3), secondo modalità che, nel silenzio della legge, dovranno essere precisate dall'autonomia delle parti.

Agli amministratori della società per azioni spetta – come si è anticipato – la competenza esclusiva in merito alla gestione dell'impresa. Dal confronto fra le competenze assembleari previste dall'art. 2364 e quella amministrativa individuata nell'art. 2380-bis si ricava che quest'ultima assume una portata residuale: nel senso che ad essa appartengono tutte le operazioni che non rientrano fra le competenze dell'assemblea.

Nella società a responsabilità limitata, invece, alla competenza gestoria generale degli amministratori nell'ambito dell'oggetto sociale fa riscontro – e anche tale profilo è stato accennato – quella concorrente riconosciuta ai soci dalla legge sull'intera amministrazione della società, cui si accompagna la licenza statutaria di sottrarre all'organo amministrativo alcune prerogative per attribuirle in via esclusiva ai soci medesimi e persino a taluni di essi quale diritto particolare ai sensi dell'art. 2468, comma 3. La stessa formula legislativa secondo cui "la gestione dell'impresa ... spetta esclusivamente agli amministratori" (art. 2475, comma 1, che riprende l'art. 2380-bis) va intesa, nel contesto sistematico della disciplina della s.r.l., nel senso che ad essi spetta inderogabilmente una posizione di presidio sulla gestione. Di qui la conclusione che i soci possono essere riservatari di competenze di natura amministrativa e le loro decisioni vincolano in via di principio gli amministratori (quanto meno nel senso che, in assenza di una decisione favorevole dei soci, l'atto gestionale non può essere compiuto); tuttavia, agli amministratori compete la valutazione "di ultima istanza" sull'eventuale pregiudizio che dalla decisione possa derivare e, di conseguenza, il dovere di discostarvisi qualora la sua attuazione possa recare danno alla società, ai creditori o ai terzi (M. Cian, M. Campobasso).

Nella società per azioni è espressamente previsto che gli amministratori devono adempiere i doveri ad essi imposti dalla legge e dallo statuto con la "diligenza richiesta dalla natura dell'incarico e dalle loro specifiche competenze" (art. 2392, comma 1). Se ne deduce che la diligenza dell'amministratore è individuata avendo presente le caratteristiche professionali in funzione delle quali è avvenuto l'affidamento dell'incarico. Strettamente connessa al contenuto professionale dell'attività amministrativa è l'impossibilità di prescindere dal principio generale dell'art. 1176, comma 2.

Il principio codificato nell'art. 2392, comma 1, non è ripetuto nella disciplina della società a responsabilità limitata, a mente della quale "gli amministratori sono solidalmente responsabili verso la società dei danni derivanti dall'inosservanza dei doveri ad essi imposti dalla legge e dall'atto costitutivo per l'amministrazione della società" (art. 2476, comma 1). Si discute se dal confronto delle due disposizioni possa desumersi, a fronte di una caratterizzazione in senso professionale della funzione gestoria nella s.p.a., una configurazione dell'amministratore di s.r.l. quale mero gestore di interessi altrui secondo il paradigma, pur se non espresso, del mandatario (Angelici); oppure se, essendo il secondo titolare di una discrezionalità tecnica insita nell'esercizio di ogni attività imprenditoriale, egli debba comunque attenersi al generale criterio della diligenza professionale, operando senz'altro l'art. 1176, comma 2 (M. Cian).

Non è priva di rilievo la circostanza che – salvo il caso in cui trovi attuazione il modello dell'amministrazione unipersonale, la cui adozione è peraltro preclusa nelle società quotate (artt. 2380-bis, comma 3 e 147-ter TUF) – l'amministratore svolge la propria attività partecipando ad un organo collegiale, il consiglio di amministrazione, al cui interno rilevano le "specifiche competenze" in considerazione delle quali è stato scelto direttamente o indirettamente (come avviene nel sistema dualistico) e sulla base delle quali gli viene richiesto di contribuire alla deliberazione. Ne consegue che quest'ultima si formerà all'esito di un confronto fra i diversi punti di vista, reso possibile dalla partecipazione al collegio di persone dotate di differenti competenze professionali.

La disciplina della funzione deliberativa del consiglio di amministrazione è contenuta nell'art. 2388, che da un lato definisce alcune regole suppletive relative al procedimento decisionale, stabilendo che il consiglio può deliberare solo con la presenza della maggioranza degli amministratori in carica e con il voto favorevole della maggioranza assoluta dei presenti e consentendo che le riunioni possano avvenire anche mediante mezzi di telecomunicazione (commi 1 e 2); dall'altro, predispone un apparato rimediale destinato a trovare applicazione per le deliberazioni prese non in conformità della legge o dello statuto e modellato sulla tecnica dell'impugnazione, attribuendo una legittimazione attiva generale ai soli amministratori assenti o dissenzienti e al collegio sindacale e, al contempo, riconoscendo un eccezionale potere di reazione a favore degli stessi azionisti i cui diritti individuali risultano lesi dalla deliberazione (art. 2388, comma 4).

I criteri di valutazione del grado di diligenza richiesto nell'adempimento dell'incarico gestorio risentono non soltanto delle specifiche competenze di ciascun amministratore, ma anche della posizione da questi assunta nell'attività sociale. Occorre tenere conto, sotto tale profilo, della possibilità per l'organo collegiale – sempre che lo statuto o l'assemblea lo consentano ed entro i limiti segnati dall'art. 2381, comma 4 – di delegare alcune proprie attribuzioni ad un comitato esecutivo (costituito da taluni dei suoi componenti), oppure ad uno o più dei suoi membri, c.d. amministratori delegati o consiglieri delegati (art. 2381, comma 2). In ogni caso, il consiglio di amministrazione deve determinare contenuto, limiti ed eventuali modalità di esercizio della delega; può sempre impartire direttive agli organi delegati o avocare a sé operazioni rientranti nella delega (art. 2381, comma 3); può in ogni momento revocare la delega all'amministratore delegato. Gli uffici delegati provvedono alla gestione dell'impresa nei limiti della delega e alla cura dell'adeguatezza dell'assetto organizzativo, amministrativo e contabile ed informano altresì gli amministratori privi di delega (c.d. amministratori non operativi) – con la periodicità fissata dallo statuto e in ogni caso almeno ogni sei mesi – sul generale andamento della gestione, sulla sua prevedibile evoluzione, nonché sulle operazioni di maggior rilievo. Peraltro, possono essere rese disponibili, su iniziativa del presidente del consiglio di amministrazione, informazioni eventualmente aggiuntive (art. 2381, comma 1).

L'articolazione delle competenze mediante deleghe formali o in concreto attribuite ad uno o più amministratori rileva ai fini della responsabilità, dato che gli amministratori non operativi rispondono solo quando non abbiano fatto il possibile per impedire il compimento di atti pregiudizievoli dei quali abbiano avuto notizia o per eliminarne o attenuarne le conseguenze dannose (art. 2392, comma 2). Il dovere di "prevenzione" o di "eliminazione" o "riparazione" delle conseguenze dannose può ricondursi ad una funzione di vigilanza che si specifica nell'obbligo di valutare sulla base delle informazioni ricevute l'adeguatezza dell'assetto organizzativo, amministrativo e contabile e il generale andamento della gestione (art. 2381, comma 3), nonché in quello di agire in modo informato (art. 2381, comma 6). Quest'ultimo – applicabile ad ogni valutazione di comportamenti in termini di diligenza e, dunque, anche all'amministratore di s.r.l. (art. 2475, ultimo comma, che richiama, "in quanto compatibile", l'art. 2381) – si specifica in base agli assetti organizzativi in concreto adottati dalla società e al modo in cui essi garantiscono un adeguato flusso di informazioni.

La disciplina dell'esercizio della funzione gestoria si puntualizza sull'organizzazione e sull'osservanza di corrette sequenze procedimentali. Indicativa, in tal senso, è la disposizione in tema di interessi degli amministratori, in base alla quale, nel caso in cui l'amministratore abbia per conto proprio o di terzi, un interesse in una determinata operazione sociale, l'invalidità della deliberazione consiliare, se presuppone la sua idoneità a recare danno alla società, consegue alternativamente all'inosservanza degli obblighi di comunicazione o motivazione previsti dai primi due commi dell'art. 2391, o al fatto di essere stata adottata con il voto determinante dell'amministratore "interessato". La legittimazione all'impugnativa spetta non solo agli amministratori dissenzienti e ai sindaci, ma anche a chi abbia consentito con il proprio voto alla deliberazione non essendo stata adempiuta la prescritta comunicazione (art. 2391, comma 3).

A tutela della certezza degli scambi è previsto per le società di capitali (artt. 2384, comma 2, 2475-bis), in deroga ai principi vigenti in materia di rappresentanza nei contratti, che il potere di rappresentanza degli amministratori è generale e i relativi limiti, anche se risultanti dall'atto costitutivo iscritto nel registro delle imprese, non sono opponibili ai terzi, salvo che si provi che questi ultimi hanno agito intenzionalmente a danno della società (c.d. *exceptio doli*).

Nell'ipotesi in cui vengano meno ai doveri loro imposti dalla legge e dallo statuto gli amministratori – sia nella società per azioni sia in quella a responsabilità limitata, ancorché sulla base di disposizioni legislative non identiche – possono essere chiamati a rispondere dei danni che ne siano derivati: a) alla società: c.d. *azione sociale di responsabilità* (artt. 2392 ss., 2476, comma 1); b) ai creditori sociali: c.d. *azione di responsabilità verso i creditori sociali* (artt. 2394 e 2476, comma 6); al singolo socio o terzo direttamente danneggiato da atti dolosi o colposi degli amministratori: c.d. *azione individuale del socio o del terzo* (artt. 2395 e art. 2476, comma 7).

La responsabilità degli amministratori verso la società ha natura contrattuale, con conseguente applicazione del meccanismo allocativo tipico di quest'ultima. Spetta alla società unicamente allegare l'inadempimento o l'inesatto adempimento, mentre è l'amministrazione convenuto a dover dare dimostrazione di aver adempiuto esattamente, ovvero di non averlo potuto fare, e che l'impossibilità non è a lui imputabile, avendo riguardo anche alla sua condotta preparatoria e al suo comportamento di fronte a fatti impeditivi dell'adempimento.

La responsabilità è fondata su un criterio soggettivo di colpevolezza (Bonelli; diversamente orientato Sambucci), valutandosi la diligenza degli amministratori in una prospettiva *ex ante* rispetto agli eventi successivi mediante i quali il pregiudizio si è realizzato; ne consegue che quel che rileva non è l'esito negativo in sé che potrebbe essere dipeso da fattori indipendenti dall'operato degli amministratori, ma il risultato che sia dovuto ad una condotta dei medesimi difforme da quella esigibile da un gestore diligente.

L'azione sociale di responsabilità – che deve essere esercitata entro cinque anni dalla cessazione dell'amministratore dalla carica (art. 2393, comma 4) – necessita, nella società per azioni, di una deliberazione dell'assemblea o del collegio sindacale (art. 2393, comma 3). La delibera è condizione dell'azione e la sua mancanza, così come la sussistenza di determinati vizi, può essere sanata sino alla sentenza o a diverso provvedimento che definisce il giudizio. È possibile che l'azione sociale di responsabilità sia esercitata, nelle società azionarie, da tanti soci che rappresentino una determinata quota del capitale sociale (pari a un quinto o, se si tratta di società che fanno ricorso al mercato del capitale di rischio, a un quarantesimo, salvo che lo statuto non richieda una percentuale inferiore: art. 2393-bis, commi 1 e 2) e, nella società a responsabilità limitata, da ciascun socio (art. 2476, comma 3). Trattandosi comunque di un'azione sociale di responsabilità, il suo accoglimento comporta, indipendentemente da chi l'abbia promossa, una condanna risarcitoria dell'amministratore a favore della società.

L'azione sociale di responsabilità può essere oggetto di rinuncia o transazione da parte della società, a prescindere da chi l'abbia promossa. Nella società per azioni si richiede una delibera assembleare presa senza l'opposizione della minoranza qualificata indicata nell'ultimo comma dell'art. 2393. Nel caso in cui l'azione sia stata promossa dai soci ai sensi dell'art. 2393-bis, questi ultimi possono rinunciarvi o transigerla, ma – al fine di evitare comportamenti opportunistici – è stabilito "che ogni corrispettivo per la rinuncia o la transazione debba andare a vantaggio della società" (art. 2393-bis, comma 6). Nella società a responsabilità limitata la rinuncia o la transazione devono essere approvate da una maggioranza dei soci che rappresenti almeno i due terzi del capitale sociale senza l'opposizione di quelli che rappresentano il decimo del capitale stesso (art. 2476, comma 5).

L'azione di responsabilità verso i creditori sociali può essere proposta da questi ultimi quando – per la condotta degli amministratori sui quali grava l'obbligo di conservazione dell'integrità del patrimonio sociale, che costituisce la garanzia esclusiva dei creditori stessi – detto patrimonio risulta insufficiente al soddisfacimento dei loro crediti. Poiché tale circostanza si lascia apprezzare come sintomo di insolvenza della società, è normale l'esercizio dell'azione di responsabilità di cui si discorre su iniziativa degli organi preposti a procedure concorsuali (artt. 2394-bis, 255 del Codice della crisi d'impresa e dell'insolvenza).

Sebbene l'azione di responsabilità dei creditori sociali sia esercitata – nella prassi – nell'ambito di procedure concorsuali (e non da coloro cui la norma accorda "in prima battuta" l'azione stessa), può ritenersi acquisito che essa presuppone la violazione in capo agli amministratori degli obblighi di conservazione dell'integrità del patrimonio sociale e l'insufficienza di quest'ultimo al soddisfacimento del credito vantato (Libonati, Bonelli), senza che ricorra, nella fattispecie in esame, il c.d. *beneficium excussionis* (in tal senso, invece, Graziani); altrimenti gli amministratori finirebbero con l'assumere un ruolo di "garanti" del buon esito delle azioni intraprese (Sambucci).

In giurisprudenza prevale la tesi della natura diretta ed autonoma dell'azione e non surrogatoria rispetto a quella sociale. Questo orientamento è avallato dalla formulazione dell'art. 2394-bis, nel quale si usa il termine plurale ("azioni") per riferirsi alle iniziative giudiziarie dirette al risarcimento del danno "previste dai precedenti articoli". Ne consegue che gli amministratori non possono avvalersi delle eccezioni che avrebbero potuto opporre alla società, né sono liberati per effetto del concordato preventivo nei confronti dei creditori non interamente soddisfatti.

L'azione in esame è insensibile alla rinuncia fatta dalla società all'azione di responsabilità ad essa spettante, mentre la transazione produce effetti anche nei confronti dei creditori (art. 2394, ultimo comma).

L'azione individuale del singolo socio o del terzo – che deve essere esercitata entro cinque anni dal compimento dell'atto pregiudizievole (art. 2395, comma 2) – compete al singolo socio o terzo che sia stato danneggiato da atti dolosi o colposi degli amministratori direttamente: senza cioè che il comportamento degli amministratori abbia cagionato anche un pregiudizio al patrimonio sociale (art. 2395, comma 1).

Il codice civile prevede poi altri strumenti, in senso lato di controllo, che consentono ai soci (anche nella società a responsabilità limitata) di chiedere un intervento dell'autorità giudiziaria riguardo all'amministrazione della società. Se hanno il fondato sospetto che gli amministratori, in violazione dei doveri loro imposti, abbiano compiuto gravi irregolarità nella gestione, i soci che rappresentano almeno il decimo del capitale sociale (o, nelle società "aperte" il ventesimo) – così come il collegio sindacale (e nelle società "aperte" anche il pubblico ministero) – possono denunciare i fatti al tribunale, che può ordinare l'ispezione dell'amministrazione della società, disporre gli opportuni provvedimenti provvisori, convocando l'assemblea per le conseguenti deliberazioni, revocare gli amministratori ed eventualmente anche i sindaci, nominando un amministratore provvisorio, fissandone poteri e durata (artt. 2409 e 2477, comma 6; per le società a controllo pubblico, art. 13, d.lgs. n. 175/2016).

Oggetto di alcune regole specifiche e, per il resto, di un generale rinvio alla disciplina della società per azioni è, infine, la *società in accomandita per azioni*. Essa si caratterizza per il fatto di avere due categorie differenziate di soci, alcuni dei quali, gli accomandanti, rilevano come azionisti e per la loro posizione collettiva, mentre gli altri, gli accomandatari, rilevano anche come persone e quindi per le loro posizioni individuali, fra le quali assume preminente importanza il potere di amministrazione (Ferri *sr.*). Può dunque dirsi che la società in accomandita per azioni è una società per azioni sottratta alla regola corporativa del reclutamento ciclico degli amministratori, poiché gli accomandatari sono selezionati nell'atto costitutivo (art. 2455) e non possono essere revocati né sostituiti se non ricorrendo alle procedure previste per le modificazioni statutarie, in particolare con la maggioranza prescritta per le deliberazioni dell'assemblea straordinaria della società per azioni (artt. 2456 e 2457).

Nella società in accomandita per azioni, nonostante vi sia la possibilità – stante la conformazione delle partecipazioni sociali (azioni) – di poter contare anche su risorse finanziarie "anonime" per la provvista del capitale di rischio, la variabilità della compagine sociale è sostanzialmente ininfluente ai fini del reclutamento degli amministratori, essendo questi scelti una volta per tutte nell'atto costitutivo. Essi rivestono una posizione di "autorità potenzialmente permanente" (Spada), che si accompagna ad un vero diritto di veto relativamente a tutte le modificazioni dell'atto costitutivo, compresa la sostituzione, ma esclusa la revoca, degli stessi amministratori (artt. 2460, 2456 e 2457). Gli accomandatari assumono una responsabilità sussidiaria per le obbligazioni sociali, garantendone l'adempimento con il proprio patrimonio personale finché la cessazione dalla carica sia iscritta nel registro delle imprese (art. 2461, che richiama l'art. 2304).

11. L'attività di direzione e coordinamento di società.

Una prospettiva analoga a quella messa in luce in tema di impresa – la quale risulta da un giudizio di rilevanza da parte dell'ordinamento e non si colloca nella zona del diritto soggettivo – si coglie con riferimento alla disciplina dell'attività di direzione e coordinamento di società contenuta nel Capo IX del Titolo V del Libro V del codice civile.

Si tratta di un insieme di regole di notevole portata sistematica mediante le quali il legislatore dedica una specifica attenzione al fenomeno del gruppo di società.

È ormai acquisito che il gruppo rappresenta una tecnica di organizzazione dell'impresa del tutto lecita e caratterizzata dall'articolazione in una pluralità di "centri" ciascuno dotato di autonoma soggettività. Ugualmente avvertita è l'esigenza di affrontare i problemi posti dal gruppo mediante una valutazione complessiva dell'assetto d'interessi che ne deriva. Occorre rilevare, infatti, come la circostanza che l'impresa sia articolata in una molteplicità di figure soggettive, le quali partecipano ad una più ampia attività, è tutt'altro che priva di ripercussioni sulle posizioni economiche di coloro che vantano ragioni di credito o aspettative di remunerazione di finanziamenti o investimenti allocati nelle singole società dirette e coordinate. Costoro, infatti, possono risultare pregiudicati da un esercizio del potere di direzione che, in quanto finalizzato ad ottimizzare il risultato complessivo del "gruppo", può determinare una distribuzione non omogenea delle conseguenze patrimoniali sfavorevoli delle scelte di gestione così orientate. Ne risultano situazioni di conflitto d'interessi rispetto ai creditori e ai soci "esterni" – ovvero estranei alla direzione e coordinamento – che, non puntualizzandosi necessariamente in singoli atti ma risentendo dell'orientamento complessivo dell'attività, non possono essere affrontate mediante una disciplina rivolta a singoli comportamenti isolatamente considerati.

Avendo presente che la partecipazione della società ad un gruppo può rendere razionale una gestione della stessa in grado di consentire che le perdite subite siano compensate con i vantaggi ottenuti in altri settori di operatività del medesimo gruppo, si comprende come una gestione così orientata, non essendo conforme al requisito di economicità, può comportare un pregiudizio per i suoi creditori e i suoi soci esterni (Angelici).

Con riferimento ai primi, si assiste al venire meno dell'interesse, comune allo stesso creditore e al debitore, ad un proficuo andamento dell'attività imprenditoriale, che permetta di salvaguardare l'integrità del capitale sociale.

Il problema della divaricazione fra l'interesse dei creditori alla massimizzazione dei risultati economici dell'impresa e quello dei soci che può volgersi al gruppo, anziché puntualizzarsi sulla singola società, non può essere risolto sotto il profilo dell'analisi degli atti atomisticamente considerati. L'inadeguatezza di questa prospettiva discende da un duplice ordine di considerazioni: da un lato, l'eventuale pregiudizio in concreto risentito dai creditori può derivare dalla circostanza che è l'attività nel complesso ad essere condotta in contrasto con l'aspettativa ad una massimizzazione dei suoi risultati economici; dall'altro, è possibile che la partecipazione al gruppo sia in grado di determinare un riequilibrio delle conseguenze negative di singole operazioni in sé pregiudizievoli.

Quanto ai soci "esterni", occorre richiamarsi al fatto che i soci di maggioranza, che esercitano l'attività di direzione e coordinamento, possono ritenere convenienti scelte imprenditoriali svantaggiose per le società dirette e coordinate, ma vantaggiose per i propri interessi in altre società. Anche in questo caso bisogna confrontarsi con situazioni rispetto alle quali la disciplina in tema di conflitti d'interesse contenuta negli artt. 2373 e 2391 si rivela inadeguata, essendo essa incentrata sul rimedio dell'invalidità del singolo atto, mentre il pregiudizio cui si cerca di dare ristoro potrebbe essere riferito all'orientamento generale impresso all'attività.

D'altro canto, atteso che l'esercizio dell'attività di direzione e coordinamento incide sulle condizioni di rischio dell'investimento, si pone l'esigenza di rendere edotti i soci e i terzi – può dirsi, con un'espressione di sintesi, il mercato – della sua esistenza e dei suoi effetti sulle singole società dirette, nonché delle modalità con cui il suddetto potere di direzione è esercitato. Ne discende la previsione di specifiche forme di pubblicità dell'appartenenza di una società ad un gruppo.

A tal fine è istituita un'apposita sezione del registro delle imprese nella quale sono iscritti (con effetti di pubblicità notizia) le società e gli enti che esercitano attività di direzione e coordinamento e le società ad essa sottoposte. Queste ultime devono inoltre indicare negli atti e nella corrispondenza la soggezione all'altrui attività di direzione e coordinamento. Gli amministratori delle società dirette e coordinate che omettono di adempiere ai predetti obblighi di iscrizione o di indicazione, o mantengono l'iscrizione o indicazione medesime quando l'attività è cessata, sono responsabili nei confronti dei soci e dei terzi per i danni da costoro subiti per la mancata conoscenza di tali fatti (art. 2497-bis).

Accanto a questo tipo di informazione concernente l'astratta potenzialità dell'esercizio della direzione e coordinamento, vi sono prescrizioni finalizzate a rendere conoscibili anche gli effetti derivanti in concreto da tale esercizio. Si tratta delle disposizioni di cui all'art. 2497-bis, comma 5, là dove si richiede che gli amministratori della società diretta e coordinata illustrino nella relazione sulla gestione sia i rapporti con la società che esercita la direzione sia con quelli con altre società soggette alla direzione medesima, nonché l'incidenza che detti rapporti e, più in generale, l'attività in parola hanno avuto sui risultati dell'esercizio sociale.

L'art. 2497-ter prevede, poi, che le decisioni assunte dalle società soggette a direzione e coordinamento siano analiticamente motivate, dovendo essere puntualmente illustrati le ragioni e gli interessi la cui valutazione ha inciso sulle medesime decisioni; e che la stessa informativa sia ripetuta, in forma evidentemente più sintetica ma non per questo meno significativa, anche nella relazione sulla gestione, documento soggetto a pubblicità in base all'art. 2435.

Preme sottolineare come la disposizione testé citata abbia un ambito di operatività significativamente più esteso di quello di cui all'art. 2391 in tema di "amministratore interessato": e ciò sia perché essa riguarda le decisioni di ogni organo sociale, sia perché comporta la necessità di evidenziare non solo gli interessi esterni a quelli della singola società che ne hanno influenzato la decisione, ma anche quelli propri della medesima, che siano la conseguenza della sua partecipazione ad un gruppo.

Si discute in dottrina se il legislatore della novella del 2003 abbia dettato – con le disposizioni di cui agli artt. 2497-bis ss. – soltanto uno *Schutzrecht*, ossia una disciplina intesa a tutelare specifici interessi (Cariello), oppure anche un *Organisationsrecht*, capace – fra l'altro – di legittimare una determinata forma organizzativa dell'iniziativa economica professionale (G. Scognamiglio), o ancora abbia finito per delineare uno "statuto" speciale della società di gruppo che la differenzia da quella operante isolatamente (Angelici). Muovendo dalla constatazione che l'intervento normativo in discorso ha introdotto regole peculiari per l'attività di direzione e coordinamento quale esercizio di un *potere* – riconoscendone la legittimità, ma rendendone nel contempo coerenti le forme di manifestazione con le regole che devono continuare ad orientare la gestione delle singole società viste pur sempre quali autonomi "centri di profitto" – appare plausibile la ricostruzione secondo cui si è in presenza della disciplina di un "fatto", in quanto concreto modo di essere dell'organizzazione d'impresa (Guizzi). Ne consegue che, una volta isolati i problemi connessi all'esercizio di tale potere e soprattutto i conflitti di interessi che ne risultano, la disciplina è essenzialmente finalizzata a risolvere in maniera equilibrata siffatti conflitti.

L'accoglimento di una prospettiva incline a valorizzare – ai fini della rilevanza giuridica dei problemi posti dalla direzione e coordinamento – l'esercizio effettivo del relativo potere (anziché la titolarità dello stesso) aiuta a comprendere perché l'art. 2497-sexies ricollega alla sussistenza di una situazione di controllo *ex* art. 2359 una mera presunzione dell'attività di direzione e coordinamento; e ciò in quanto il controllo medesimo – nelle sue diverse forme del controllo di diritto, di fatto e contrattuale – rappresenta una situazione statica da cui discendono, per un verso, l'esercizio potenziale di un'influenza dominante (Lamandini) grazie al possesso di una partecipazione qualificata al capitale ovvero alla disponibilità dei diritti di voto nell'assemblea ordinaria o in virtù di dati vincoli contrattuali, per l'altro, limiti al compimento di operazioni della società sulle proprie azioni, nonché obblighi informativi incentrati sulla formazione di un bilancio consolidato (Spolidoro).

Ed ancora una visuale analoga a quella adottata con riferimento all'attività d'impresa permette di interpretare anche la successiva disposizione dell'art. 2497-septies, dove è presa in considerazione l'eventualità che la direzione e coordinamento sulle società dirette e coordinate sia esercitata "sulla base di un contratto con le società medesime o di clausole del loro statuto". Non è sfuggito alla dottrina (Guizzi) che qualora si voglia riconoscere un autonomo significato normativo alla disposizione in esame rispetto a quella immediatamente precedente che – richiamando, come si è detto, l'art. 2359 – espressamente si riferisce alla possibile esistenza di una situazione di controllo contrattuale, allora deve ritenersi che l'art. 2497-septies alluda a quei contratti aventi per oggetto l'attività di direzione e coordinamento ovvero qualificati, sotto il profilo funzionale, da tale esercizio. Da qui si può giungere alla conclusione che la norma richiami implicitamente i c.d. contratti di dominazione, ben noti all'esperienza tedesca, ma la cui ammissibilità nel nostro ordinamento è controversa in quanto risulterebbero incompatibili con le regole imperative che disciplinano l'organizzazione della società. Non si può tuttavia ignorare la circostanza che il legislatore prende in considerazione siffatti contratti o clausole non tanto per sancirne la liceità (quanto meno con riferimento ai contratti di dominazione "deboli"), la quale andrà valutata secondo i consueti criteri che presiedono ad un giudizio di validità/invalidità negoziale da parte dell'ordinamento, ma come un "fatto" che consente l'esercizio dell'attività di direzione e coordinamento e ne agevola il riconoscimento (Angelici, Guizzi).

Sullo sfondo dell'inadeguatezza di una tutela delle posizioni dei creditori e dei soci "esterni" imperniata sulla considerazione di singoli atti, va dato conto della disciplina dettata dall'art. 2497 contenente una specifica ipotesi di responsabilità riferita all'esercizio dell'attività di direzione e coordinamento.

È tutt'altro che priva di significato la stessa caratterizzazione della condotta pregiudizievole operata dalla norma, là dove si richiede che essa sia connotata dal perseguimento – da parte della società o dell'ente che esercita l'attività di direzione e coordinamento – di un "interesse imprenditoriale proprio o altrui". La fattispecie è delineata in modo coerente con la già evidenziata coesistenza, nella realtà dei gruppi, di una pluralità d'interessi imprenditoriali – riferibili alla singola società isolatamente considerata, alle altre imprese appartenenti al gruppo, nonché a quest'ultimo nel suo complesso – potenzialmente confliggenti fra loro. Soggetti passivi dell'azione risarcitoria prevista dall'art. 2497 sono, dunque, le società o gli enti che esercitano l'attività di direzione e coordinamento, mentre è discussa l'applicazione della norma in esame alle persone fisiche.

Il secondo comma dell'art. 2497 afferma poi la responsabilità di "chi abbia comunque preso parte al fatto lesivo e, nei limiti del vantaggio conseguito, chi ne abbia consapevolmente tratto beneficio". Al riguardo, si ritiene che, consistendo il fatto lesivo nell'esercizio di un'attività imprenditoriale, la partecipazione all'uno richiede che si sia concretamente preso parte anche all'altra, derivandone in tal caso un'obbligazione risarcitoria avente ad oggetto l'intero danno risarcibile. Qualora invece si sia ricavato un "beneficio", dovuto ad un atteggiamento per così dire "passivo", l'obbligazione risarcitoria sussiste solo "nei limiti del vantaggio conseguito". D'altro canto, non manca di evidenziarsi come l'arricchimento consapevolmente ottenuto in conseguenza di una gestione del gruppo imprenditorialmente "scorretta" sia di per sé ingiustificato, a prescindere dal fatto che ad essa si sia partecipato (Angelici).

La responsabilità in esame consegue ad un fatto lesivo identificato nella "violazione dei principi di corretta gestione societaria e imprenditoriale", ovvero mediante il ricorso ad una clausola generale, la cui concretizzazione è evidentemente rimessa all'interprete.

Autorevole dottrina (G. Scognamiglio), muovendo dal presupposto che l'aspetto maggiormente innovativo della disciplina qui in esame – rispetto al dibattito precedente alla riforma del 2003 – risiede nell'aver assunto la violazione dei principi di corretta gestione societaria e imprenditoriale a presupposto della responsabilità cui si espone la società o l'ente che esercita l'attività di direzione e coordinamento, ritiene che a tali principi sia possibile dare un contenuto *ex ante*, procedendo alla ricostruzione dei medesimi sulla base di dati testuali e sistematici collocati sia nel codice civile sia in leggi speciali e riguardanti, per un verso, l'impresa e le società, per l'altro, la stessa attività di direzione e coordinamento. Vi è, del resto, identità fra questi principi e quelli che presiedono (anche qui sulla base di indicazioni testuali di diritto positivo come quelle desumibili dall'art. 2403) all'amministrazione della società monade, ossia non legata alle altre da rapporti di gruppo.

Quanto alle caratteristiche del danno risarcibile, esso è riferito per i creditori alla "lesione cagionata all'integrità del patrimonio della società" e per i soci al "pregiudizio arrecato alla redditività e al valore della partecipazione sociale".

Pur riscontrandosi quanto al primo aspetto una sostanziale coincidenza di contenuti con la tutela prevista in generale per i creditori sociali dall'art. 2394, occorre rilevare come, mentre quest'ultima disposizione identifica la fattispecie lesiva in comportamenti degli amministratori posti in essere in violazione dei doveri inerenti alla loro carica, la norma dell'art. 2497 considera le conseguenze pregiudizievoli determinate, nella conduzione dell'attività, dall'interferenza con altri interessi imprenditoriali e le pone a carico di chi, esercitando l'attività di direzione e coordinamento, ha dato luogo a tale interferenza.

Con riferimento ai soci "esterni", la tutela riguarda le prospettive di conservazione e valorizzazione del capitale investito nella partecipazione alla società diretta e coordinata, le quali sono state pregiudicate per effetto di una conduzione "scorretta" dell'attività sociale.

Sotto questo profilo può cogliersi, dunque, una tendenziale coincidenza con l'ambito di operatività delle azioni di cui agli artt. 2393 e 2393-bis, anch'esse riguardanti l'andamento dell'attività sociale. Diversamente però dall'art. 2393-bis, il quale prevede un'azione risarcitoria intesa a tutelare – lo si è già evidenziato (in questo Capitolo, § 10, *supra*) – l'intero gruppo dei soci (tant'è che l'eventuale risarcimento ottenuto va a favore dell'intera società), l'art. 2497 è rivolto a tutelare un interesse che, ancorché connesso ai modi di esercizio dell'attività di direzione e coordinamento e ai suoi riflessi sulla gestione, è preso in considerazione per la sua incidenza sulle posizioni dei soci, ai quali il danno viene direttamente risarcito.

Assumendo questa chiave interpretativa si spiega una disposizione come quella di cui al comma 3 dell'art. 2497, in base alla quale l'azione risarcitoria nei confronti della capogruppo può essere esperita solo se l'attore in responsabilità non è stato soddisfatto dalla società diretta e coordinata. E ciò potrebbe apparire singolare se non si riflettesse sul fatto che il problema che qui si pone non è quello di tutelare la società in quanto tale, ma i soci "esterni" al gruppo di maggioranza in essa presenti.

Per quanto concerne i creditori, dato che l'azione che essi sono legittimati a promuovere ha come presupposto la violazione degli obblighi relativi alla conservazione dell'integrità del patrimonio sociale, è comprensibile che finché quest'ultimo è sufficiente al soddisfacimento del credito da essi vantato nei confronti della società diretta non vi è spazio per un'azione risarcitoria avente come legittimato passivo il soggetto esercente l'attività di direzione e coordinamento.

Il riferimento all'attività è poi esplicito nella parte finale dell'art. 2497, comma 1, a mente del quale non vi è responsabilità se "il danno risulta mancante alla luce del risultato complessivo dell'attività di direzione e coordinamento ovvero integralmente eliminato anche a seguito di operazioni a ciò dirette". Ne discende che non si tratta di confrontare singole operazioni pregiudizievoli con altre vantaggiose, bensì di valutare unitariamente e globalmente le implicazioni prodottesi per effetto della soggezione all'attività di direzione e coordinamento.

La conduzione dell'attività in modo non conforme ai principi di corretta gestione societaria e imprenditoriale rileva anche come causa in grado di giustificare il diritto di recesso del socio esterno ai sensi dell'art. 2497-quater, comma 1, lett. *b*), qualora sia stata pronunciata a favore del medesimo una sentenza esecutiva di condanna di chi svolge la direzione e il coordinamento.

Si tratta di un'ipotesi omogenea alle altre cause di recesso ed incentrata sul mutamento delle originarie condizioni di rischio dell'investimento nelle società dirette e controllate, con la sola peculiarità che, nell'ipotesi sopra menzionata, la modifica dell'assetto imprenditoriale della società medesima si determina per effetto di una conduzione in concreto dell'attività in termini diversi da quelle che sarebbero le normali aspettative di mercato. Ugualmente il legislatore riconosce che quando si verificano sostanziali mutamenti nella funzione della società che esercita l'attività di direzione e coordinamento oppure quando quest'ultima inizia o viene a cessare, le aspettative di investimento che si puntualizzano sulle singole società ne risultano modificate.

Il diritto di recesso è, quindi, riconosciuto ai soci di una società non quotata che entra a fare parte di un gruppo oppure ne esce, se "ne deriva un'alterazione delle condizioni di rischio dell'investimento e non venga promossa un'offerta pubblica di acquisto" in grado di assicurare un *exit* del socio.

Esso spetta altresì al socio quando il soggetto che dirige e coordina il gruppo delibera una trasformazione che comporta il mutamento del suo scopo sociale o un cambiamento dell'oggetto sociale, tali da modificare il "senso economico" dell'investimento nella società diretta e controllata.

Una funzione di tutela dei creditori della società diretta e controllata è, infine, da intravedere nella norma dettata dall'art. 2497-quinquies in tema di finanziamento della società medesima, che estende il regime della postergazione dettato per i finanziamenti dei soci della società a responsabilità limitata a quelli concessi dal soggetto esercente l'attività di direzione e coordinamento o – per evitare facili elusioni del precetto – a quelli erogati da altre società assoggettate al medesimo potere. La norma mira, dunque, ad anteporre – nei limiti e con gli effetti previsti dagli artt. 2467 e 182-quater l. fall. – le ragioni dei creditori delle società dirette e coordinate a quelle vantate dalla società capogruppo o da altra società che abbia assunto la veste di finanziatrice evitando che le prospettive di soddisfacimento dei primi siano alterate per effetto di nuovi e ulteriori finanziamenti concesso al proprio debitore nell'ambito di una politica finanziaria di gruppo (Guizzi).

BIBLIOGRAFIA ESSENZIALE

Sul tema della rilevanza giuridica dell'impresa è imprescindibile il richiamo a:

FERRO-LUZZI P., *L'impresa*, in *L'impresa*, Milano, 1985, 7.

FERRO-LUZZI P., *Lezioni di diritto bancario*[3], I, *Parte generale*, Torino, 2012.

SPADA P., *Note sull'argomentazione giuridica in tema di impresa*, in *Giust. civ.*, 1980, I, 2270.

SPADA P., *La rivoluzione copernicana (quasi una recensione postuma ai Contratti associativi di Paolo Ferro-Luzzi)*, in *Riv. dir. civ.*, 2008, II, 143.

L'impostazione sistematica e le soluzioni applicative dei problemi di vertice in materia d'impresa richiamati nel testo si devono, fra gli altri, ai contributi di:

ANGELICI C., *Diritto commerciale*[5], 1, Bari-Roma, 2009.

ASCARELLI T., *Corso di diritto commerciale. Introduzione e teoria dell'impresa*[3], Milano, 1962.

BIGIAVI W., *La professionalità dell'imprenditore*, Padova, 1948.

BIGIAVI W., *L'imprenditore occulto*, Padova, 1954.

BIGIAVI W., *Difesa dell'imprenditore occulto*, Padova, 1962.

BOCCHINI E., *Diritto della contabilità delle imprese*, I, *Le scritture contabili*[5], Torino, 2008.

CETRA A., *L'impresa collettiva non societaria*, Torino, 2003.

CIAN M., *Dell'azienda*, in *Il codice civile. Commentario*, fondato da P. Schlesinger e diretto da F.D. Busnelli, Milano, 2018.

DE ANGELIS L., *Elementi di diritto contabile. Disciplina civilistica e principi contabili internazionali*, Milano, 2015.

DESANA E., *L'impresa fra tradizione e innovazione*, Torino, 2018.

FERRI *sr.* G., *Delle imprese soggette a registrazione*, in *Commentario del codice civile* diretto da Scialoja e Branca, Bologna-Roma, 1968.

FERRI *sr.* G., *Diritto commerciale*[16], a cura di C. Angelici e G.B. Ferri, Milano, 2019.

FRANCESCHELLI R., *Imprese e imprenditori*[3], Milano 1972.

GLIOZZI E., *L'imprenditore commerciale. Saggi sui limiti del formalismo giuridico*, Bologna, 1998.

GRAZIANI A., *L'impresa e l'imprenditore*, Napoli, 1965.

GUIZZI G., *Gestione rappresentativa e attività d'impresa*, Padova, 1997.

LIBERTINI M., *I principi della correttezza professionale nella disciplina della concorrenza sleale*, Milano, 1999.

LIBERTINI M., *Diritto civile e diritto commerciale. Il metodo del diritto commerciale in Italia (II)*, in *Orizzonti del diritto commerciale*, 2019.

LIBONATI B., *La categoria del diritto commerciale*, in *Riv. soc.*, 2002, 1.

LOFFREDO E., *Economicità e impresa*, Torino, 1999.

MAZZONI A., *L'impresa tra diritto ed economia*, in *Riv. soc.*, 2008, 649.

MINERVINI G., *L'imprenditore. Fattispecie e statuti*, Napoli, 1966.

NIGRO A., I*mprese commerciali e imprese soggette a registrazione*, in *Trattato di diritto privato* diretto da P. Rescigno, 15**[2], Torino, 2001.

OPPO G., *Diritto dell'impresa. Scritti giuridici*, I, Padova, 1992, 76.

PAVONE LA ROSA A., *La teoria dell'"imprenditore occulto" nell'opera di Walter Bigiavi*, in *Riv. dir. civ.*, 1967, I, 623.

SPADA P., voce *Impresa*, in *Digesto IV, Disc. priv. Sez. comm.*, Torino, 1990.

SPADA P., *Diritto commerciale*, 1, *Parte generale*, Padova, 2004.

SPADA P., *Patrimonio aziendale ed interposizione nell'esercizio dell'impresa*, in *Cinquanta sfumature in tema di impresa*, in *Analisi giuridica dell'economia*, 1, 2014, 25.

TERRANOVA G., *L'impresa nel sistema del diritto commerciale*, in *Riv. dir. comm.*, 2008, I, 1.

Per un approfondimento della nozione di impresa e dei nuclei salienti della relativa disciplina si fa riferimento a:

AA. VV., *Diritto commerciale*, 1, *Diritto dell'impresa*[2], a cura di M. Cian, Torino, 2020.
AA. VV., *Diritto delle imprese [Manuale breve]*[2], a cura di N. Abriani, G. Ferri *jr*, G. Guizzi, M. Notari, M. Stella Richter *jr*., A Toffoletto, Milano, 2020.
BONFANTE G., COTTINO G., *L'imprenditore*, in *Trattato di diritto commerciale*, diretto da G. Cottino, 1, Padova, 2001.
BUONOCORE V., *L'impresa*, in *Trattato di diritto commerciale*, diretto da V. Buonocore, Sez. 1, Torino, 2002.
CAMPOBASSO G.F., *Diritto commerciale*, 1, *Diritto dell'impresa*[7], a cura di M. Campobasso, Milano, 2013.
CORSI F., *Diritto dell'impresa*[3], Milano, 2003.
JAEGER P.G., DENOZZA, F., TOFFOLETTO A., *Appunti di diritto commerciale*, Impresa e società[8], Milano, 2019.
PRESTI G., RESCIGNO M., *Corso di diritto commerciale*[9], Bologna-Roma, 2019.
VELLA F., BOSI G., *Diritto dell'impresa e dell'economia*[2], Bologna, 2017.

Sull'obbligo di predisporre assetti organizzativi adeguati dell'impresa:

IBBA C., *Codice della crisi e codice civile*, in *Orizzonti del diritto commerciale*, 2/2019, 243; poi in *La società a responsabilità limitata: un modello transtipico alla prova del Codice della Crisi*, a cura di M. Irrera, Torino, 2020, 606.
ROSSI S., DI CATALDO V., *Nuove regole generali per l'impresa nel nuovo Codice della crisi e dell'insolvenza*, in *La nuova disciplina delle procedure concorsuali. In ricordo di Michele Sandulli*, Torino, 2019, 305.
SPOLIDORO M.S., *Note critiche sulla "gestione" dell'impresa nel nuovo art. 2086 c.c. (con una postilla sul ruolo dei soci)*, in *Riv. soc.*, 2019, 253.

Sulla rilevanza dell'impresa nel diritto delle società, nonché sui temi della personalità giuridica, dei tipi societari e della distinzione fra società di persone e di capitali, occorre richiamare almeno:

ANGELICI C., *Profili dell'impresa nel diritto delle società*, in *Riv. soc.*, 2015, 237.

D'ALESSANDRO F., *Persone giuridiche e analisi del linguaggio*, in *Studi in memoria di Ascarelli*, I, Milano, 1969, 243.

FERRI *sr.* G., *Delle società*[3], in *Commentario del codice civile*, già diretto da Scialoja e Branca, Bologna-Roma, 1981.

FERRI *sr.* G., *Le società*[3], in *Trattato di diritto civile italiano*, Torino, 1987.

FERRI *jr.* G., *Fattispecie societaria e strumenti finanziari*, in *Riv. dir. comm.*, 2003, I, 805.

FERRO-LUZZI P., *I contratti associativi*, Milano, 1971.

GALGANO F., *Le società in genere. Le società di persone*[3], in *Trattato di diritto civile e commerciale*, già diretto da A. Cicu, F. Messineo e L. Mengoni e continuato da P. Schlesinger, Milano, 2007.

GALGANO F., *Diritto commerciale. Le società*[18], Bologna, 2013.

MARASÀ G., *Le società*[2], in *Trattato di diritto privato*, a cura di G. Iudica e P. Zatti, Milano, 2000.

MONTALENTI P., *Il diritto societario dai "tipi" ai "modelli"*, in *Giur. comm.*, 2016, I, 420.

RIVOLTA G.C.M., *Diritto delle società. Profili generali*, in *Trattato di diritto commerciale*, fondato da V. Buonocore e diretto da R. Costi, Torino, 2015.

SCIUTO M., *Società di persone e società di capitali*, in *Riv. soc.*, 2009, 1352.

SERICK R., *Forma e realtà della persona giuridica*, Milano, 1966 (trad. it.).

SPADA P., *La tipologia delle società tra volontà e nomenclatura*, in *Riv. dir. civ.*, 1989, I, 521.

SPADA P., voce *Società* – II) *Tipi di società: in generale*, in *Enciclopedia giuridica*, XXXIII, Roma, 1993.

Una trattazione completa ed aggiornata della disciplina delle società, corredata dai necessari riferimenti bibliografici, è offerta dai seguenti manuali:

AA. VV., *Diritto commerciale*, 3, *Diritto delle società*[2], a cura di M. Cian, Torino, 2020.

CAMPOBASSO G.F., *Diritto commerciale. 2. Diritto delle società*[10], a cura di M. Campobasso, Milano, 2020.

Sulle società di persone sono importanti i contributi offerti in:

BUONOCORE V., *Società in nome collettivo*, in *Il codice civile. Commentario*, diretto da P. Schlesinger, Milano, 1995.

BUONOCORE V., CASTELLANO G., COSTI R., *Società di persone*, Milano, 1978.

COTTINO G., WEIGMANN R., *Le società di persone*, in *Trattato di diritto commerciale*, diretto da G. Cottino, Padova, 2004.

DENOZZA F., *Responsabilità dei soci e rischio d'impresa nelle società personali*, Milano, 1973.

DI SABATO F., *Società in generale. Società di persone*, in *Trattato di diritto civile* del Consiglio nazionale del notariato, diretto da P. Perlingieri, Napoli, 2005.

Per una sintesi delle scelte di fondo e dei profili di novità introdotti dalla riforma organica delle società di capitali e cooperative è tutt'ora attuale il testo di:

ANGELICI C., *La riforma delle società di capitali. Lezioni di diritto commerciale*[2], Padova, 2006.

Per l'analisi di alcuni profili specifici della disciplina delle società (in specie di capitali) si rinvia, senza pretesa di completezza, a:

AA. VV., *Le società per azioni*, diretto da P. Abbadessa e G.B. Portale e curato da M. Campobasso, V. Cariello e U. Tombari, Milano, 2016.

ABBADESSA P., *Le disposizioni generali sulle società*, in *Trattato di diritto privato*, diretto da P. Rescigno, 16, Torino, 1985.

ANGELICI C., *La società nulla*, Milano, 1975.

ANGELICI C., *La società per azioni, 1, Principi e problemi*, in *Trattato di diritto civile e commerciale*, già diretto da A. Cicu, F. Messineo, L. Mengoni e continuato da P. Schlesinger, Milano, 2012.

BARTALENA A., *Le nuove obbligazioni*, in *Banca borsa titoli di credito*, 2005, I, 546.

BIONE M. *Le azioni*, in *Trattato delle società per azioni*, diretto da G.E. Colombo e G.B. Portale, 2*, 1999.

BONELLI F., *La responsabilità degli amministratori*, in *Trattato delle società per azioni*, diretto da G. Colombo e G.B. Portale, 4, Torino, 1991.

CAGNASSO O., *La società a responsabilità limitata*, in *Trattato di diritto commerciale*, diretto da G. Cottino, Padova, 2014.

CAMPOBASSO M., *La società a responsabilità limitata. Un modello "senza qualità"?*, in *La società a responsabilità limitata: un modello transtipico alla prova del Codice della Crisi*, a cura di M. Irrera, Torino, 2020, 19.

CARIELLO V., *Direzione e coordinamento di società e responsabilità: spunti interpretativi iniziali per una riflessione generale*, in *Riv. soc.*, 2003, 1229.

COLOMBO G.E., *Il bilancio di esercizio delle società per azioni*, Padova, 1965.

COLOMBO G.E., *Bilancio d'esercizio e consolidato*, in *Trattato delle società per azioni*, diretto da G.E. Colombo e G.B. Portale, 7*, Torino, 1994.

DI SABATO F., *Manuale delle società*[6], Torino, 1999.

FERRI *jr.* G *Investimento e conferimento*, Milano, 2001.

FERRI *jr.* G., *Della società in accomandita per azioni*, in I*l codice civile. Commentario*, già diretto da P. Schlesinger e continuato da F.D. Busnelli e G. Ponzanelli, Milano, 2020.

FERRO-LUZZI P., *Riflessioni sulla riforma; 1: La società per azioni come organizzazione e del finanziamento di impresa*, in *Riv. dir. comm.*, 2005, I, 673

GRAZIANI A., *Diritto delle società*[4], Napoli, s.a. (ma 1960).

GUIZZI G., voce *Direzione e coordinamento di società*, in *Dizionari del diritto privato* promossi da N. Irti, *Diritto commerciale* a cura di N. Abriani, Milano, 2011, 350.

GUIZZI G., *Riflessioni intorno ai rimedi esperibili avverso il bilancio non correttamente redatto*, in *Le società nel processo*, a cura di C. Consolo, G. Guizzi e I. Pagni, Torino, 2012.

JAEGER P.G., *Il bilancio d'esercizio delle società per azioni. Problemi giuridici*, Milano, 1988.

LAMANDINI M., *Il "controllo". Nozione e "tipo" nella legislazione economica*, Milano, 1995.

LIBONATI B., *Formazione del bilancio e destinazione degli utili*, Napoli, 1978.

LIBONATI B., *Creditori sociali e responsabilità degli amministratori nelle società di capitali*, ora in *Scritti giuridici*, Milano, 2013, I, 365, e già in *Il nuovo diritto delle società.* Liber amicorum *Gian Franco Campobasso*, III, Torino, 2007, 621.

LIBONATI B., *Corso di diritto commerciale*, Milano, 2009.

MAUGERI M., *Partecipazione sociale e attività d'impresa*, Milano, 2010.

MIOLA M., *Il sistema del capitale sociale e le prospettive di riforma nel diritto europeo delle società di capitali*, in *Riv. soc.*, 2005, 1199.

MIOLA M., *La tutela dei creditori e il capitale sociale: realtà e prospettive*, in *Riv. soc.*, 2012, 237.

MONTALENTI P., *Direzione e coordinamento nei gruppi societari: principi e problemi*, in *Riv soc.*, 2007, 213.

PORTALE G.B., *I bilanci straordinari delle società per azioni. Appunti*, in *Riv. soc.*, 1978, 305.

PORTALE G.B., *Capitale sociale e società per azioni sottocapitalizzata*, in *Trattato delle società per azioni*, diretto da G.E. Colombo e G.B. Portale, 1**, Torino, 2004.

PORTALE G.B., *Rapporti fra assemblea e organo gestorio nei sistemi di amministrazione*, in *Il nuovo diritto delle società.* Liber amicorum *Gian Franco Campobasso*, diretto da G.B. Abbadessa e G.B. Portale, II, Torino, 2006, 1.

SACCHI R., *Sull'amministrazione nella s.r.l. dopo il Codice della Crisi*, in *La società a responsabilità limitata: un modello transtipico alla prova del Codice della Crisi*, a cura di M. Irrera, Torino, 2020, 684.

SAMBUCCI L., *Commento agli artt. 2392-2396*, in *Commentario del codice civile*, diretto da E. Gabrielli, *Delle società - Dell'azienda - Della concorrenza*, a cura di D. U. Santosuosso, Milano, 2015.

SANTINI G., *Tramonto dello scopo lucrativo nelle società di capitali*, in *Riv. dir. civ.*, 1973, I, 151.

SBISÀ G., *Società controllate e società collegate*, in *Contr. impr.*, 1987, 319.

SCOGNAMIGLIO G., *Autonomia e coordinamento nella disciplina dei gruppi di società*, Torino, 1996.

SCOGNAMIGLIO G., *Commento all'art. 2497*, in *Commentario del codice civile*, diretto da E. Gabrielli, *Delle società - Dell'azienda - Della concorrenza*, a cura di D.U. Santosuosso, Milano, 2015.

SPADA P., *La tipicità delle società*, Milano, 1974.

SPOLIDORO M.S., *Il concetto di controllo nel codice civile e della legge antitrust*, in *Riv. soc.*, 1995, 457.

STELLA RICHTER *jr.* M., *I titoli di debito delle società a responsabilità limitata*, in *Riv. soc.*, 2005, 987.

TOMBARI U., *Diritto dei gruppi di imprese*, Milano, 2010.

Finito di stampare nel mese di aprile 2021
nella Stampatre s.r.l. di Torino – Via Bologna, 220